"十四五"职业教育国家规划教材

银行会计实务

（第四版）

主　编　崔　澜
副主编　修雪丹　崔　洁
主　审　张　林

大连理工大学出版社

图书在版编目(CIP)数据

银行会计实务 / 崔澜主编. -- 4 版. -- 大连：大连理工大学出版社，2024.8. --（高等职业教育金融保险专业系列规划教材）. —— ISBN 978-7-5685-5140-3

Ⅰ. F830.42

中国国家版本馆CIP数据核字第2024E7N283号

大连理工大学出版社出版

地址：大连市软件园路80号　邮政编码：116023
电话：0411-84708842　邮购：0411-84708943　传真：0411-84701466
E-mail:dutp@dutp.cn　URL:https://www.dutp.cn
辽宁星海彩色印刷有限公司印刷　　大连理工大学出版社发行

幅面尺寸：185mm×260mm　　印张：20.25　　字数：518千字
2011年11月第1版　　　　　　　　　　　　2024年8月第4版
2024年8月第1次印刷

责任编辑：刘丹丹　　　　　　　　　　　　责任校对：刘俊如
　　　　　　　　　封面设计：对岸书影

ISBN 978-7-5685-5140-3　　　　　　　　　定　价：65.00元

本书如有印装质量问题，请与我社发行部联系更换。

前 言

《银行会计实务》(第四版)是"十四五"职业教育国家规划教材和"十三五"职业教育国家规划教材,也是高等职业教育金融保险专业系列规划教材之一。

《银行会计实务》(第四版)是一本以会计的基本原理为基础,结合商业银行业务的特点,系统讲解如何核算和监督商业银行各项业务活动和财务活动的专业金融教材。本教材运用项目驱动教学法的程序进行编写,分为基础知识、专业技能、综合业务和实训模块四大部分,其中包括17个项目,分别按照银行会计实务流程和要素进行系统讲述,体现了银行业最新的理论动态及银行会计的前沿问题。

本教材以我国现行《企业会计准则》中商业银行会计处理的有关规定以及国际通行的结算管理规则等为依据,以商业银行各项操作实务为内容,全面介绍我国商业银行会计的基本理论、基本知识和基本技能,详尽反映商业银行的基本业务(包括本币和外币)及创新业务,旨在培养学生的商业银行会计职业判断能力,深入浅出,循序渐进,化解难点,有利于学生将银行会计的理论与实务有机结合起来,为实现学与做的零距离奠定了基础。

教材的创新与特色体现在:结构全面、实用性较强、适合多种教学方法的运用。本教材以"任务驱动"为主线,构建"学习任务+实训"的结构,各教学项目包括知识结构图、素质目标、知识目标、技能目标、案例导入、项目结论、项目训练、项目延伸等环节,并融入动画微视频讲解,体现教材在内容上的创新性及数字化教学方法的运用。实训模块的真实性以及案例导入的生活化,使教者顺手、学者易学,更突出体现了教材的实用性。实训部分所附原始凭证详细内容可从本教材的网络配套资源中获取。

本教材的编写团队包括来自金融教学一线的优秀教师与行业的资深会计人士，他们均具有深厚的理论知识和丰富的实践经验，熟悉高职教育的要求和特点，同时能够利用各自的专业优势与优秀教学资源使本教材更切合高职教育的实际，更具有实用性。如哈尔滨金融学院国家级精品专业——会计学（金融会计方向），其中由崔澜负责的"银行会计"课程为黑龙江省级精品课程，该课程经过不断的建设，于2023年11月被认定为黑龙江省级一流课程，且完成课程数字化建设，有利于学生学习和教师的数字化教学改革。

本教材力求做到体系划分合理、完整，内容新颖，结构严谨，实务操作规范，并提供大量例题及习题，可满足金融、会计、投资及管理等专业的教学需要，同时适用于商业银行从业人员的业务学习和培训，是学习和了解新准则下银行会计核算的一本实用参考书。为方便教师教学及学生自学，本教材同时配有电子课件和习题答案等网络配套资源。

本教材由哈尔滨金融学院崔澜任主编，哈尔滨金融学院修雪丹、黑龙江省人民政府驻上海办事处崔洁任副主编，哈尔滨金融学院林丽、李冬辉参与了编写。具体编写分工如下：崔澜编写项目6、项目7、项目9、项目16和项目17，修雪丹编写项目1、项目2、项目10、项目11和项目13，崔洁编写项目3、项目4和项目5，林丽编写项目14和项目15，李冬辉编写项目8和项目12。崔澜对全书进行总纂及修改定稿，哈尔滨金融学院张林教授通审了全部书稿并提出了宝贵意见。

在编写本教材的过程中，编者参考、引用和改编了国内外出版物中的相关资料以及网络资源，在此表示深深的谢意！相关著作权人看到本教材后，请与出版社联系，出版社将按照相关法律的规定支付稿酬。

尽管我们在教材的特色建设方面做出了许多努力，但由于编者所掌握的资料有限，书中难免会有不当或纰漏之处，敬请专家、学者和广大读者在使用过程中给予关注并提出宝贵意见及建议，以便进一步修订和完善。

编　者
2024年8月

所有意见和建议请发往：dutpgz@163.com
欢迎访问职教数字化服务平台：http://www.dutp.cn/sve/
联系电话：0411-84706671　84707492

第一部分　基础知识

项目1　认识银行及银行会计 …… 3
　任务1.1　我国银行体系 …… 4
　任务1.2　银行会计 …… 5
　任务1.3　认识银行会计的对象和特点 …… 6
　任务1.4　银行会计的机构组织与管理 …… 7
　任务1.5　银行的会计制度 …… 7
　任务1.6　银行会计人员 …… 8

项目2　学习银行会计账务核算基础 …… 11
　任务2.1　了解银行会计科目和账户 …… 12
　任务2.2　学习记账方法 …… 16
　任务2.3　认识银行会计凭证 …… 18
　任务2.4　账务组织和账务处理 …… 26

第二部分　专业技能

项目3　学习现金出纳业务 …… 41
　任务3.1　认识现金出纳业务 …… 42
　任务3.2　核算营业现金出纳业务 …… 43
　任务3.3　核算中心库现金出纳业务 …… 49

项目4　学习存取款项业务 …… 56
　任务4.1　认识存款业务 …… 57
　任务4.2　核算单位存款业务 …… 59
　任务4.3　核算储蓄存款业务 …… 70

项目5　学习收发贷款业务 …… 84
　任务5.1　认识贷款业务 …… 85
　任务5.2　核算信用贷款业务 …… 87
　任务5.3　核算担保贷款业务 …… 93
　任务5.4　计算和核算贷款利息 …… 95
　任务5.5　核算票据贴现业务 …… 101
　任务5.6　核算贷款损失准备业务 …… 105

项目 6　学习资金清算业务 …… 111
任务 6.1　认识资金清算业务 …… 112
任务 6.2　认识中国现代化支付系统（CNAPS） …… 114
任务 6.3　认识银行系统内电子汇划清算业务 …… 122
任务 6.4　认识同城票据交换及清算业务 …… 127
任务 6.5　认识全国支票影像交换系统 …… 131

项目 7　掌握支付结算工具 …… 138
任务 7.1　认识支付结算业务 …… 139
任务 7.2　核算支票业务 …… 140
任务 7.3　核算银行本票业务 …… 146
任务 7.4　核算银行汇票业务 …… 149
任务 7.5　核算商业汇票业务 …… 154
任务 7.6　核算信用卡业务 …… 161
任务 7.7　核算汇兑业务 …… 166
任务 7.8　核算委托收款业务 …… 170
任务 7.9　核算托收承付业务 …… 173

项目 8　学习买卖与收付外汇业务 …… 178
任务 8.1　认识外汇业务 …… 179
任务 8.2　核算外汇买卖业务 …… 181
任务 8.3　核算外汇存款业务 …… 185
任务 8.4　核算外汇贷款业务 …… 189
任务 8.5　核算外汇结算业务 …… 193

项目 9　学习银行委托及代理业务 …… 208
任务 9.1　认识银行委托及代理业务 …… 209
任务 9.2　核算银行委托及代理业务 …… 210

项目 10　学习银行买入返售与卖出回购业务 …… 231
任务 10.1　认识银行买入返售与卖出回购业务 …… 232
任务 10.2　核算银行买入返售与卖出回购业务 …… 234

项目 11　学习银行衍生金融工具业务 …… 241
任务 11.1　认识衍生金融工具业务 …… 242
任务 11.2　核算衍生金融工具业务 …… 243

项目 12　学习金融机构往来业务 …… 249
任务 12.1　认识金融机构往来业务 …… 250
任务 12.2　核算中国人民银行往来业务 …… 251
任务 12.3　核算同业往来业务 …… 255

第三部分　综合业务

项目 13　核算银行经营成果 ······ 265
  任务 13.1　核算收入 ······ 266
  任务 13.2　核算费用 ······ 270
  任务 13.3　核算利润及利润分配 ······ 275

项目 14　核算所有者权益业务 ······ 280
  任务 14.1　认识所有者权益 ······ 281
  任务 14.2　核算实收资本业务 ······ 282
  任务 14.3　核算资本公积业务 ······ 283
  任务 14.4　核算留存收益业务 ······ 284

项目 15　编制年度决算和财务报表 ······ 288
  任务 15.1　了解年度决算 ······ 289
  任务 15.2　编制财务报表 ······ 291

第四部分　实训模块

项目 16　银行日间业务 ······ 303
  任务 16.1　建账 ······ 303
  任务 16.2　存款业务操作 ······ 304
  任务 16.3　贷款业务操作 ······ 305
  任务 16.4　支票业务操作 ······ 306
  任务 16.5　银行本票业务操作 ······ 307
  任务 16.6　银行汇票业务操作 ······ 308
  任务 16.7　商业承兑汇票业务操作 ······ 308
  任务 16.8　银行承兑汇票业务操作 ······ 310
  任务 16.9　汇兑业务操作 ······ 311

项目 17　银行日终业务 ······ 312

参考文献 ······ 315

第一部分 基础知识

项目 1

认识银行及银行会计

● 知识结构图

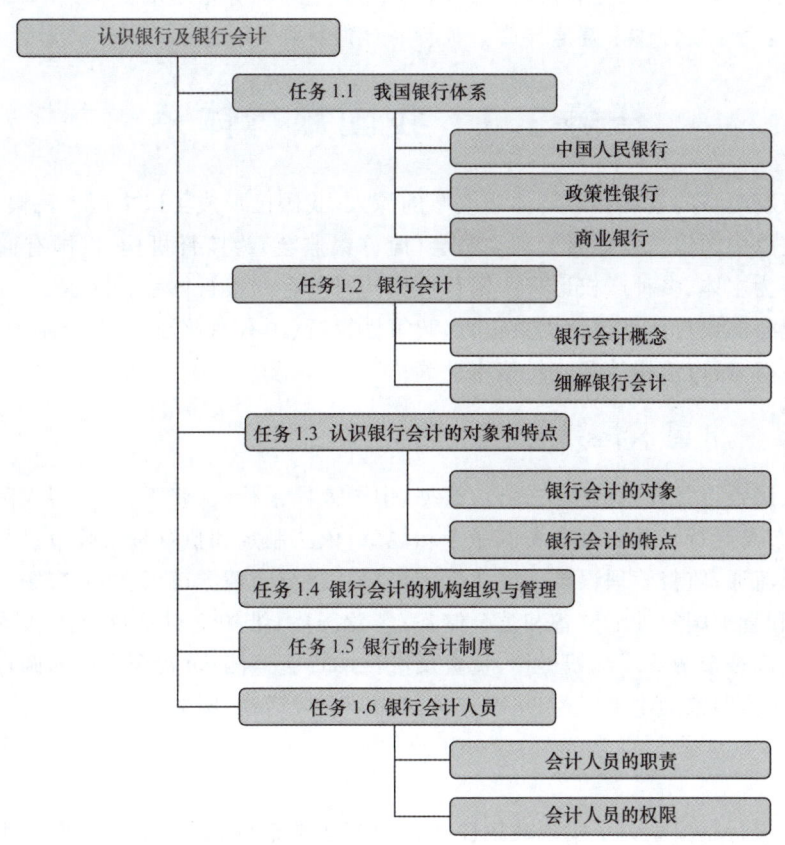

● 素质目标

1. 培养学生在认识我国金融体系的同时,树立远大理想,规划职业生涯;
2. 培养学生对金融机构组织的认识以及管理思维,建立金融企业内部控制思维;
3. 培养学生严谨、踏实的专业精神;
4. 培养学生遵守会计人员职业道德。

● 知识目标

1. 了解我国银行体系的基本构成;

2. 掌握银行会计的基本概念；
3. 了解银行会计的对象和特点；
4. 了解银行会计机构设置。

● 案例导入

小李同学即将毕业于某高校会计学专业，想到已经被某商业银行录取，心中很庆幸能够找到一份比较理想的工作。但是对于银行，小李了解得很少。这么多家银行是由哪个部门进行管理的呢？所有的银行都是商业银行吗？这些银行除了能够存取款以外，还有哪些业务呢？银行业务的具体操作与企业的会计有哪些不同呢？银行会计业务真的与企业会计业务相反吗？如果是相反的，那银行会计也遵循会计基本准则吗？

请思考：我国银行体系是怎样的？银行会计的特点是什么？

任务1.1 我国银行体系

随着市场经济的发展和经济体制改革的深入，我国已形成了以中国人民银行（中央银行）为领导、以中国银行业监督管理委员会（简称银监会）为监督机构、以国有商业银行和政策性银行为主体、多种产权形式的银行机构同时并存的银行体系。

我国现行的银行体系包括中央银行、政策性银行、国有商业银行、股份制商业银行、地方性商业银行、城市信用社和农村信用社等。

1.1.1 中国人民银行

中国人民银行是我国的中央银行，根据《中国人民银行法（修正）》，中国人民银行主要职责是：发布及履行与其职责有关的命令和规章；依法制定和执行货币政策；发行人民币，管理人民币流通；监督管理银行间同业拆借市场和银行间债券市场、外汇市场、黄金市场；持有、经营和管理国家外汇储备和黄金储备；经营国库；维护支付系统及清算系统的正常运行；指导、部署金融业反洗钱工作，负责反洗钱的资金监测；负责金融业的调查、统计、分析和预测；作为国家的中央银行，从事有关的国际金融活动；国务院规定的其他职责。

1.1.2 政策性银行

政策性银行是国家为了实现政策性金融和商业性金融相分离，割断政策性贷款与基础性货币的关系，为特定的经济政策和产业政策提供服务而设立的金融机构。从1994年起，结合实际情况，我国相继建立起了国家开发银行、中国农业发展银行和中国进出口银行三家政策性银行。国家开发银行主要办理政策性国家重点建设（包括基本建设和技术改造）贷款及贴现业务；中国农业发展银行主要承担国家粮、棉、油储备和农副产品合同收购、农业开发等业务中的政策性贷款，以及代理财政支农资金的拨付和监督使用；中国进出口银行主要为大型机电成套设备进出口提供买方信贷和卖方信贷，办理贴息、出口信贷担保等业务。

1.1.3　商业银行

商业银行包括国有控股商业银行(中国工商银行、中国农业银行、中国银行、中国建设银行)、股份制商业银行(交通银行、中信银行、光大银行、招商银行、华夏银行、广发银行、上海浦东发展银行、深圳发展银行、民生银行、兴业银行等)和地方性商业银行。我国的商业银行以收益性、安全性、流动性为经营原则,实行自主经营、自担风险、自负盈亏、自我约束,商业银行是独立承担民事责任的金融企业法人。根据《中华人民共和国商业银行法》的规定,商业银行可以全部或者部分经营的业务包括:吸收公众存款,发放短期、中期和长期贷款,办理国内外结算,办理票据承兑与贴现,发行金融债券,代理发行、代理兑付、承销政府债券,买卖政府债券、金融债券,从事同业拆借,买卖、代理买卖外汇,提供信用证服务及担保,代理收付款项及代理保险业务,提供保管箱服务,经国务院银行业监督管理机构批准的其他业务。

思考题
我国的银行体系是怎样的?

任务1.2　银行会计

1.2.1　银行会计概念

银行会计是以货币为主要计量单位,采用专门的方法和程序,对银行的经营活动过程进行连续、全面、系统的核算和监督,为银行的经营管理者及有关方面提供有关银行财务状况、经营成果和现金流量等一系列信息的专业会计。

1.2.2　细解银行会计

1. 银行会计以货币为主要计量单位

现代会计的一个重要特征,就是借助于计算货币的形态,通过全面综合的反映来确定和控制会计主体的经济活动。在银行会计工作中,广泛利用的是货币量度。另外,在多种货币并存的情况下,我国以人民币作为记账本位币。

2. 银行会计有一系列独特的专门方法

银行会计在长期实践中形成的一系列独特的专门方法,主要包括:采用单式传票,传票的传递制度,特定凭证的填制,联行往来的章、押、证的三分管制度,财务组织的双线核算和核对,按日提供会计报表制度等。这些独特的专门方法从制度上保证了会计核算的准确性、及时性和安全性。

3. 银行会计业务范围是银行的经济活动

银行会计的业务范围就是银行的各项经济业务,如吸收存款、发放贷款、办理结算以及在业务过程中发生的收入、成本和费用的计算等。通过会计核算,既实现了银行的业务活动,同时也记录和反映了银行的业务和财务活动情况。

4. 银行会计应遵循会计核算的一般原则

根据国际通用的会计准则和《金融企业会计制度》的规定,银行会计核算必须遵循《企业会计准则》。

思考题

银行会计的概念是什么?

任务1.3　认识银行会计的对象和特点

银行会计的对象,是指银行会计反映和监督的内容,即银行的各项经济业务活动。本节内容主要围绕商业银行会计对象展开阐述。

1.3.1　银行会计的对象

1. 资产

资产是指由过去交易或事项形成的、由企业拥有或控制的、预期会给企业带来经济利益的资源。银行资产的主要组成有:

(1)贷放资金:指银行按照有关规定发放的短期贷款、中长期贷款和抵押贷款等。

(2)投资资金:指银行投放在各种有价证券上的资金。

(3)各项占款:指银行的房屋、器具、设备和运输工具等固定资产、无形资产占用的资金。

(4)备付金:指银行的库存现金以及存放在中央银行的准备金。

(5)其他:包括各种暂付款项、应收款项等。

2. 负债

负债是指过去的交易或者事项形成的预期会导致经济利益流出企业的现时义务。

(1)吸收资金:指银行吸收的各项存款,包括企事业单位存款、个人储蓄存款、发行的金融债券等。

(2)借入资金:指向中央银行借入、向同业借入以及向国外借入的资金。

(3)结算资金:指结算中暂时占用的款项,包括联行存放款项、同业存放款项等。

(4)其他:包括暂收款项和各种应付款项等。

3. 所有者权益

(1)实收资本:指投资者实际投入银行形成的资本金或股本金。分为国家资本金、法人资本金、个人资本金和外商资本金。

(2)资本公积:指资本(或股本)溢价、财产重估增值及接受的各种捐赠等。

(3)盈余公积:指银行从利润中提取的公积金、公益金等。

(4)一般准备:指银行按一定比例从净利润中提取的一般风险准备。

(5)未分配利润:指待分配给投资者的利润和未决定用途的利润。

4. 收入

银行的收入是指银行在一定经营期间内通过提供金融产品服务而实现的各种收入、对外投资实现的投资收益,以及获取的与业务经营无直接关系的营业外收入等。

5. 支出

银行的支出是指银行在一定经营期间内所发生的各种成本和费用支出。

6. 利润

银行的利润是指银行在一定会计期间内的经营成果，包括营业利润、利润总额和净利润。

1.3.2 银行会计的特点

1. 反映情况的综合性和全面性

银行的各项业务都是随着国民经济各部门活动的发生而发生的，国民经济各部门的经济活动，都会在银行会计账表上以货币形式得到反映，因而银行会计不仅能反映银行的业务活动和财务活动情况，而且体现了整个社会资金的流向和国民经济各部门间的经济联系。从社会再生产过程来考察，银行会计反映的内容，实质上全面反映了全国的商品生产、流通和分配的综合情况。

2. 会计核算过程和业务处理过程的统一性

会计核算过程就是直接办理和完成银行业务以及实现银行业务的过程，因此银行的业务处理和会计核算具有统一性。

3. 会计核算方法的特殊性

银行是经营货币的特殊企业，形成了一套自己特殊的方法，例如银行的会计凭证采用单式凭证的形式，大量采用原始凭证代替记账凭证。

思考题

银行会计的对象是什么？商业银行会计的对象具体有哪些？

任务1.4　银行会计的机构组织与管理

就我国目前的情况来看，县级、城市区级以上的银行，均应设置会计机构。总行设会计司（部），省（市）分行设会计处，地（市）行设会计科，县支行和城市区级银行设会计股。支行以下单位，因为业务量较小，一般不设会计机构，但应设专职会计人员，负责处理日常工作。

银行会计机构分为独立会计核算单位和附属会计核算单位。凡单独编制会计报表和办理年终决算的单位为独立会计核算单位；凡其业务收付由管辖行采用并账或并表进行汇总反映的单位为附属会计核算单位。

思考题

我国商业银行会计机构是如何设置的？

任务1.5　银行的会计制度

银行会计规章制度实行"统一领导、分级管理"的管理原则。凡属全国银行业统一贯彻执行，并对全国银行会计工作具有广泛约束力的会计制度，均由中央财政部和中国人民银行总行制定与管理。中国人民银行分行对统一制定的制度、办法,可结合辖内具体情况做必要的补充,但不得与总行规定相抵触,并需报总行备案。

各商业银行系统内的制度、办法,由各总行根据统一会计制度制定,并报中国人民银行总行备案,分行可作必要的补充,并抄报同级中国人民银行。

下级行对上级行制定的各项制度、办法,必须严肃认真地贯彻执行,不得任意修改或废除,如有意见应及时反映,由上级行研究解决,在未作修改前,仍应按原规定执行,以维护制度的严肃性。

思考题
银行会计规章制度管理原则是什么?

任务 1.6 银行会计人员

银行的会计人员包括会计主管人员、复核人员、记账员、出纳员、稽核人员、检查人员、辅导人员和其他从事账务工作的人员。

会计人员必须具备较高的政治素质和业务水平,熟悉国家颁布的财经、会计法规和各项会计准则、制度等。

1.6.1 会计人员的职责

1. 遵守国家的法律,贯彻执行会计法规和会计制度。
2. 履行会计核算与监督职能,并定期进行会计分析。
3. 加强财务管理,编制财务计划,检查分析财务活动,审核各项开支,提出提高盈利能力的措施。
4. 拟定辖属单位办理会计事务的具体办法、细则,做好加强会计基础工作的组织、督促和检查。
5. 讲究职业道德,履行岗位职责,文明服务,秉公执法,廉洁奉公。

1.6.2 会计人员的权限

1. 有权要求开户单位、金融企业及其他业务部门认真执行财经纪律以及金融企业相关规章制度、办法。如有违反,会计人员有权制止纠正。有权对本行各职能部门在资金使用、财产管理、财务收支等方面实行会计监督。
2. 会计人员对违法收支制止或纠正无效的,应向单位的领导人提出书面意见,要求处理。单位领导人应当自接到书面意见之日起十天内作出书面决定。
3. 发现违反国家政策、财经纪律、弄虚作假等违法乱纪行为,会计人员有权拒绝执行,并向本行行长或上级行报告。
4. 会计人员在行使职权过程中,对违反国家政策、财经纪律和会计制度的事项,同本行行长(主任)意见不一致时,行长(主任)坚持办理的,会计人员可以执行,但必须向上级行提出书面报告,请求处理。如果有人对会计人员在行使职权过程中进行刁难或打击报复,上级行要严肃处理。

? 思考题

银行会计人员的职责是什么?

项目结论

　　我国现行的银行体系,包括中央银行、政策性银行、国有商业银行、股份制商业银行、地方商业银行、城市信用社和农村信用社等。

　　银行会计的对象包括:资产、负债、所有者权益、收入、支出、利润。

　　银行会计的特点包括:反映情况的综合性和全面性、会计核算过程和业务处理过程的统一性、会计核算方法的特殊性。

　　银行会计机构:县级、城市区级以上的银行,均应设置会计机构。总行设会计司(部),省(市)分行设会计处,地(市)行设会计科,县支行和城市区级银行设会计股。支行以下单位,因为业务量较小,一般不设会计机构,但应设专职会计人员。

　　银行的会计人员包括:会计主管人员、复核人员、记账员、出纳员、稽核人员、检查人员、辅导人员和其他从事账务工作的人员。

项目训练

一、单项选择题

1. 我国的中央银行是( )。

A. 中国银行　　　　B. 中国工商银行　　　C. 中国人民银行　　　D. 国家开发银行

2. 根据国际通用的会计准则和《金融企业会计制度》的规定,银行会计核算必须遵循( )。

A. 通用会计理论　　B. 企业管理规章　　　C. 企业会计准则　　　D. 以上都对

二、多项选择题

1. 银行会计的对象包括( )。

A. 资产、负债　　　B. 所有者权益　　　　C. 收入、支出　　　　D. 利润

2. 银行会计的特点包括( )。

A. 反映情况的综合性和全面性　　　　　B. 会计核算过程和业务处理过程的统一性

C. 会计核算方法的特殊性　　　　　　　D. 以上都不对

3. 银行会计机构分为( )。

A. 管辖核算单位　　　　　　　　　　　B. 下属核算单位

C. 独立会计核算单位　　　　　　　　　D. 附属会计核算单位

4. 我国的政策性银行有( )。

A. 国家开发银行　　　　　　　　　　　B. 中国农业发展银行

C. 中国进出口银行　　　　　　　　　　D. 中国建设银行

5. 国有控股商业银行有( )。

A. 中国工商银行　　　　　　　　　　　B. 中国农业银行

C. 中国银行					D. 中国建设银行

三、判断题

1. 银行会计规章制度实行"统一领导、分级管理"的管理原则。（ ）
2. 在多种货币并存的情况下，我国以人民币作为记账本位币。（ ）
3. 我国的商业银行以获利性、安全性、流动性为经营原则，实行自主经营、自担风险、自负盈亏、自我约束，是独立承担责任的金融企业法人。（ ）

项目延伸

《中华人民共和国中国人民银行法》《中华人民共和国商业银行法》《中华人民共和国会计法》《企业会计准则》《金融企业财务规则》等。

项目 2

学习银行会计账务核算基础

● 知识结构图

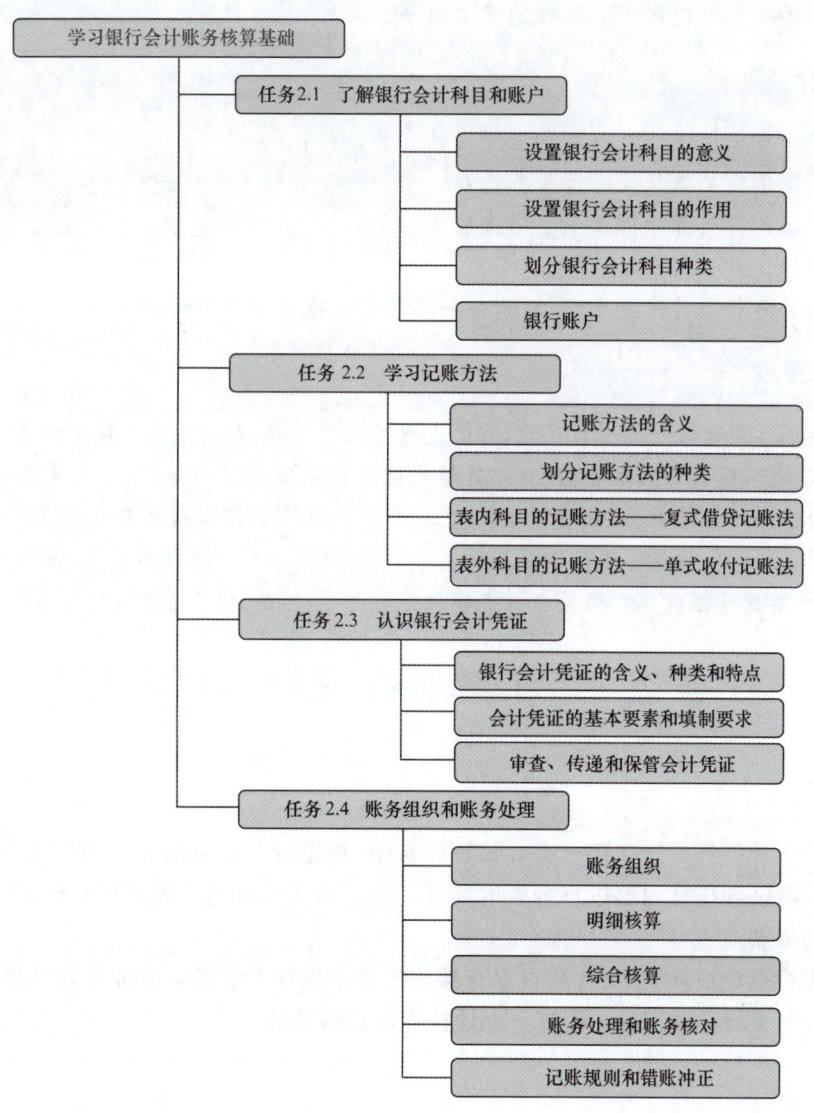

素质目标

1. 培养学生全局观、价值观,全面认识商业银行账务体系;
2. 培养学生更为立体、全面的会计思维,了解普通企业账务体系与银行账务体系的不同;
3. 培养学生对会计信息的可靠、真实、完整的专业要求,了解账、证、表数据关系;
4. 培养学生岗位分工的责任意识。

知识目标

1. 了解银行会计科目的种类及运用;
2. 掌握会计凭证的种类及其使用方法;
3. 了解银行会计核算中的记账方法及其特点;
4. 熟悉账务组织和账务处理的基本程序。

技能目标

1. 能够根据经济业务判断出应使用什么会计科目;
2. 能够使用基本凭证进行账务记载;
3. 明确不同账簿的用途及登记方法;
4. 掌握试算平衡原理;
5. 熟悉银行会计账务组织,明确每一环节的数据来源与用途。

案例导入

小李同学毕业后进入银行工作,终于走进了银行柜台,看到柜台上摆放的各种现代化的专用设施,心里既兴奋又担心,兴奋的是银行的工作环境确实不错,担心的是看着柜台的同事紧张而有序地忙碌着,不知道自己究竟能否胜任该项工作。到底要从哪里开始学习呢?柜台上摆放的每件用具都要怎么运用呢?尤其是那个一格一格的小箱子,每格里都放了票据,为什么要这样摆放呢?为什么要把柜台分为会计、出纳、综合业务等?

任务 2.1 了解银行会计科目和账户

2.1.1 设置银行会计科目的意义

银行会计科目是指在银行会计核算体系中,将银行各项业务活动和财务活动按照不同的经济特征和核算内容进行分类的项目。银行会计科目是设置账户及确定财务会计报告项目的依据。

在银行会计核算中,会计科目是直接连接基本核算方法各组成部分的纽带,是保证会计核算资料系统化的前提,是统一会计核算口径的基础。

2.1.2 设置银行会计科目的作用

1. 统一核算口径

我国银行基本会计科目由财政部和中国人民银行总行统一制定,每家银行的会计科目都由各自总行规定相应的会计科目名称和科目代号。

各商业银行根据实际需要可以增设或者合并某些会计科目。但在报送给总行的会计报表中,均应并入总行制定的会计科目。

2. 连接核算方法

从填制记账凭证的会计分录,到编制综合核算的科目日结单、登记总账,再到编制会计报表等一系列方法中,银行会计科目将上述各种核算方法连接起来,形成一个有机的核算体系,发挥着很重要的纽带作用。

2.1.3 划分银行会计科目种类

1. 按照与资产负债表的关系分类

可分为表内科目和表外科目。会引起银行资产、负债变化的是表内科目,如各类存款、贷款等科目;不会引起银行资产和负债增减变化的是表外科目,如发出托收等科目。

2. 按照会计科目反映的经济内容分类

可分为资产类科目、负债类科目、资产负债共同类科目、所有者权益类科目、损益类科目。

(1) 资产类科目

资产类科目反映银行的资产、债权。资产类科目又细分为流动资产类、长期投资类、固定资产类、无形资产类、递延资产类和其他资产类等科目。资产类的会计账户增加记借方,减少记贷方,余额一般在借方(备抵类账户余额一般在贷方)。

(2) 负债类科目

负债类科目反映银行的债务。负债类科目又细分为流动负债类科目和长期负债类科目,例如活期存款、定期存款等科目。负债类的会计账户增加记贷方,减少记借方,余额通常在贷方。

(3) 资产负债共同类科目

资产负债共同类科目是反映银行日常核算中资产负债性质不确定的科目,其性质视科目的期末余额方向而定,如联行往来、货币兑换会计科目。资产负债共同类的会计账户,当业务属于资产时记借方,当业务属于负债时记贷方,余额轧差反映。余额在借方表现为资产,余额在贷方表现为负债。

(4) 所有者权益类科目

所有者权益类科目是反映投资人对银行净资产的所有权的科目,如实收资本、资本公积等科目。所有者权益类的会计账户增加记贷方,减少记借方。实收资本、资本公积、盈余公积等科目的余额在贷方;本年利润和利润分配两个科目的余额可在借方也可在贷方,其余额在贷方时,贷方余额为利润,在借方时,借方余额为亏损。

(5) 损益类科目

损益类科目是反映银行在经营过程中收入、成本和费用的科目。各收入或收益类科目的增加记贷方,减少记借方;各支出或费用类科目,增加记借方,减少记贷方。期末各收入或收益类科目的余额转入本年利润科目的贷方,各支出和费用类科目的余额转入本年利润科目的借方。

3. 按照其提供核算指标的详细程度分类

按照其提供核算指标的详细程度分类可以划分为总分类科目和明细分类科目。总分类科目是指对会计要素的具体内容进行总括分类的项目,又称一级科目。明细分类科目是指根据核算与管理的需要对某些会计科目所作的进一步分类,按照其分类的详细程度不同又可划分为子目和细目。子目又称二级科目,细目又称三级科目。

子目、细目除少数财政部有规定外,其他一般由企业根据核算与管理的需要自行确定。表 2-1 为银行业会计科目。

表 2-1　　　　　　　　　　银行业会计科目

序号	编号	会计科目	序号	编号	会计科目
		一、资产类	55	2012	应解汇款
1	1001	库存现金	56	2013	汇出汇款
2	1002	银行存款	57	2014	开出本票
3	1003	存放中央银行款项	58	2021	贴现负债
4	1011	存放同业款项	59	2101	交易性金融负债
5	1015	其他货币资金	60	2111	卖出回购金融资产款
6	1021	结算备付金	61	2201	应付票据
7	1031	存出保证金	62	2202	应付账款
8	1051	拆出资金	63	2205	预收账款
9	1101	交易性金融资产	64	2211	应付职工薪酬
10	1111	买入返售金融资产	65	2221	应交税费
11	1121	应收票据	66	2231	应付利息
12	1122	应收账款	67	2232	应付股利
13	1123	预付账款	68	2241	其他应付款
14	1131	应收股利	69	2312	代理承销证券款
15	1132	应收利息	70	2313	代理兑付证券款
16	1231	其他应收款	71	2314	代理业务负债
17	1241	坏账准备	72	2501	长期借款
18	1251	贴现资产	73	2502	应付债券
19	1301	贷款	74	2701	长期应付款
20	1302	贷款损失准备	75	2702	未确认融资费用
21	1311	代理兑付证券	76	2801	预计负债
22	1321	代理业务资产	77	2901	递延所得税负债
23	1441	贵金属			三、共同类
24	1442	抵债资产	78	3001	清算资金往来
25	1471	融资租赁资产	79	3002	货币兑换
26	1501	持有至到期投资	80	3003	外汇结售
27	1502	持有至到期投资减值准备	81	3101	衍生工具
28	1503	可供出售金融资产	82	3201	套期工具
29	1511	长期股权投资	83	3202	被套期项目

(续表)

序号	编号	会计科目	序号	编号	会计科目
30	1512	长期股权投资减值准备			四、所有者权益类
31	1521	投资性房地产	84	4001	实收资本
32	1531	长期应收款	85	4002	资本公积
33	1541	未实现融资收益	86	4101	盈余公积
34	1601	固定资产	87	4102	一般风险准备
35	1602	累计折旧	88	4103	本年利润
36	1603	固定资产减值准备	89	4104	利润分配
37	1604	在建工程	90	4201	库存股
38	1605	工程物资			五、损益类
39	1606	固定资产清理	91	6011	利息收入
40	1611	未担保余值	92	6021	手续费及佣金收入
41	1701	无形资产	93	6041	租赁收入
42	1702	累计摊销	94	6051	其他业务收入
43	1703	无形资产减值准备	95	6061	汇兑损益
44	1711	商誉	96	6101	公允价值变动损益
45	1801	长期待摊费用	97	6111	投资收益
46	1811	递延所得税资产	98	6301	营业外收入
47	1901	待处理财产损益	99	6402	其他业务支出
		二、负债类	100	6403	税金及附加
48	2001	短期借款	101	6411	利息支出
49	2002	存入保证金	102	6421	手续费及佣金支出
50	2003	拆入资金	103	6602	业务及管理费
51	2004	同业存放款项	104	6701	资产减值损失
52	2011	向中央银行借款	105	6711	营业外支出
53	2012	吸收存款	106	6801	所得税费用
54	2011	其他存款	107	6901	以前年度损益调整

2.1.4 银行账户

银行账户是在银行会计科目下按照单位类别和资金性质划分的户头,是银行会计明细核算的主要工具。

银行会计科目与账户的主要区别是:会计科目是账户的总和,是综合核算的主要工具,一般与总账相联系;账户是会计科目详细内容的反映,是明细核算的主要工具,一般与明细账相联系。

各账户一般要按照一定的顺序编排序号,称为账号。账号由会计科目代号和编号组成,在手工操作时便于辨认和查找,在电算化情况下可以提高工作效率。

思考题

1. 银行会计科目的概念是什么?
2. 银行会计科目是怎样分类的?

任务 2.2　学习记账方法

2.2.1　记账方法的含义

银行的记账方法是指在银行会计的核算中,按单式或复式记账原理和记账规则,使用一定的记账符号,将经济业务进行整理、分类和登记会计账簿的一种专门方法。

2.2.2　划分记账方法的种类

银行的记账方法包括单式记账法和复式记账法。单式记账法运用于表外科目的核算,复式记账法运用于表内科目的核算。

1. 单式记账法

单式记账法,对发生的每一笔经济业务只在一个会计科目中进行登记,在我国银行系统中,仅对表外科目所涉及的会计事项,采用单式记账法进行登记或核算。

2. 复式记账法

复式记账法,对发生的每项经济业务都要按照相等的金额在两个或两个以上相互关联的会计科目中进行登记。能够系统完整地反映经济活动的过程和结果。同时检查会计记录正确与否,保证会计工作的质量。

2.2.3　表内科目的记账方法——复式借贷记账法

借贷记账法是根据复式记账的原理,以"资产＝负债＋所有者权益"的会计平衡公式为理论基础,以"借"和"贷"为记账符号,按照"有借必有贷,借贷必相等"的记账规则在账户中进行登记的一种复式记账方法。

1. 记账主体

借贷记账法以会计科目为主体,根据复式记账原理进行记录,来反映资金运动的性质和数量的变化。

2. 记账符号和记账规则

借贷记账法是以"借"、"贷"作为记账符号,按照"有借必有贷,借贷必相等"的记账规则,以及"资产＝负债＋所有者权益"的会计平衡公式进行登记的。

当经济业务发生时,会同时引起两个或两个以上的账户发生变化,根据所涉及资金增减变化的内在联系,先要确定所使用的会计科目,以相等的金额记入借贷双方,保证有借方必有贷方,借贷双方的金额必须相等。

3. 账户结构和记账方向

借贷记账法的账户结构左方为借方,右方为贷方。各类账户的记账方向如表 2-2 所示。

表 2-2　借贷记账法下各类账户的记账方向

借　方	贷　方
资产增加	资产减少
负债减少	负债增加
权益减少	权益增加
成本费用增加	成本费用减少
收入减少	收入增加

日常账务处理中常把银行各项业务归纳为四种类型的变化：

(1)资产方与负债或所有者权益方同时增加,增加金额相等,见【例 2-1】。
(2)资产方与负债或所有者权益方同时减少,减少金额相等,见【例 2-2】。
(3)资产方一增一减,增减金额相等,见【例 2-3】。
(4)负债或所有者权益方一增一减,增减金额相等,见【例 2-4】。

下面以商业银行的业务为例加以说明。

【例 2-1】　普惠银行通江支行开户企业轴承厂存入销售收入现金 6 000 元。其会计分录为：

　　借:库存现金　　　　　　　　　　　　　　　　　　　　　　　　　6 000
　　　贷:吸收存款——活期存款——轴承厂　　　　　　　　　　　　　　6 000

【例 2-2】　普惠银行通江支行开户企业轴承厂从其存款账户中归还所欠贷款 20 000 元。其会计分录为：

　　借:吸收存款——活期存款——轴承厂　　　　　　　　　　　　　　20 000
　　　贷:贷款——本金　　　　　　　　　　　　　　　　　　　　　　20 000

【例 2-3】　普惠银行通江支行收兑黄金,计付现金 30 000 元。其会计分录为：

　　借:贵金属　　　　　　　　　　　　　　　　　　　　　　　　　30 000
　　　贷:库存现金　　　　　　　　　　　　　　　　　　　　　　　30 000

【例 2-4】　普惠银行通江支行将 200 000 元盈余公积转增资本金。其会计分录为：

　　借:盈余公积　　　　　　　　　　　　　　　　　　　　　　　　200 000
　　　贷:实收资本　　　　　　　　　　　　　　　　　　　　　　　200 000

4. 试算平衡

借贷记账法是根据"资产＝负债＋所有者权益"的会计平衡公式来检查和平衡账务的,而每笔业务始终坚持"有借必有贷,借贷必相等"的记账规则,也就是说在一定时期内借方发生额和贷方发生额相等,自然会得到以下两个平衡公式：

各科目借方发生额合计＝各科目贷方发生额合计
各科目借方余额合计＝各科目贷方余额合计

根据以上四项经济业务的会计分录编制试算平衡表,如表 2-3 所示。

表 2-3　　　　　　　　　　　　　　试算平衡表

会计科目	上日余额		本日发生额		本日余额	
	借方	贷方	借方	贷方	借方	贷方
库存现金	140 000		6 000	30 000	116 000	
贵金属	80 000		30 000		110 000	
贷款	500 000			20 000	480 000	
吸收存款		300 000	20 000	6 000		286 000
盈余公积		320 000	200 000			120 000
实收资本		100 000		200 000		300 000
合计	720 000	720 000	256 000	256 000	706 000	706 000

2.2.4　表外科目的记账方法——单式收付记账法

单式收付记账法，即以"收入"和"付出"作为记账符号，当表外科目反映的经济业务发生或增加时记入"收入"方，当表外科目反映的经济业务销账或减少时记入"付出"方，余额表示结存或剩余的表外经济业务。表外科目的记账金额，一般是按经济业务发生额或凭证的票面额记载，有些控制实物数量的表外科目则按假定价格记载。

思考题
1. 银行会计的记账方法是什么？
2. 银行会计记账方法如何分类？

任务 2.3　认识银行会计凭证

2.3.1　银行会计凭证的含义、种类和特点

1. 银行会计凭证的含义

银行会计凭证是办理银行各项业务和财务活动的原始记录或书面证明，也是明确经济责任、核对账务以及事后检查的重要依据。银行的会计凭证作为记账凭证时，需要在银行内部组织传递，因此，记账凭证又称为"传票"。

2. 银行会计凭证的种类

银行会计凭证按填制程序和用途，可分为原始凭证和记账凭证两大类。

（1）原始凭证

原始凭证是指在经济业务发生时取得或填制的、用以记录经济业务的发生或完成情况，并作为记账原始依据的会计凭证。原始凭证按其来源不同可分为外来原始凭证和自制原始凭证两种。

①外来原始凭证，是指在同外部单位或个人发生经济往来关系时，从外部单位或个人取得的原始凭证。银行的外来原始凭证有存款凭条、取款凭条、结算凭证以及购置物品和支付电费的发票等。

②自制原始凭证,是指由银行内部经办经济业务的部门或人员,在办理经济业务时自行填制的原始凭证。银行的自制原始凭证有利息计算清单、工资结算单、职工福利费计提单等。

(2)记账凭证

记账凭证又称传票,是指根据审核无误的原始凭证填制的,用来记录经济业务简要内容,确定会计分录,作为记账直接依据的会计凭证。记账凭证有两种不同的分类。

①记账凭证按填制的方式不同,可分为单式记账凭证和复式记账凭证两种形式。

a.单式记账凭证,是指将每笔经济业务所涉及的每个会计科目分别填列在各张凭证上的记账凭证。这种凭证的优点是传递方便,便于分工记账、综合整理及装订保管。

b.复式记账凭证,是指将一项经济业务所涉及的会计科目全部集中填制在一张凭证上的记账凭证。这种凭证的优点是能集中反映账户的对应关系,便于了解经济业务的全貌。

银行业通常将单式记账凭证和复式记账凭证结合起来运用。

②记账凭证按适用的范围不同,可分为基本记账凭证和特定记账凭证两类。

a.基本记账凭证,是指银行会计部门根据原始凭证及业务事项,自行填制并凭以记账的凭证。银行的基本凭证按其性质和特点可分为3类,共10种凭证。

第一类,银行内部使用的凭证。

此类凭证仅供银行内部使用,不对外销售和传递,适用于未设专用凭证的一切现金收付和转账业务,包括现金收入传票(表2-4)、现金付出传票(表2-5)、转账借方传票(表2-6)、转账贷方传票(表2-7)。

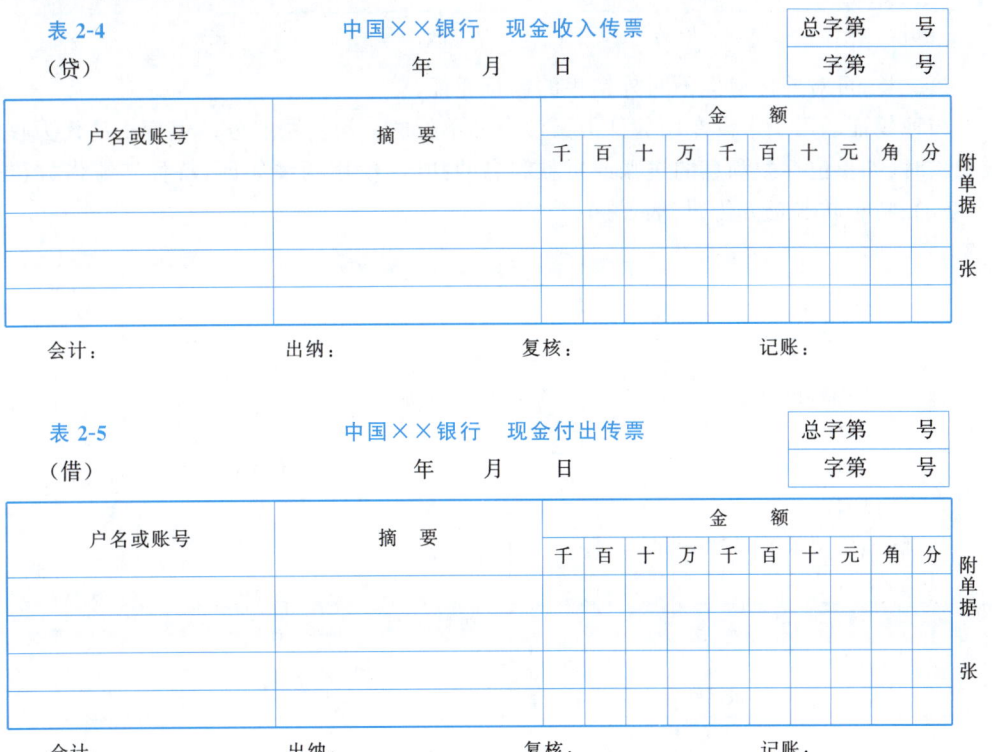

表 2-6

中国××银行　转账借方传票

年　　月　　日

总字第　　号
　字第　　号

科目	（借）		对方科目：										
户名或账号		摘要	金　额										
			千	百	十	万	千	百	十	元	角	分	

会计：　　　　　出纳：　　　　　复核：　　　　　记账：

表 2-7

中国××银行　转账贷方传票

年　　月　　日

总字第　　号
　字第　　号

科目	（贷）		对方科目：										
户名或账号		摘要	金　额										
			千	百	十	万	千	百	十	元	角	分	

会计：　　　　　出纳：　　　　　复核：　　　　　记账：

第二类，可对外传递但不对外销售的银行凭证。

该种凭证适用于未设专用凭证但又涉及外单位的一切转账业务。银行主动代为收款或扣款时（如单位存款利息的进账或贷款利息的扣收）使用两种凭证：特种转账借方传票（表 2-8）、特种转账贷方传票（表 2-9）。

表 2-8

中国××银行特种转账借方传票

年　　月　　日

总字第　　号
　字第　　号

收款单位	全　　称		付款单位	全　　称									
	账号或地址			账号或地址									
	开户银行	行号		开户银行		行号							
金额	人民币（大写）			千	百	十	万	千	百	十	元	角	分
原凭证金额		赔偿金	科目(借)_____										
原凭证名称		号　码											
转账原因			对方科目(贷)_____										
	银行盖章		会计　　复核　　记账										

表 2-9　　　　　　　　　　中国××银行特种转账贷方传票

　　　　　　　　　　　　　　　年　月　日

第三类,银行特定业务使用的凭证。

此类凭证包括:表外科目收入传票(表 2-10)、表外科目付出传票(表 2-11)、货币兑换借方凭证(表 2-12、表 2-13)、货币兑换贷方凭证(表 2-14、表 2-15)。

表 2-10　　　　　　　　　中国××银行表外科目收入传票

表外科目(收入)　　　　　　　年　月　日

表 2-11　　　　　　　　　中国××银行表外科目付出传票

表外科目(付出)　　　　　　　年　月　日

表 2-12　　　　　　　　　　货币兑换借方凭证(外币)　　　凭证
　　　　　　　　　　　　　　　　年　　月　　日　　　　　　编号

结汇单位	全　称		(借)货币兑换	附件
	账号或地址		(对方科目)	
外汇金额		牌价	人民币金额	
			￥	张
摘要			会计 复核 记账 制票	

表 2-13　　　　　　　　　　货币兑换借方凭证(人民币)　　凭证
　　　　　　　　　　　　　　　　年　　月　　日　　　　　　编号

结汇单位	全　称		(借)货币兑换	附件
	账号或地址		(对方科目)	
外汇金额		牌价	人民币金额	
			￥	张
摘要			会计 复核 记账 制票	

表 2-14　　　　　　　　　　货币兑换贷方凭证(外币)　　　凭证
　　　　　　　　　　　　　　　　年　　月　　日　　　　　　编号

结汇单位	全　称		(贷)货币兑换	附件
	账号或地址		(对方科目)	
外汇金额		牌价	人民币金额	
			￥	张
摘要			会计 复核 记账 制票	

表 2-15　　　　　　　　　　　货币兑换贷方凭证(人民币)　　　凭证
　　　　　　　　　　　　　　　　年　　月　　日　　　　　　　编号

结汇单位	全　　称		(贷)货币兑换 (对方科目)		附件 张
	账号或地址				
外汇金额		牌　价	人民币金额		
			¥		
摘 要			会计 复核 记账 制票		

b. 特定记账凭证,是指银行据以办理业务,并可替代凭证凭以记账的各种专用凭证。一般由银行印制,单位购买和填写后提交银行凭以办理某种业务。特定记账凭证,有的是由客户填写,银行凭以记账,如支票、进账单、现金缴款单等;有的是由银行自行填制,凭以办理业务及记账,如联行报单、银行汇票等。特定记账凭证一般是一式数联套写凭证,格式按有关业务需要设计,在后面的章节会有具体的介绍。

3. 银行会计凭证的特点

(1)采用单式凭证

银行会计凭证采用单式记账凭证,不论现金或转账凭证,一张会计凭证只填制一个会计科目或一个账户,因此,每笔业务至少要填制一张或一张以上的传票以适应银行的业务需要。

(2)大量使用外来原始凭证代替记账凭证

银行办理各项业务,一般都由客户提交有关凭证代替收付款证明。为了避免重复劳动,提高工作效率,银行大量采用客户所提交的原始凭证,经审核后代替银行的记账凭证。

(3)凭证在各个部门传递

每一笔银行业务的会计凭证在办理的过程中,都要在所涉及的部门间传递。有的业务不仅要涉及同一家银行的两个部门,而且有可能要涉及同城或异地的两家或两家以上的银行,这样的凭证就必须在相关的银行间传递。

2.3.2　会计凭证的基本要素和填制要求

1. 会计凭证的基本要素

会计凭证的基本要素是指各种凭证中必须填写的与经济业务或账务记载有关的事项。

银行会计凭证虽然种类多,具体的格式和内容也不一样,但所有的会计凭证都必须填写与经济业务或账务记载有关的基本要素。这些基本要素为:

(1)凭证的名称及编制的年、月、日(特定凭证中的日期由客户填写);

(2)收、付款单位开户银行的名称和行号;

(3)收、付款单位的户名和账号;

(4)货币名称、符号和大小写金额；
(5)款项来源、用途、摘要及附件张数；
(6)会计分录和凭证编号；
(7)收、付款单位按照有关规定的签章；
(8)银行及有关人员的签章。

2. 会计凭证的填制要求

(1)原始凭证的填制要求

①必须真实和正确。原始凭证中应填写的项目和内容必须真实、正确地反映经济业务的原貌,无论日期、内容、数量和金额都必须如实填写,不能弄虚作假,改变事实的真相。

②必须完整和清楚。原始凭证中规定的项目都必须填写齐全,不能缺漏。文字说明和数字要填写清楚、整齐和规范,凭证填写的手续必须完备。

③必须有经办人员和有关负责人员的签章。原始凭证在填制完成后,经办人员和有关责任人员都要认真审查并签章,对凭证的真实性、合法性负责。

④必须及时填制。原始凭证应在经济业务发生或完成时及时填制,并按规定的程序和手续传递至有关业务部门和会计部门,以便及时办理后续业务,并进行审查和记账。

(2)记账凭证的填制要求

①经济业务必须记录明确。会计人员可以根据每份原始凭证或多份同类经济业务的原始凭证填制一张记账凭证；也可以根据每份原始凭证汇总表填制一张记账凭证,以明确经济业务的来龙去脉和账户的对应关系；还可以利用原始凭证代替记账凭证,以简化核算手续。

②会计科目必须正确运用。会计人员必须根据经济业务的内容,采用会计制度规定的会计科目正确编制会计分录,以保证核算口径的一致,便于综合汇总。

③附件数量必须完整。记账凭证所附的原始凭证必须完整无缺,应在记账凭证上注明所附原始凭证的张数,以便于复核摘要栏内所列明的经济业务内容和确定的会计分录是否正确。

④必须连续编号。记账凭证必须以月份为基础,根据业务发生的顺序连续编总号,并按不同种类的记账凭证连续编分号。倘若一笔经济业务需填制多张记账凭证,可采取分数编号法,如第 3 笔业务需要两张记账凭证,这两张记账凭证总号的编号分别为总字 $3\frac{1}{2}$ 和总字 $3\frac{2}{2}$。

⑤内容必须填写完整。记账凭证中的各项内容必须填写完整,制票、记账、复核、出纳、会计等人员在完成了各自的职责以后均应签章。

2.3.3 审查、传递和保管会计凭证

1. 审查会计凭证

凭证的审查是指对凭证的正确性、合法性、真实性和完整性进行确认,这是反映和监督经济业务的重要环节。审查的具体内容主要有:

(1)是否属于本行受理的凭证；

(2)使用的凭证种类是否正确,凭证的基本内容、联数与附件是否完整齐全,是否超过

有效期限;

(3)账号与户名是否相符;

(4)大小写金额是否一致,字迹有无涂改;

(5)密押、印鉴是否真实齐全;

(6)款项来源、用途是否填写清楚,是否符合有关规定的要求;

(7)内部科目的账户名称使用是否正确;

(8)计息、收费、赔偿金等的计算方法与数额是否正确。

经过审核,符合要求的予以账务处理或进行传递;对于不符合要求的凭证,应拒绝受理。如属内容不全或填写有差错的凭证,应向客户解释清楚,要求客户重填;如属伪造凭证等违法乱纪行为,要认真追究,配合有关部门严肃处理。

2. 传递会计凭证

银行会计凭证的传递过程,是指从收到或编制凭证起,直到业务处理完毕、传票装订保管为止的整个过程。

会计凭证的传递,必须做到准确及时、手续严密、先外后内、先急后缓。为了维护金融企业资金的安全,在人机并用的情况下,凭证传递的基本要求为:

(1)现金收入业务,先收款,后记账,先记现金收入日记簿,后记分户账,以防止漏收或错收款项,保证账款一致;

(2)现金付出业务,先记账(或通过电子计算机查询余额),后付款,先记入付款人的分户账,后记入现金付出日记簿之后,才支付现金,以防止透支、冒领事故的发生;

(3)转账业务,先记付款人账,后记收款人账,代收他行票据必须坚持收妥抵用,以防止单位套用银行资金,造成银行垫款;

(4)联行间或银行内部凭证不得交由客户传递,除个别的结算凭证,如银行汇票规定可以由客户自行传递外,其他凭证必须经邮局或银行内部自行传递,不得交给客户传递,以防产生弊端,造成损失。会计凭证传递程序如图 2-1 所示。

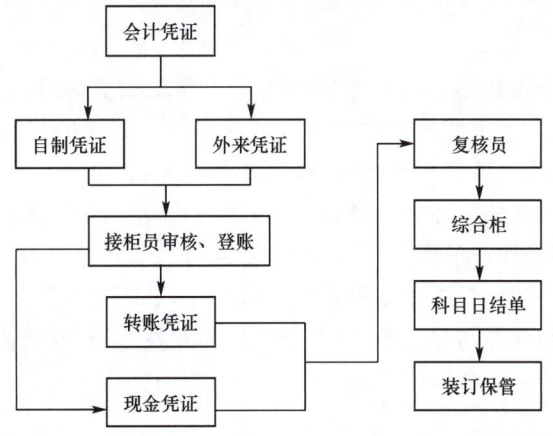

图 2-1 会计凭证传递程序

3. 整理、装订和保管会计凭证

会计凭证是重要会计档案,是事后查考的依据。为了保证会计资料的完整性和安全性,必须按规定装订归档,妥善保管。

(1) 整理凭证

每天营业终了轧完账之后,对当天已办完会计核算的会计凭证逐日整理装订。在表内科目传票中应将同一会计科目的全部传票集中在一起,按现金收入、现金付出、转账借方、转账贷方顺序排列,每个会计科目的凭证应排列在本科目的科目日结单后面。装订后,将当天所有传票依次逐张编列总号。

(2) 装订凭证

凭证经整理后,外加传票封面和封底,在封面上要写明日期、传票总数、册数、号码等内容。装订成册后,在结绳处用纸条加封,由装订人员加盖骑缝章,封面上应由装订人员、会计主管人员盖章以明确责任,无误后方可入库保管。

(3) 保管凭证

年内装订成册的会计凭证由会计部门指定专人负责保管,并在规定的时间内由会计部门编造清册,移交本单位的档案部门保管。根据规定,会计凭证的保管期限通常为15年,但涉及外事和其他重要的会计凭证要永久保管。在保管期间,倘若发生经济案件,需要某一会计凭证作证时,应采取复制的方式,不能直接抽出原始凭证。对于保管期满需要销毁的会计凭证,必须编制清单,经本单位领导审核,报经上级主管部门批准后,由上级主管部门、档案部门和会计部门共同派员监销。

思考题

1. 银行会计凭证的含义是什么?
2. 银行会计凭证是怎样分类的?
3. 会计凭证的传递有哪些具体做法?

银行会计账务组织体系

任务 2.4　账务组织和账务处理

2.4.1　账务组织

银行账务组织是指在银行会计核算中各种账簿的设置程序、核算程序、核对方法等相互配合的账务,包括各类账簿在数字记载和账务核对方面的相互关系。账务组织主要由各种账簿组成,但为了核算的严密性,还设置了有关表、单,作为账务组织的组成部分。

银行的账务组织从核算体系上划分,包括明细核算和综合核算两个系统。明细核算按账户核算,反映某个账户的资金增减变化,是综合核算的具体化,对综合核算起补充作用;综合核算按科目核算,反映某个科目的增减变化,是明细核算的总括记录,起着统驭明细核算的作用。明细核算与综合核算相互配合、相互补充、相互联系、彼此制约,组成一套完整的核算体系。

2.4.2　明细核算

明细核算是对每一个会计科目分户的详细记录,由分户账、登记簿、余额表和现金收付日记簿组成,其核算程序如图 2-2 所示。

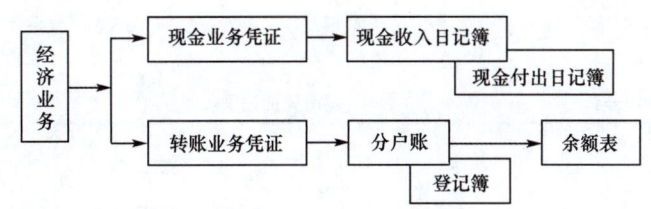

图 2-2　明细核算程序

1. 分户账

分户账是明细核算的主要账簿,按户立账,根据凭证逐笔、序时连续记载,具体反映每个账户的资金活动情况。因而,分户账是办理业务和与客户核对账务的重要工具。

(1)分户账的基本账式

为了适应不同业务核算的需要,分户账一般设有四种账式。

①甲种账(表 2-16)又称"分户式账页",设有借方发生额栏、贷方发生额栏和余额栏三栏,适用于不计息或使用余额表计息的账户、内部往来资金账户及损益类账户的明细账。

表 2-16　　　　　　　　　　　　甲种账

中国××银行(　　)　　　账
年　月　日

户名:	账号:			领用凭证记录:			利率:	
年		摘要	凭证号码	对方科目代号	借方(位数)	贷方(位数)	借或贷	余额(位数)	复核盖章
月	日								

会计:　　　　　　　　记账:　　　　　　　　复核:

②乙种账(表 2-17)又称"计息式账页",设有借方发生额栏、贷方发生额栏、余额栏和积数栏四栏,适用于在账页上直接计算利息积数的账户。

表 2-17　　　　　　　　　　　　乙种账

中国××银行(　　)　　　账
年　月　日

户名:	账号:			领用凭证记录:			利率:		
年		摘要	凭证号码	对方科目代号	借方(位数)	贷方(位数)	借或贷	余额(位数)	日数	积数(位数)	复核盖章
月	日									

会计:　　　　　　　　记账:　　　　　　　　复核:

③丙种账(表 2-18),设有借方发生额、贷方发生额、借方余额和贷方余额四栏,用于记录需要在借、贷双方反映余额的账户。

表 2-18　　　　　　　　　　　丙种账

中国××银行(　　)　　　账

本账总页数
本户页数

户名:　　账号:　　　　领用凭证记录:　　　　利率:

年		摘要	凭证号码	对方科目代号	发生额		余　额		复核盖章
月	日				借方(位数)	贷方(位数)	借方(位数)	贷方(位数)	

会计:　　　　记账:　　　　　　复核:

④丁种账(表 2-19)又称"销账式账页",设有借方发生额栏、贷方发生额栏、余额栏和销账栏四栏,适用于记录逐笔销账的一次性业务,它兼有分户核算的作用,同时这种账页可以在同一行看出资金的全部面貌,便于核对账务。

表 2-19　　　　　　　　　　　丁种账

中国××银行(　　)　　　账

本账总页数
本户页数

户名:　　账号:

年		账号	户名	摘要	凭证号码	对方科目代号	借方(位数)	销账		贷方(位数)	借或贷	余额(位数)	复核盖章
月	日							年	月　日				

会计:　　　　记账:　　　　　　复核:

(2)分户账的有关规定

①填明账页上首(如科目、户名、账号、货币符号、利率、账页编号以及额度等),不得省略,更换新账页时,应将前页的最后余额过入新账页的第一格余额栏内,并在摘要栏注明"承前页"。对乙种账页还应将累计计息积数同时结转过页。日期栏填写前页最后一笔记账日期。

②分户账记账时,应填制日期,每日根据业务发生的先后序时填入。现金收入应待出纳收款后入账;现金付出应审核后记账,再由出纳付款;转账业务必须先付后收。对现金支票和转账支票等付方传票应填制凭证号码的最后四位数。

③记账时应先核对户名、账号、币别、印鉴、业务内容,防止串户、冒领、透支等事故发生。

④经济业务发生后,必须根据传票逐笔记载和逐笔结出余额,在分户账摘要栏内简明扼要地写明业务内容和有关凭证号码。采用电算化的,应由电脑自动轧出余额。

⑤分户账应按年度更新账页。甲、乙、丙种分户账应将最后余额过入新年度账户,在摘要栏上注明"上年结转",对乙种账还应将累计积数结转下年。丁种账应逐笔过入新账页的发生额栏并结出余额,在摘要栏加盖"上年结转"戳记。结转完后,各分户账余额合计数应与各科目总账余额核对相符。

2.登记簿

登记簿是明细核算的辅助性账簿,是为适应表内、表外科目某些业务需要而设立的账簿,主要适用于那些在分户账上未能记录或不必要分户记录的重要事项的登记,如对客户交来的托收单据的记录等。其格式可参照分户账,根据需要自行设计,通常有特定格式和一般格式两种。特定格式的登记簿是为了满足某些业务的需要而设置的;一般格式的登记簿(表 2-20)通常都设有收入、付出和余额三栏,用来反映数量及金额情况。

表 2-20

中国××银行(   )

登记簿(卡)

本账总页数
本户页数

户名: 单位:

年		摘要	收　入		付　出		余　额		复核盖章
月	日		数量	金额(位数)	数量	金额(位数)	数量	金额(位数)	

会计: 记账: 复核:

3. 余额表

余额表是指用于抄列分户账余额的表格,是核对总账与分户账余额和计算利息的重要工具。余额表分为计息余额表和一般余额表。

(1)计息余额表(表 2-21)适用于计息科目,其最主要的功能就是计息。每日营业终了时,根据同一科目分户账的最后余额逐户填列。当天如果余额不变动或遇节假日,仍应将上日余额填入。每日填记后,还应按科目加计余额合计数,并与总账同一科目余额核对相符。

表 2-21

计息余额表

年　　月

科目名称: 共　　页
科目代号: 第　　页

日期＼账号／户名／余额					复核盖章
	(位数)	(位数)	(位数)	(位数)	
上月底止累计应计息积数					
日期 ⋮					
10 天小计					
11 ⋮					
20 天小计					
21 ⋮					
本月合计(本月计息积数)					
应加积数					
应减积数					
本期累计应计息积数					
结息时计算利息数					
备注					

会计: 复核: 记账:

(2)一般余额表(表 2-22)适用于不计息的科目,按各分户账当日最后余额填制。

表 2-22　　　　　　　　　　中国××银行(　　)
一般余额表
年　　月　　日　　　　　　　　　　共　页　　第　页

科目代号	户　名	摘　要	余额(位数)	科目代号	户　名	摘　要	余额(位数)

会计:　　　　　　　　　复核:　　　　　　　　　制表:

4. 现金收入、付出日记簿

现金收入日记簿(表 2-23)和现金付出日记簿(格式与现金收入日记簿相同)是记载和控制现金收入、现金付出笔数及金额的序时账簿,是现金收入和现金付出的明细记录。现金收入、付出日记簿应由出纳根据已办理业务并编列顺序号的现金收入传票和现金付出传票逐笔记载,结出当日库存数,并与实际现金库存数核对相等。

表 2-23　　　　　　　　　现金收入日记簿
柜组名称:　　　　　　　　年　　月　　日　　　　　　共　页　　第　页

凭证号数	科目代号	户名或账号	计划项目代号	金额(位数)	凭证号数	科目代号	户名或账号	计划项目代号	金额(位数)

复核:　　　　　　　　　　　　　　出纳:

2.4.3　综合核算

综合核算是按会计科目进行的总括记录,由科目日结单、总账和日计表组成。其核算程序如图 2-3 所示。

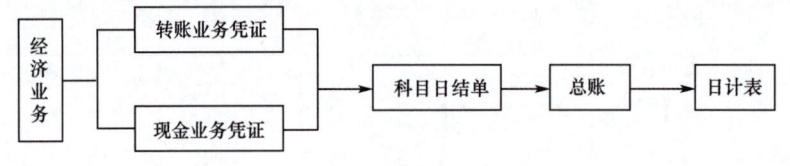

图 2-3　综合核算程序

1. 科目日结单

科目日结单,也称总传票,是每一会计科目当日借、贷方发生额和传票张数的汇总记录,是轧平当日账务的重要工具,也是登记总账的依据。

每天营业结束,将当天处理的全部传票按科目进行整理,同一科目的传票再分别将现金付出、现金收入、转账借方、转账贷方各自加计合计数和传票张数,填入科目日结单有关栏内。其中,因为现金科目本身没有会计凭证,所以现金科目的科目日结单最后编制。待其他科目的科目日结单编制好后,将其他所有科目日结单的现金借方合计填入现金科目日结单的贷方,将其他所有科目日结单的现金贷方合计填入现金科目日结单的借方。科目日结单格式如表 2-24 所示。

表 2-24　　　　　　　　　　　中国××银行(　　)
科目日结单
年　　月　　日

凭证种类	借方		贷方		附件
	传票张数	金　额（位数）	传票张数	金　额（位数）	
现金					张
转账					
合计					

事后监督：　　　　　复核：　　　　　记账：　　　　　制单：

2. 总账

总账是各科目的总括记录,是综合核算和明细核算相互核对及统驭分户账的主要工具,是定期编制各种会计报表的依据。总账按科目设置,有借方发生额、贷方发生额、借方余额和贷方余额四栏。每日根据该科目的科目日结单的借、贷方发生额合计数登记,每日占一行,并结出当天余额,10 天一小计,每月终了,加计本月的借、贷方发生额和本年累计发生额。每月需更换一次账页。对那些借贷双方反映余额的科目,其余额应根据余额表或分户账的借方余额、贷方余额分别反映,不得轧差记载。总账格式如表 2-25 所示。

表 2-25　　　　　　　　　　　中国××银行(　　)
总　账

科目代号：
科目名称：　　　　　　　　　　　　　　　　　　　　　　　　　　字第　　号

年　月	借方（位数）		贷方（位数）		
上年底余额					
本年累计发生额					
上月底余额					
上月累计未计息积数					
日期	发生额		余　额		核对盖章
	借方（位数）	贷方（位数）	借方（位数）	贷方（位数）	复核员
1					
⋮					
10 天小计					
⋮					
16					
17					
20 天小计					
21					
⋮					
30					
31					
月　计					
自年初累计					
本期累计计息积数					
本月累计未计息积数					

会计：　　　　　　　复核：　　　　　　　记账：

总账各科目的核对公式如下：

(1)单方反映余额的,其公式为

上日借(贷)方余额＋本日借(贷)方发生额－本日贷(借)方发生额＝本日借(贷)方余额

(2)借贷双方反映余额的

如上日余额轧算为借差,其公式为

上日借差＋本日借方发生额－本日贷方发生额＝本日借贷方余额轧差数

如上日余额轧算为贷差,其公式为

上日贷差＋本日贷方发生额－本日借方发生额＝本日贷借方余额轧差数

3. 日计表

日计表(表2-26)是综合反映当日银行全部业务活动的会计报表,也是轧平当日银行全部账务的主要工具。它根据当天各总账账户的发生额和余额填制,借、贷方发生额和余额的合计数必须各自平衡。

表 2-26　　　　　　　　　日 计 表
年　月　日　　　　　　　　共 页　第 页

科目代号	科目名称	发生额		余额		科目代号
		借 方	贷 方	借 方	贷 方	
		(位数)	(位数)	(位数)	(位数)	
合　计						

行长(主任)：　　　　会计：　　　　复核：　　　　制表：

2.4.4 账务处理和账务核对

账务处理是从受理或编制凭证开始,经过账务记载与核对,编制日计表,直至轧平账务为止的全部过程。包括账务处理程序、账务核对以及错账更正等。

1. 账务处理程序

账务处理程序也称会计核算形式,各种不同的核算形式都是根据登记总账的依据不同而命名的。运用科目日结单汇总每一科目的当日借、贷方发生额,再据以登记总账,是银行会计核算形式的显著特点。具体程序如下：

(1)根据经济业务编制现金收入、付出传票和转账借方、贷方传票；

(2)根据现金传票和转账传票登记现金收(付)日记簿、各种分户账及登记簿,并根据分户账编制余额表；

(3)根据现金传票和转账传票编制科目日结单；

(4)根据科目日结单登记总账；

(5)进行总分核对和账实核对；

(6)根据总账编制日计表。

银行的账务处理程序与核对关系的具体步骤如图2-4所示。

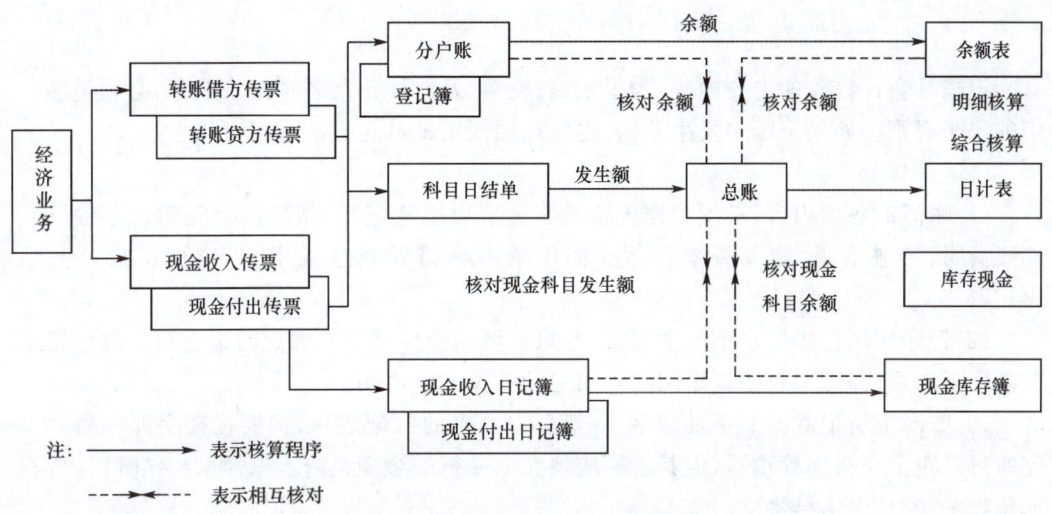

图 2-4 账务处理程序与核对关系

2. 账务核对

账务核对是防止账务差错,保证账务记载正确和资金安全的一项必要措施。通过核对可以确保账务正确,做到账账、账款、账据、账实、账表和内外账务六相符。具体包括每日核对与定期核对等形式。

(1) 每日核对

①总分核对。每日营业终了,总账各科目余额与同科目分户账或余额表各户余额合计数额核对相符。

②账款核对。现金收入、付出日记簿的合计数必须与现金科目总账借方发生额、贷方发生额核对相符;现金库存簿的库存数应与实际库存现金和现金科目总账的当日余额核对相符。

(2) 定期核对

凡未能每日核对的账务,均属定期核对的内容,定期核对的内容包括以下几个方面:

①使用丁种账记账的科目,每旬末加计未销账的各笔金额总数,与该科目总账核对相符。

②计息积数核对。将余额表上的计息积数按旬、按月、按结息期与同科目总账的同期余额累计数核对相符。对应加、应减积数,需审查数字是否正确。

③各种卡片账的核对。如定期储蓄账卡、联行账卡、农贷账卡等,按月与各科目总账核对相符。

④账实核对。固定资产、金银、物品、有价单证、重要空白凭证等,每月账实核对相符;房屋、器具等,在年终决算前账实核对相符。

⑤内外账务核对。存折户坚持账折见面,按月或按季填发"余额对账单"与单位对账,限期收回。

⑥同业往来账户核对。银行与各单位之间、人民银行与商业银行以及其他金融机构之间的往来款项按月或按季采用一定的对账方法进行核对。

每日核对和定期核对二者必须有机结合才能确保会计核算质量。

2.4.5 记账规则和错账更正

记账是会计核算的主要内容,为了正确、完整、及时地记载各项经济业务,必须遵循一定的记账规则。如果记账中发生差错,也应按照规定的冲正方法进行更正。

1. 记账规则

(1)账簿的各项内容,必须根据传票的有关事项逐笔记载,做到内容完整、数字准确、摘要简明、字迹清晰,严禁弄虚作假。如传票内容错误或遗漏不全,应更正或补充后再记账。

(2)记账应用蓝黑墨水钢笔书写,复写账页可用圆珠笔及双面复写纸套写。红色墨水只能用于划线、冲账以及按规定用红字书写的有关文字说明。

(3)账簿上所记载的文字及数字,一般只占全格的二分之一,摘要栏文字如一格写不完时可以在下一格连续填写,但其金额应填在末一行的金额栏内。账簿余额结算时,应在元位以"—0—"表示结平。

(4)账簿上的一切记载,不准涂改、刀刮皮擦、挖补或用药水销蚀。

(5)因漏记使账页发生空格时,应在空格的摘要栏用红字注明"空格"字样。

(6)一切账簿记载均以人民币"元"为单位,元以下计至角、分位,分位以下四舍五入。

2. 错账更正

在会计核算中,由于种种原因,可能会产生各种各样的差错,会计人员发现账簿记录错误时,应采用正确的方法进行更正。

(1)划线更正。凡在当日发现账簿记错日期或金额时,应以一道红线把全行数字划销,再将正确的数字填在划销数字的上边,并由记账员在红线左端盖章。如果划错红线,可在红线两端用红色墨水划"×"销去,并由记账员在右端盖章。如果文字写错,只需将错字用一道红线划销,将正确的文字写入划线文字的上方。

(2)红蓝字同方冲正。凡隔日发现记账串户,应填制同一方向的红蓝字冲正传票办理冲正。以红字传票在摘要栏注明"冲销×月×日错账"字样,记入错账串入户。在蓝字传票摘要栏注明"补充×月×日账"字样,记入正确账户。原传票和原记错账页的摘要栏用红字注明"已于×月×日冲正"字样。

(3)蓝字反方更正。如果发现上年度错账,应填制蓝字反方向传票更正,即先用蓝字填制一张与错账方向相反的传票,用以冲销错账;再用蓝字填制一张正确传票补记入账,并在摘要栏注明"冲销×月×日错账"字样。

无论采用哪种错账更正方法,其冲正传票都必须经会计主管人员审查盖章后才能办理冲账,并对错账的日期、内容、金额及冲正的日期等进行登记,以便进行考核、分析研究、工作改进。另外,凡因冲正错账影响到利息计算的,都应计算应加、应减积数,并在余额表或乙种账页中注明。

思考题

1. 简要说明银行现金科目日结单的编制方法。
2. 错账有哪些更正方法?试述各种更正方法的定义及在何种情况下适用。
3. 银行账务组织包括哪两个系统?各自主要包括哪些账簿?

项目结论

银行会计科目是设置账户及确定财务会计报告项目的依据,在银行会计核算中会计科目是直接连接基本核算方法各组成部分的纽带,是保证会计核算资料系统化的前提,是统一会计核算口径的基础。

银行会计科目可分为表内科目和表外科目、资产类科目、负债类科目、资产负债共同类科目、所有者权益类科目、损益类科目、总分类科目和明细分类科目。

银行的记账方法包括单式记账法和复式记账法。

银行会计凭证又称为"传票",可分为原始凭证和记账凭证两大类。

银行的账务组织从核算体系上划分,包括明细核算和综合核算两个系统。明细核算由分户账、登记簿、余额表和现金收付日记簿组成。综合核算由科目日结单、总账和日计表组成。

账务处理是从受理或编制凭证开始,经过账务记载与核对,编制日计表,直至轧平账务为止的全部过程。包括账务处理程序、账务核对以及错账更正等。

项目训练

一、单项选择题

1.(　　)是指在银行会计核算体系中,将银行各项业务和财务活动按照不同的经济特征和核算内容进行分类的项目,是设置账户及确定财务会计报告项目的依据。
　A.银行会计科目　　　　　　B.银行会计账户
　C.银行会计凭证　　　　　　D.银行会计分录

2.在我国银行系统中,对表外科目所涉及的会计事项,采用(　　)进行登记或核算。
　A.收付复式记账法　　　　　B.借贷单式记账法
　C.复式记账法　　　　　　　D.单式记账法

3.在当日发现账簿记错日期或金额时,采用(　　)。
　A.划线更正　　　　　　　　B.红蓝字同方冲正
　C.蓝字反方更正　　　　　　D.以上都不对

4.银行向某农户发放现金贷款,此笔业务会引起(　　)。
　A.一种资产增加,另一种资产减少　B.一种负债增加,另一种负债减少
　C.资产、负债同时增加　　　D.资产、负债同时减少

5.编制计息余额表时,若某分户账当日未发生收付业务,则应根据(　　)。
　A.当日最后余额填列　　　　B.上一日最后余额填列
　C.上两日平均余额填列　　　D.不填列

二、多项选择题

1.银行会计科目按照与资产负债表的关系分类可分为(　　)。
　A.总分类科目　　　　　　　B.损益类科目

C. 表外科目　　　　　　　　D. 表内科目

2. 记账凭证按填制的方式不同分类,可分为(　　)。

A. 单式记账凭证　　　　　　B. 复式记账凭证

C. 原始凭证　　　　　　　　D. 记账凭证

3. 银行的基本凭证有(　　)。

A. 现金收入凭证、现金付出凭证

B. 转账借方凭证、转账贷方凭证

C. 特种转账借方凭证、特种转账贷方凭证

D. 表外科目收入凭证、表外科目付出凭证

E. 外汇买卖借方凭证、外汇买卖贷方凭证

4. 明细核算是对每一个会计科目分户的详细记录,由(　　)组成。

A. 分户账　　　　　　　　　B. 登记簿

C. 余额表　　　　　　　　　D. 现金收付日记簿

5. 综合核算是按会计科目进行的总括记录,由(　　)组成。

A. 科目日结单　　　　　　　B. 总账

C. 日计表　　　　　　　　　D. 试算平衡表

三、判断题

1. 借贷记账法是根据复式记账的原理,以"资产＝负债＋所有者权益"的会计平衡公式为理论基础,以"借"和"贷"为记账符号,按照"有借必有贷,借贷必相等"的记账规则在账户中进行登记的一种复式记账方法。(　　)

2. 银行的会计凭证作为记账凭证时,需要在银行内部组织传递,因此,记账凭证又称为"传票"。(　　)

3. 商业银行不使用资产负债类会计科目。(　　)

4. 商业银行大量采用客户来行办理业务所提交的原始凭证,这些凭证经审核后代替银行的记账凭证。(　　)

5. 银行主动代为收款进账或扣款时,常常需要编制特种转账借、贷方传票。(　　)

四、业务练习

习题一　分录练习

(一)资料:普惠银行通江支行20××年6月5日发生的业务(以下单位均在本行开户)。

1. 华夏公司将已到期的定期存款本息104 000元转存入活期存款账户,办理转账。

2. 华夏公司申请贷款,金额120 000元,期限3个月,经批准,同意贷款。

3. 百乐购物中心送存销货收入320 000元现金。

4. 储户小王欲将其活期储蓄存款账户上10 000元存款转为一年期整存整取定期储蓄存款,办理转账。

5. 长城公司提交现金支票金额3 000元,提取备用金,审核无误,予以支付。

(二)要求:根据以上资料编制会计分录。

习题二　练习会计等式的平衡关系

（一）资料：

1.普惠银行通江支行20××年1月1日资产、负债和所有者权益项目的余额如表2-27所示。

表 2-27　　　　　　　　　资产、负债和所有者权益项目余额表　　　　　　　　单位：元

资产项目	金　额	负债和所有者权益项目	金　额
库存现金	125 600	吸收存款——活期存款	789 800
存放中央银行款项	279 800	吸收存款——定期存款	375 600
联行来账	204 400	吸收存款——活期储蓄存款	112 200
贷款——短期贷款	889 200	吸收存款——定期储蓄存款	156 000
贷款——中长期贷款	355 000	联行往账	316 400
固定资产	141 000	实收资本	245 000
合　　计	1 995 000	合　　计	1 995 000

2.1月上旬发生下列经济业务：

(1)收到居民小王存入活期存款87 500元，现金已入库。

(2)借款单位百乐购物中心以活期存款90 000元归还短期贷款。

(3)收到居民小张存入定期存款32 000元，现金已入库。

(4)向中国人民银行解交回笼现金100 000元。

(5)单位华夏公司从银行提取现金5 000元，付讫。

(6)居民小王将活期存款16 000元转存定期存款。

（二）要求：根据发生的每一笔经济业务编制一张会计要素增减变动表，并检查其变动结果是否平衡。

习题三　练习错账的更正

（一）资料：普惠银行通江支行发生下列错账：

1.居民将20 000元活期储蓄存款转存定期储蓄存款，作分录如下，已登记入账。

借：吸收存款——定期存款　　　　　　　　　　　　　　　　　　　20 000
　　贷：吸收存款——活期存款　　　　　　　　　　　　　　　　　　　　20 000

2.向中国人民银行解交回笼现金89 000元，作分录如下，已登记入账。

借：存放中央银行款项　　　　　　　　　　　　　　　　　　　　　98 000
　　贷：库存现金　　　　　　　　　　　　　　　　　　　　　　　　　　98 000

3.城北商厦从活期存款账户提取现金4 500元，作分录如下，已登记入账。

借：吸收存款——定期存款　　　　　　　　　　　　　　　　　　　5 400
　　贷：库存现金　　　　　　　　　　　　　　　　　　　　　　　　　　5 400

4.城北商厦存入销货现金76 000元，已入库，作分录如下，已登记入账。

借：库存现金　　　　　　　　　　　　　　　　　　　　　　　　　67 000
　　贷：吸收存款——活期存款　　　　　　　　　　　　　　　　　　　　67 000

5.津滨工厂以活期存款 60 000 元归还短期贷款,作分录如下,已登记入账。
借:吸收存款——活期存款   6 000
 贷:贷款——短期贷款   6 000
(二)要求:采用最合适的方法更正错账。

项目延伸

《中华人民共和国会计法》、《企业会计准则》、《金融企业财务规则》、《银行会计档案管理办法》等。

第二部分

专业技能

项目 3

学习现金出纳业务

● 知识结构图

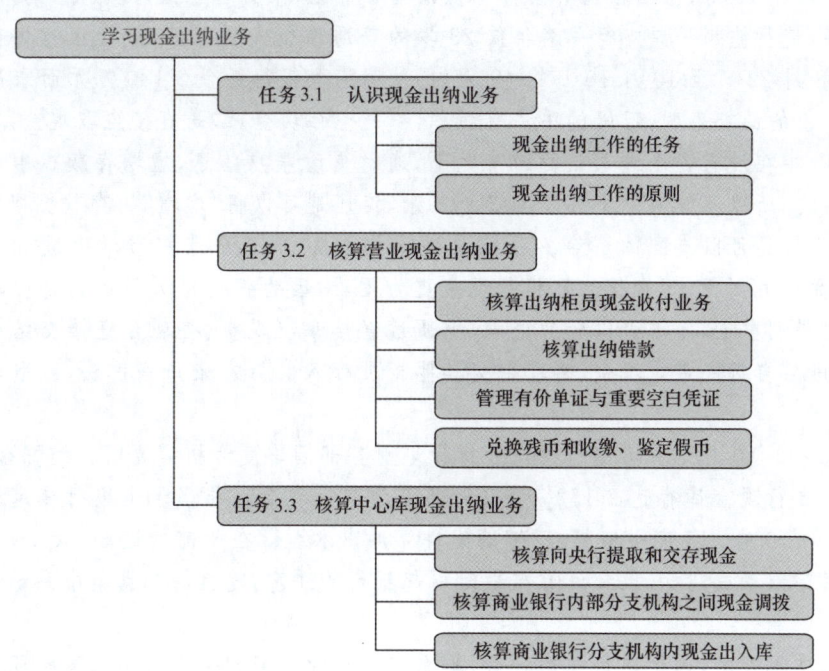

● 素质目标

1. 培养学生遵纪守法,严格执行国家的各项法律、法规;
2. 培养学生规范的职业道德;
3. 培养学生自我监控和自我矫正的能力;
4. 培养学生守则意识,严格遵守银行出纳各项规章制度。

● 知识目标

1. 熟悉现金出纳业务的基本规定;
2. 掌握出纳柜台现金收付的核算;

3. 掌握出纳错账的会计处理；
4. 熟悉有价证券和重要空白凭证的内容；
5. 掌握现金提取、缴存及出入库的处理。

● 技能目标

1. 会办理出纳柜台现金收付业务；
2. 会处理出纳错账；
3. 能区分有价单证和重要空白凭证；
4. 会核算现金提取、缴存和出入库业务。

● 案例导入

20××年10月，中国银监会案件专项治理督导组（下称督导组）通报了一起柜员挪用现金案件：建行德州平原支行一名年仅23岁的普通临柜人员刁娜，绕开银行内部各监管环节，在8月23日至10月10日的49天内，从容盗取银行资金2 180万元而未被察觉。

督导组的调查表明，刁娜的手法有两种：一是空存现金，二是直接盗取现金。所谓"空存现金"是指在没有资金进入银行的情况下，通过更改账户信息，虚增存款。由于存单本身是真实的，所以尽管实际上并没有资金入账，但还是可以将"虚增"的存款提取或者转账出来，成为自己可以支配的资金。刁娜通过此种手法，向四个账户虚增存款52笔，共计2 126万元。相对而言，直接盗取银行现金更为困难，因为银行每天下班前都要轧账。但由于管理漏洞重重，刁娜得以轻易得手，她通过直接拿出现金、将现金直接交给柜台外的男友、下班后自行夹带走现金、将现金交其他柜员存入其男友账户等手法，盗取现金共计54万元。

20××年10月13日，建行德州分行计划财务部因季度考核需要而监控资金头寸时，发现平原支行现金库存达2 152万元（大部分为空存现金），相当于上级行核定现金库存200万元的10倍。经突击检查，刁娜的案件才浮出水面。在此前的近50天里，该行每天的现金库存都严重超标，但都没有在当时引起银行的注意，建行的数据集中系统也未实现预警。

调查结果表明，由于建行德州分行、平原支行和营业部相关人员不认真履职甚至严重失职，使得刁娜轻松越过授权、查库、事后监督检查、库存现金限额管理控制和安全管理等"五道关口"和至少十二个业务环节的风险控制闸门，从容作案。

对此，中国银监会要求，银行应构建"人控"与"机控"双重防线，从制度层面和技术层面加强异常业务预警，强化业务的即时监控，使违规行为无处可藏。

请思考：建行德州平原支行在现金出纳业务方面存在哪些问题？

任务3.1　认识现金出纳业务

现金即现金钞，包括人民币和外币；出纳指现金的收付。银行的现金出纳业务不仅包括现钞，还包括了金银以及各种有价单证的收付业务。

3.1.1 现金出纳工作的任务

1. 贯彻执行国家金融法规、政策和银行的有关制度,进行必要的柜面审查与监督,制止不合理的现金收支。
2. 办理现金的收付、整点、调运业务,登记现金收付的有关账簿,正确反映现金收付的来源和用途。
3. 办理人民币的挑残和兑换业务,协助人民银行调剂市场流通中各券别的货币比例,做好现金的投放和回笼工作。
4. 保管现金、外币、金银和有价证券及其他贵重物品;做好库房管理、票样管理、现金运送安全保卫工作。
5. 宣传爱护人民币,做好防假、反假人民币工作。

3.1.2 现金出纳工作的原则

1. 坚持钱账分管的原则

管钱不管账,管账不管钱,从会计制度与人员分工两方面切实做到账款分开,责任分明。

2. 坚持按程序办理收付的原则

在现金收入业务中,出纳部门必须先收款,然后会计部门才能记账;在现金付出业务中,会计部门必须先记账,然后出纳部门才能付款。避免银行漏收款项或单位、个人套取银行信用,给银行和国家造成损失。

3. 坚持复核原则

收付时必须做到收款换人复点,付款换人复核,当面点清、一笔一清。

4. 坚持交接手续和查库原则

在调换出纳人员交接款项时,必须办理交接手续;由交接双方同时在交接登记簿上签名盖章,以明确责任。在库房管理中,坚持定期或不定期的查库制度,加强对库房的监督检查,严禁白条抵库。

5. 双人经办的原则

在日常现金收付业务中,坚持双人临柜,换人复核;在库房管理业务中,坚持双人管库、双人守库;在库款运送业务中,坚持双人押运,互相监督,防止或减少差错事故的发生。

思考题

现金出纳工作的基本原则有哪些?

任务 3.2 核算营业现金出纳业务

3.2.1 核算出纳柜员现金收付业务

柜员制是指由营业机构柜员一人对外办理现金收付业务的一种劳动组织形式。它要求具备一定条件,比如必须达到国家或本系统会计达标升级标准,现金收付业务必须全部使用微机处理,配有对柜员办理业务全过程的录像监控等。

1. 核算现金收付业务

(1)核算现金收入业务

柜员受理客户交来的现金和一式两联"现金交款单"或其他存款凭证时,应先审查交款单日期、单位名称、账号、款项来源等内容是否填制齐全,大小写金额是否一致。审查无误后,当面点清现金,要求首先清点大数,然后清点细数,看清票面,有无破损币及假币。款项清点完毕后,要将清点数与现金交款单上所填的金额再次进行核对,在现金交款单或其他凭证上加盖"现金收讫"和个人名章,登记"现金收入日记簿",现金装入尾箱保管。以现金交款单或其他存款凭证第二联作贷方凭证,办理收款手续。会计分录如下:

借:库存现金
　　贷:吸收存款——活期存款——××户(或××科目——××户)

记账后,将现金交款单回单联退交款单位或个人。

【例 3-1】 某商业银行的开户单位东方纺织厂送存自销产品收入,金额为 5 000 元,商业银行为其办理收款手续。会计分录为:

借:库存现金　　　　　　　　　　　　　　　　　　　　　　　　　5 000
　　贷:吸收存款——活期存款——东方纺织厂　　　　　　　　　　　5 000

人民币单笔金额 5 万元(含)以上现金存款业务,需提供客户本人有效身份证件。由他人代理的,需提供代理人和被代理人有效身份证件。

(2)核算现金支付业务

柜员受理客户提交的"现金支票"或其他取款凭证时,按有关规定审查无误后,以现金支票或其他取款凭证作借方记账凭证。会计分录为:

借:吸收存款——活期存款——××户(或××科目——××户)
　　贷:库存现金

同时登记"现金付出日记簿",按现金支票金额配款,并在现金支票背面登记付款券别明细数,在支票凭证正面加盖"现金付讫"章和个人名章,然后将现金交给取款人当面清点清楚。

【例 3-2】 商业银行收到开户单位机械厂签发的现金支票,金额 23 000 元,经审查无误,办理支付手续,会计分录为:

借:吸收存款——活期存款——机械厂　　　　　　　　　　　　　23 000
　　贷:库存现金　　　　　　　　　　　　　　　　　　　　　　　　23 000

无卡、无折现金存款必须由客户填写存款凭证。单笔金额人民币 5 万元(含)或外汇等值 1 万美元(本金和利息合计数)以上现金取款业务要提供客户本人有效身份证件。由他人代理的,要提供代理人和被代理人的有效身份证件。当个别特殊储户确实不能以签名形式在"客户签名"栏签名确认的,在"客户签名"栏印上本人手指膜,视作有效签名确认。

2. 处理营业终了现金的核对入库

(1)每日营业终了,经办人员应将当天所收的现金按币种分别予以汇总,并将汇总数与现金收入日记簿的总数和会计部门现金科目的借方发生额进行核对,账款核对相符后,填写入库票,登记款项交接登记簿,将现金交库管员核对入库。

(2)经办员根据每日领取的备付现金总数,扣去未付的剩余现金,轧算出当天实付金额,与现金付出日记簿合计数和会计部门的现金科目的贷方发生额核对相符,填写入库单,登记款项交接登记簿,并将剩余备付金交库管人员审核入库。

(3)库管员接到经办员交来的现金,经清点无误并与现金收付日记簿核对无误后,将现金入库,同时登记现金库存簿,将昨日库存数加减今日收付的现金数,结出今日库存,并与实存现金、现金库存簿的本日余额、会计部门的现金总账的本日发生额与余额进行核对,做到账款、账账相符。

3.2.2 核算出纳错款

出纳错款是指在办理现金收付过程中发生的现金余缺,导致账款不符的现象。

出纳错款处理的原则是:长款不得溢库,短款不得空库;长短款不能相互抵补;长款不报以贪污论处,短款不报以违反制度论处。

1. 核算出纳长款业务

发生出纳长款时,应及时查明原因,并作相应处理。若当天未能查明原因,可先由出纳部门出具证明,经会计主管人员同意后,由会计部门填制现金收入传票,暂列其他应付款科目待查,同时登记"出纳错款登记簿"。会计分录为:

借:库存现金
　　贷:其他应付款——待处理出纳长款户

查明原因后,若系客户多交或银行少付的,应及时退还原主,其会计分录为:

借:其他应付款——待处理出纳长款户
　　贷:库存现金

经查找无法确定原因的,经批准,可将此款作银行收益处理,其会计分录为:

借:其他应付款——待处理出纳长款户
　　贷:营业外收入——出纳长款收入

【例3-3】某商业银行柜员在当天营业结束后发现现金长款110元,原因待查,会计分录如下:

借:库存现金　　　　　　　　　　　　　　　　　　　110
　　贷:其他应付款——待处理出纳长款户　　　　　　　　　　110

后查明长款中有100元是客户华夏公司解款时多交,以现金退还;剩余10元原因不详,经批准作银行收益处理,会计分录如下:

借:其他应付款——待处理出纳长款户　　　　　　　　110
　　贷:库存现金　　　　　　　　　　　　　　　　　　　　100
　　　　营业外收入——出纳长款收入　　　　　　　　　　　10

2. 核算出纳短款业务

若发生出纳短款,银行应及时查找原因并收回。

如当天未能查清收回的,应由经办员出具证明,经主管批准,填制现金付出传票,暂列其他应收款科目待查。其账务处理的会计分录为:

借：其他应收款——待处理出纳短款户
　　贷：库存现金
经查明原因，收回短款时，会计分录为：
借：库存现金
　　贷：其他应收款——待处理出纳短款
若确实无法查明原因，无法收回，且属于技术性或一般责任事故的，按规定的制度报损，作银行损失处理，会计分录为：
借：营业外支出——出纳短款支出
　　贷：其他应收款——待处理出纳短款户

【例 3-4】　建设银行天河支行某柜员在当天营业结束后发现尾箱现金存在短款，尾箱中实际现金为 38 535 元整，而现金收付日记账结计余额应为 38 585 元。

当天发现短款时，编制分录：
借：其他应收款——待处理出纳短款户　　　　　　　　　　　　50
　　贷：库存现金　　　　　　　　　　　　　　　　　　　　　　　50
若事后未能查明短款原因，经批准将其列为营业外支出，作出相关会计分录。
借：营业外支出——出纳短款支出　　　　　　　　　　　　　　50
　　贷：其他应收款——待处理出纳短款户　　　　　　　　　　　　50

3.2.3　管理有价单证与重要空白凭证

有价单证是指待发行的印有固定面额的特定凭证，包括金融债券、代理发行的各类债券以及有固定面值金额的其他有价单证等。

重要空白凭证是指虽无面额，但只要经银行或单位填写金额并签章后，即具有支付效力的空白凭证，包括：各类存折、存单、汇票、支票、银行本票、信用证、信用证修改书、空白信用卡、空白储蓄卡、联行报单、贷款收款凭证、国库券收款凭证及其他重要空白凭证等。

1. 管理有价单证

（1）有价单证保管

有价单证实行"证账分管"的原则，由会计部门管账，出纳部门或发行部门管证。需要加盖印章的有价单证，要严格执行"证、印分管"制度。出纳库房应建立有价单证保管登记簿；出纳专管人员变动时应办好交接手续。有价单证的样本与暗记，比照人民币票样管理办法妥善保管。

（2）有价单证调运

有价单证一律纳入表外科目核算，以面值金额列账。会计部门建立"有价单证登记簿"进行明细核算。

有价单证的调运应视同现金调出、调入，调入行应在调出行预留印鉴。调出行调出时应填制表外科目付出传票，登记有价单证登记簿，会计分录为：

付出：有价单证

调入行调入时应填制表外科目收入传票，记载有价单证登记簿，会计分录为：

收入：有价单证

(3) 有价单证的领取与发出

业务部门领用有价单证时,应向出纳部门办理领用手续,并进行登记。经办人员领用有价单证时也应办理领用手续并进行登记。营业结束后,业务部门及经办人员持有的有价单证应装箱封存入出纳库房保管。

有价单证的发售或签发应坚持先收款后办理的原则,并进行销号控制。

发现多缺漏页错号等情况,应将差错部分留查,不得发售使用,并及时与领发行和印刷厂联系。

(4) 有价单证的核对

出纳库房保管的有价单证应每日进行清库;业务部门保管的有价单证,应每日进行账实核对,保持账实相符。

出纳库房保管的有价单证库存数,应定期与会计部门表外科目有关账户余额核对相符。有价单证按规定上缴时,应先由会计、出纳部门账实核对相符。

(5) 有价单证的销毁

已经兑付、停止使用或注销作废的有价单证,应做出明显作废标记,然后缴送出纳库房登记保管。有价单证需要销毁时,应由出纳部门造具清单,经会计部门核对报主管领导批准后统一销毁。

2. 管理重要空白凭证

(1) 重要空白凭证的保管

重要空白凭证必须集中存放于会计部门凭证库房(柜),库内建立重要空白凭证保管登记簿,如实登记保管、领用、使用情况。重要空白凭证必须指定专人负责管理。银行签发的重要空白凭证,应做到"证印分管,证押分管"。

重要空白凭证凭供货单位发货票或上级调拨清点验收入库,并及时登记。

重要空白凭证须凭上级调拨单或本单位使用部门加盖预留印鉴并经会计主管人员签章的领用单出库,并及时登记。

(2) 重要空白凭证的运送

运送重要空白凭证,必须由专车双人运送(不包括司机),不得委托他人捎带。运送必须注意安全,严密交接手续。对运送时间、地点和路线,要严守秘密,不得向任何无关人员透露。运送车辆不准搭乘其他无关人员及捎运其他物品。中途不得无故停留或绕道办理其他无关事宜。

(3) 重要空白凭证的领用和签发

①业务柜组领用重要空白凭证时,应办理领用手续,及时登记,并记载起讫号码。对柜组内所领用的重要空白凭证,要在登记簿上签收。

②开户单位领用支票等重要空白凭证时,应填写领用单,加盖全部预留印鉴。银行应根据领用单将起讫号码及时记入该单位存款账户的账页上,并登记重要空白凭证领用登记簿。

③经办人员签发重要空白凭证时,应进行销号控制。

④填错的重要空白凭证,加盖"作废"戳记后作有关科目传票的附件。

⑤属于银行签发的重要空白凭证,严禁由客户签发,并不得预先盖好印章备用。

⑥使用计算机打印重要空白凭证时,只能在原有重要空白凭证上填空打印,不得自行

打印凭证格式。

(4)重要空白凭证的会计处理

重要空白凭证一律纳入表外科目核算,采用单式收付记账法。成本装订的,以一本一元的假定价格记账;非成本装订的,以一份一元的假定价格记账;各业务柜组内部使用的重要空白凭证要控制到份数,定期进行账实核对。

(5)重要空白凭证的注销与销毁

单位销户时,应将剩余支票和其他重要空白凭证全部交回开户银行登记注销。单位对领用的重要空白支票和其他重要空白凭证负全部责任,如遗失或未交,由此而产生的一切经济损失,由领用单位负责。

银行对单位交回的以及停止使用的重要空白凭证应作明显作废标记,造具清单,妥善保管,经主管领导批准后集中销毁。

3.2.4 兑换残币和收缴、鉴定假币

1. 兑换残币

(1)认识残币

残币是残缺、污损人民币的简称。根据 2003 年 12 月 24 日中国人民银行公布的《残缺污损人民币兑换办法》,残币是指票面撕裂、损缺,或因自然磨损、侵蚀,外观、质地受损,颜色变化,图案不清晰,防伪特征受损,不宜再继续流通使用的人民币。办理人民币存取款业务的金融机构应无偿为公众兑换残币,不得拒绝兑换。

(2)残币兑换办法

残币兑换分"全额"和"半额"两种情况。

①能辨别面额,票面剩余四分之三(含四分之三)以上,其图案、文字能按原样连接的残币,金融机构应向持有人按原面额全额兑换。

②能辨别面额,票面剩余二分之一(含二分之一)至四分之三以下,其图案、文字能按原样连接的残币,金融机构应向持有人按原面额的一半兑换。纸币呈正十字形缺少四分之一的,按原面额的一半兑换。

兑付额不足一分的,不予兑换;五分按半额兑换的,兑付二分。

(3)兑换程序

银行在办理残币兑换业务时,应向残币持有人说明认定的兑换结果。不予兑换的残币,应退回原持有人。残币持有人同意银行认定结果的,对兑换的残缺、污损纸币,银行应当面将带有本行行名的"全额"或"半额"戳记加盖在票面上;对兑换的残缺、污损硬币,银行应当面使用专用袋密封保管,并在袋外封签上加盖"兑换"戳记。持有人对银行认定的结果有异议的,可持商业银行出具的认定证明到当地人民银行分支机构申请鉴定,凭鉴定书到银行兑换。商业银行应按照人民银行的有关规定,将兑换的残币交存当地人民银行分支机构。

2. 收缴和鉴定假币

根据《中国人民银行假币收缴、鉴定管理办法》,假币是指伪造、变造的货币。这里的货币既包括人民币和外币,也包括纸币和硬币。

(1)收缴假币

商业银行在办理业务时发现假币,由该行两名以上业务人员当面予以收缴。对假人民币纸币,应当面加盖"假币"字样的戳记;对假外币纸币及各种假硬币,应当面以统一格式的专用袋加封,封口处加盖"假币"字样戳记,并在专用袋上标明币种、卷别、面额、张(枚)数、冠字号码、收缴人、复核人名章等细项。假币收缴后,银行应向持有人出具人民银行统一印制的《假币收缴凭证》,并告知持有人如对被收缴的货币真伪有异议的,可向人民银行当地分支机构或人民银行授权的当地鉴定机构申请鉴定。收缴的假币,不得再交予持有人。

银行在收缴假币过程中发现下列情形之一的,应当立即报告公安机关,提供线索:
①一次性发现假人民币 20 张(枚)(含 20 张)以上,假外币 10 张(含 10 张)以上的;
②属于利用新的造假手段制作假币的;
③有制造、贩卖假币线索的;
④持有人不配合银行收缴行为的。

办理假币收缴业务的人员,应当取得《反假货币上岗资格证书》。银行对收缴的假币实物进行单独管理,并建立假币收缴代保管登记簿。

(2)鉴定假币

具有货币真伪鉴定技术和条件,经中国人民银行授权的商业银行业务机构,应当无偿提供鉴定货币真伪服务,鉴定后应出具人民银行统一印制的《假币真伪鉴定书》,并加盖货币鉴定专用章和鉴定人名章。

人民银行授权的商业银行应自收到鉴定申请之日起 2 个工作日内,通知收缴单位报送需要鉴定的货币。收缴单位应自收到鉴定单位通知之日起 2 个工作日内,将需要鉴定的货币送达鉴定单位。商业银行应自受理鉴定之日起 15 个工作日内,出具《货币真伪鉴定书》。商业银行在鉴定货币真伪时,应当至少有两名鉴定人员同时参与,并作出鉴定结论。对鉴定为假币的人民币纸币,由鉴定单位予以没收,并向收缴单位和持有人开具《货币真伪鉴定书》和《假币没收收据》。

思考题
1. 营业终了现金核对入库的程序是怎样的?
2. 有价单证和重要空白凭证应如何保管?
3. 残币兑换的办法和程序是怎样的?

任务 3.3 核算中心库现金出纳业务

银行金库可分为中心金库、分金库和尾款箱集中保管库。同一城市原则上只能设置一个中心库。一级分行金库的设置由总行审批、验收;二级分行金库的设置由一级分行审批、验收。中心库的管辖行应在人民银行统一开立存款账户,其辖属营业机构(支行、分理处、储蓄所的统称,下同)不在人民银行开设存款账户。中心库的库款及收支业务由中心库管辖行会计部门单设账户核算,分金库及收支业务可委托库址所在行会计部门代理核算。

金库必须坚持查库制度。中心库负责人(中心库主任)每旬对中心库和分金库查库不少于一次,中心库管辖行负责人(分管行长)每月对中心库和分金库查库不少于一次。查库时,除查金库管理与安全、库存现金、有价单证外,还要坚持代保管重要空白凭证和物品等。尾款箱集中保管库所在行的出纳负责人每旬对尾款箱集中保管库查库不少于一次,分管行长每月对尾款箱集中保管库查库不少于一次。查库时,要查金库管理与安全、金库保管的尾箱个数和本机构尾款箱的库存,不查其他营业机构尾款箱的库存。

3.3.1 核算向央行提取和交存现金

1. 核算向人民银行提取现金业务

商业银行中心库向人民银行发行库提取现金时,由管库员根据库存现金情况及用款计划,填制"现金调拨单"一式两联。

提款人员在办理接送钞业务时,应携带金库管辖行统一印制的"接送钞专用证"、身份证和工作证,以便进行核对。现金到达商业银行中心库后,解款人员应立即与管库员办理交接手续,管库员随即办理入库手续。

借:库存现金——××中心库现金户
  贷:存放中央银行款项——××人行存款

2. 核算向人民银行交存现金业务

商业银行向人民银行发行库交存现金时,由管库员填制"现金出/入库传票"一式两联和人民银行"现金交款单"。

借:存放中央银行款项——××人行存款户
  贷:库存现金——××中心库现金户

3.3.2 核算商业银行内部分支机构之间现金调拨

商业银行内部分支机构之间现金调拨是指分金库向中心库、营业机构向中心库或向分金库领交现金的活动。

1. 核算营业机构向中心库或分金库提取现金

(1)营业机构的处理:

借:库存现金——××金库现金户
  贷:存放系统内款项——存放××机构××款项户
    (或贷:运送中现金)

(2)中心库或分金库管辖行会计部门的处理:

借:系统内存放款项——××机构存放××款项户
  (或借:运送中现金)
  贷:库存现金——××金库现金户

2. 核算营业机构向中心库或分金库送存现金

(1)营业机构的处理:

借:存放系统内款项——存放××机构××款项户
  (或借:运送中现金)

贷:库存现金——××金库现金户
　(2)中心库或分金库管辖行会计部门的处理:
　　借:库存现金——××金库现金户
　　贷:系统内存放款项——××机构存放××款项户
　　（或贷:运送中现金）

3.3.3　核算商业银行分支机构内现金出入库

商业银行分支机构内现金出入库的处理包括各行处与其派出行之间现金的领交和柜员领交现金(即同一银行机构普通柜员与综合柜员之间现金的领交,普通柜员之间是不允许相互调拨现金的)两个方面。

1. 核算各行处与其派出行之间现金领交

各行处(分理处、储蓄所)领取现金时,由行处负责现金领交的出纳人员填制一式两联的"现金调拨单"。派出行会计部门接到"现金调拨单"后,填制一式两联"辖内往来划付款报单"通知递交金库或出纳柜台办理付款手续。管库员或出纳人员根据报单和现金调拨单办理配款,登记现金收入日记簿,将"辖内往来划付款报单"通知联连同现金交提款人。派出行会计分录如下:

　　借:辖内往来——××机构往来户
　　贷:库存现金——××金库户

各行处提回现金后,登记现金收入日记簿,会计分录如下:

　　借:库存现金——××机构业务现金户
　　贷:辖内往来——××机构往来户

2. 核算各行处向派出行交存现金

各行处向派出行交存现金时,由负责现金领交的出纳人员填制一式两联"现金调拨单"并签章,行处会计人员填制一式两联"辖内往来划付款报单"并签章,交行处负责人审核无误签章,在"辖内往来划付款报单"通知联加盖预留派出行印鉴,登记现金收入日记簿,两联"现金调拨单"和现金一同交领款人员送派出行金库或出纳柜台。行处将"辖内往来划付款报单"存根联作借方记账凭证,会计分录如下:

　　借:辖内往来——××机构往来户
　　贷:库存现金——××机构业务现金户

派出行管库员或出纳人员按规定程序收妥现金后,管库员填制一式两联现金入库票并加盖"现金讫"章和个人名章,登记现金收入日记簿,在"辖内往来划付款报单"和两联"现金调拨单"加盖"现金讫"章和个人名章,由行处解款人员送派出行会计部门。第一联"现金调拨单"由会计部门负责人审核无误签章后,退回行处解款人员,第二联留存登记现金台账。派出行将"辖内往来划付款报单"作贷方记账凭证,"现金调拨单"第二联作贷方记账凭证附件,会计分录如下:

　　借:库存现金——××机构业务现金户
　　贷:辖内往来——××机构往来户

行处会计人员收到解款人员将来的"现金调拨单"第一联作借方记账凭证附件。

3. 核算柜员领交现金

(1) 柜员领取现金的处理

营业机构普通柜员向综合员领取现金时,应填制"现金调拨单"一式两联,加盖个人名章,经出纳负责人审核签字后交综合员。综合员接到领款柜员交来的现金调拨单,经审查无误后加盖个人名章和"现金付讫"章,登记"现金付出日记簿",第二联现金调拨单连同现金交领款柜员。领款柜员收妥现金,根据现金调拨单第二联登记"尾箱库存现金登记簿"。

(2) 柜员上交现金的处理

营业机构柜员向综合员上交现金时,应填制一式两联"现金调拨单"并加盖个人名章,经出纳负责人审核无误签字后连同现金交综合员。综合员收妥现金后,在两联现金调拨单上加盖个人名章和"现金收讫"章,登记"现金收入日记簿",第一联现金调拨单退交柜员。交款柜员根据第一联现金调拨单登记"尾箱库存现金登记簿"。

思考题
1. 柜员领交现金的程序是怎样的?
2. 商业银行各行处与其派出行之间现金领交如何办理?

项目结论

现金出纳业务是商业银行的一项重要工作内容。

现金出纳工作的原则为:坚持钱账分管,双人经办;坚持按程序办理收付;坚持复核;坚持交接手续和查库;支持双人经办。

现金核算包括现金收入、现金支出核算。营业终了时现金应核对入库,做到账款、账账相符。如果发生错款,则应分清责任,及时处理。

有价单证的保管实行"证账分管"的原则;已经兑付、停止使用或注销作废的有价单证,应做出明显作废标记,然后缴送出纳库房登记保管。有价单证需要销毁时,应由出纳部门造具清单,经会计部门核对报主管领导批准后统一销毁。

管理重要空白凭证要注意集中存放于会计部门凭证库房(柜),银行签发重要空白凭证,应做到"证印分管,证押分管"。运送重要空白凭证,注意安全,严密交接手续。

残币是不宜再继续流通使用的人民币。金融机构应无偿为公众兑换残币,不得拒绝兑换。收缴的假币实物进行单独管理,并建立假币收缴代保管登记簿。鉴定后应出具人民银行统一印制的《假币真伪鉴定书》,并加盖货币鉴定专用章和鉴定人名章。

商业银行提、存现金是指中心库向人民银行发行库提取现金和向人民银行发行库交存现金;银行分支机构之间现金调拨指分金库向中心库、营业机构向中心库或向分金库领交现金的活动。商业银行内部现金出入库的处理包括各行处与其派出行之间现金的领交、柜员领交现金两个方面。

项目训练

一、单项选择题

1. 人民币单笔金额（　　）(含)以上现金存款业务,需提供客户本人有效身份证件。由他人代理的,需提供代理人和被代理人有效身份证件。
   A. 1 万元　　　B. 2 万元　　　C. 4 万元　　　D. 5 万元

2. 中心库向人民银行发行库领取现金时,由（　　）根据库存现金情况和用款计划,填制现金调拨单;由库址所在行会计部门签开人民银行现金支票取款。
   A. 柜台出纳　　B. 管库员　　C. 计财部门　　D. 会计部门

3. 在银行出纳现金库房业务中,现金、实物出入库应坚持（　　）。
   A. 先出入库后记账　　　　　　B. 先记账后出入库
   C. 先入库后记账、先记账后出库　D. 先出库后记账、先记账后入库

4. 出纳发生短款时,当日无法收回,营业终了前应办理转账的会计分录为（　　）。
   A. 借:库存现金　　　　　　　B. 借:其他应收款
      贷:其他应收款　　　　　　　贷:库存现金
   C. 借:其他应收款　　　　　　D. 借:营业外支出
      贷:营业外支出　　　　　　　贷:库存现金

5. 按现行规定,二级分行金库的设置由（　　）审批验收。
   A. 总行　　　B. 一级分行　　C. 二级分行　　D. 人民银行

6. 原封新卷开箱、拆捆和拆把清点时,必须（　　）人以上同时在场。
   A. 1　　　　B. 2　　　　　C. 3　　　　　D. 4

7. 一次性发现假人民币（　　）张(枚)(含)以上的,应当立即报告当地公安机关,提供有关线索。
   A. 5　　　　B. 10　　　　　C. 15　　　　　D. 20

8. 假币收缴必须严格执行操作程序,假币鉴别需经（　　）名柜员共同认定。
   A. 1　　　　B. 2　　　　　C. 3　　　　　D. 4

二、多项选择题

1. 柜员受理客户缴存的现金和现金收款凭证后,应重点审查（　　）。
   A. 现金收款凭证要素是否齐全　　B. 日期、户名、账号是否正确
   C. 凭证联次是否齐全,有无涂改　　D. 大小写金额是否一致

2. 有关人员在办理接送钞业务时,应携带（　　）。
   A. 接送钞专用证　B. 身份证　　C. 工作证　　D. 会计证

3. 两名管库员必须坚持双人经办原则管理现金库,即（　　）。
   A. 同开库　　B. 同进库　　C. 同在库　　D. 同出库
   E. 同锁库

4. 中心库管辖行分管行长每月对中心库和分金库查库时,要检查（　　）。
   A. 库存现金　　　　　　　　B. 代保管重要空白凭证

C. 尾款箱内的库存数 D. 金库安全

5. "双人经办"要求做到"四双"是指（　　）。
A. 双人复核　　　B. 双人临柜　　　C. 双人管库　　　D. 双人守库
E. 双人押运

6. 现金整点应按照人民银行有关规定达到如下标准（　　）。
A. 挑净　　　B. 点准　　　C. 墩齐　　　D. 盖章清楚

7. 长短款按照"长款归公，短款自赔"的原则处理，以下说法正确的是（　　）。
A. 不得私吞长款或以长补短　　　B. 不得短款支付
C. 不得夹带假币付出　　　D. 误收假币，由柜员自赔

8. 伪造的货币是指仿照真币的（　　）等，采用各种手段制作的假币。
A. 图案　　　B. 形状　　　C. 色彩　　　D. 挖补

9. 在收缴假币过程中有下列情形之一的，应当立即报告公安机关，提供有关线索。（　　）
A. 一次性发现假人民币 20 张（枚）（含 20 张）以上，假外币 10 张（含 10 张）以上的
B. 属于利用新的造假手段制作假币的
C. 有制造、贩卖假币线索的
D. 持有人不配合银行收缴行为的

10. 营业机构没收假币应执行以下规定（　　）。
A. 办理假币收缴业务的柜员，应当取得《反假货币上岗资格证书》
B. 营业机构在办理业务时发现假币，应由一名柜员当客户面予以收缴
C. 营业机构收缴的假币，不得再交予持有人
D. 营业机构对收缴的假币实物必须单独管理，按规定时间上缴中心金库保管

三、判断题

1. 现金收付必须坚持"收入现金先记账后收款，付出现金先记账后付款"原则。（　　）
2. 发生长款，应暂列其他应付款待查，不准溢库；发生短款，应暂列其他应收款待查，不准空库。（　　）
3. 无法查明原因的出纳长款，经批准后可转作银行收益，记入"营业外收入"科目。（　　）
4. 无卡、无折现金存款必须由客户填写存款凭证。（　　）
5. 重要空白凭证一律纳入表外科目核算，成本装订的，以一本一元的假定价格记账；非成本装订的，以一份一元的假定价格记账。（　　）
6. 办理柜面现金业务必须在有效监控和客户视线以内，做到当面点准，一笔一清，一户一清。（　　）
7. 当个别特殊储户确实不能以签名形式在"客户签名"栏签名确认的，在"客户签名"栏盖私章，视作有效签名确认。（　　）
8. 网点之间允许发生现金调拨业务。（　　）
9. 营业机构在办理业务时发现假币，应由两名以上柜员当客户面予以收缴。（　　）

10.营业机构对收缴的假币实物不必单独管理,只要按规定时间上缴中心金库管理即可。（　　）

四、实务核算题

某商业银行5月上旬发生以下业务：

1. 5月1日,向人民银行提取现金100 000元。

2. 5月2日,收到客户大成公司交存现金20 000元。

3. 5月6日,受理建东公司签发的现金支票一张,金额为15 000元。

4. 5月9日,出纳在清查现金时发现短款100元,当天未能查清收回,出纳部门出具了证明,会计部门也填制了现金付出传票。

5. 5月10日,因无法查明原因,上述短款经批准按制度报损,作银行损失处理。

要求：写出相关的会计分录。

项目延伸

《中国人民银行总行现金出纳制度》、《全国银行出纳基本制度》、《中国人民银行残缺污损人民币兑换办法》、《中国人民银行假币收缴、鉴定办法》、《中华人民共和国人民币管理条例》、《中国银行股份有限公司现金出纳业务管理办法(2009年版)》等。

项目 4

学习存取款项业务

● 知识结构图

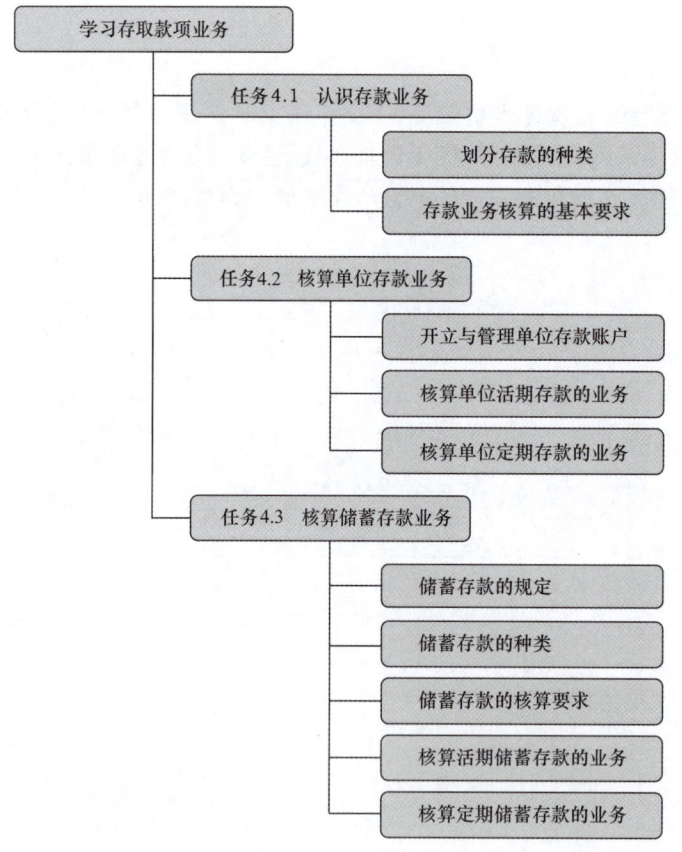

● 素质目标

1. 培养学生维护存款人的合法权益意识,坚持"存款自愿、取款自由、存款有息、为存款人保密"的原则;

2. 培养学生保证银行资金安全意识,坚持"先存后用,存大于支"的原则;

3. 培养学生充分发挥会计的反映和监督作用意识，准确及时地进行存款核算；
4. 培养学生提高反洗钱意识，规范管理银行各类结算账户。

知识目标

1. 了解存款的种类，以及存款账户的开立与管理；
2. 掌握单位活期存款、单位定期存款存取现金的核算；
3. 掌握单位存款利息的计算和核算；
4. 掌握活期储蓄存款、定期储蓄存款存取现金的核算；
5. 掌握储蓄存款利息的计算和核算；
6. 熟悉存款账户开立、挂失、销户、结账等业务手续。

技能目标

1. 会办理存款账户的开立、挂失、销户等业务；
2. 会办理单位存款和储蓄存款的现金存取业务；
3. 会计算活期存款和定期存款的利息；
4. 会进行储蓄网点账务的日结工作。

案例导入

小张大学毕业后已工作半年，月薪还算不错，但和大多数年轻人一样，是个"月光族"。想到含辛茹苦供自己上大学的父母，至今自己无以为报，很是惭愧。于是考虑怎样让自己能积攒下一点积蓄来孝敬父母。一天，他来到自己的开户银行，向大堂的业务员咨询。业务员根据小张的情况，向他推荐了一种既能强制小张储蓄，又能让他获得高于活期储蓄收益的储蓄种类——零存整取储蓄存款。业务员还指导小张办理了活期储蓄账户按月自动转存的手续，大大节省了小张每月跑银行办理存款的时间和精力，小张非常满意。

请思考：商业银行的储蓄存款种类有哪些？各有何特点？

任务 4.1 认识存款业务

存款业务是商业银行以信用方式吸收社会闲散资金的活动，是银行吸收信贷资金的主要渠道。商业银行的自有资金是非常有限的，只有积极地吸收各项存款，才能增强银行的信贷能力，从而为促进经济发展、调节货币流通发挥重要作用。

4.1.1 划分存款的种类

1. 按存款的期限划分

商业银行存款按期限可划分为短期存款和长期存款两大类。短期存款是指在1年以内（含1年）需要清偿的存款；长期存款是指在1年以上需要清偿的存款。

2. 按缴存准备金的范围划分

商业银行存款按缴存准备金的范围可划分为财政性存款和一般性存款。财政性存款是商业银行代办的中央预算收入、地方金库存款和代理发行国债款项等,属于人民银行的信贷资金来源,一般性存款包括单位存款和个人储蓄存款。

3. 按存款性质划分

商业银行存款按其性质可分为原始存款和派生存款。原始存款也称现金存款或直接存款,是企事业单位或个人将现金支票或现金送存银行形成的存款;派生存款也称转账存款或间接存款,是指商业银行以贷款转存方式自己创造的存款。

4. 按存款对象划分

商业银行存款按对象可分为单位存款和个人储蓄存款。单位存款是各类企业、事业单位、机关、学校、部队等存入的款项,以及个体经营者存入的款项;个人储蓄存款是城乡居民个人存入的款项。

5. 按照存款的稳定性划分

商业银行存款按其稳定性可划分为活期存款和定期存款。活期存款指存入时不确定存期,可以随时存取的存款,包括单位活期存款和活期储蓄存款;定期存款指存入时约定存期,存款到期时才能支取的存款,包括单位定期存款和定期储蓄存款。

4.1.2 存款业务核算的基本要求

存款业务具有明显的广泛性、社会性和政策性,不仅涉及存款人和银行的经济利益,而且存款统计结果会影响国家货币政策的变动。因此,在进行存款业务核算时,应遵循以下基本要求:

1. 维护存款人的合法权益

银行吸收的存款只是货币资金使用权的暂时让渡,存款资金所有权仍属于存款人。因此银行应坚持"谁的钱进谁的账,由谁支配"的原则,维护存款人的合法支配权。同时还应坚持"存款自愿、取款自由、存款有息、为存款人保密"的原则,维护存款人的合法利益。

2. 正确设置和使用会计账户

首先,各商业银行应在《企业会计准则——应用指南》附录"会计科目和主要账务处理"中规定的会计科目的基础上,结合银行实际,通过增设和合并,确定各银行会计核算的科目。其次,银行应根据单位或个人的资金性质,正确设置和使用账户,以准确地反映各类存款的增减变化及其结果,为决策者提供正确的信息。

3. 坚持"先存后用,存大于支"的原则

存款账户开立后,单位要委托银行办理款项支付,其账户必须先存入足够的资金,不得超过存款余额支用款项。

4. 准确及时地进行存款核算

存取款业务发生后,银行必须准确及时地组织核算,做到手续完备、计算准确、记账正确、对账及时,如实反映各项存款的增减变化和结存情况,充分发挥反映和监督作用。

思考题

存款有哪些分类方法?

任务 4.2　核算单位存款业务

4.2.1　开立与管理单位存款账户

1. 划分单位银行结算账户的种类

存款人以单位名称开立的、办理资金收付结算的人民币活期存款账户为单位银行结算账户。单位银行结算账户按用途可分为基本存款账户、一般存款账户、专用存款账户和临时存款账户。个体工商户凭营业执照以字号或经营者姓名开立的银行结算账户纳入单位银行结算账户管理。

(1) 基本存款账户

基本存款账户是存款人因办理日常转账结算和现金收付业务所需开立的结算账户。存款人日常经营活动的资金收付及其工资、奖金和现金的支取,应通过该账户办理。根据《人民币银行结算账户管理办法》的规定,单位银行结算账户的存款人只能在银行开立一个基本存款账户,该账户是存款人的主办账户。

(2) 一般存款账户

一般存款账户是存款人因借款或其他结算需要,在基本存款账户开户银行以外的银行营业机构开立的银行结算账户。一般存款账户用于办理存款人的借款转存、借款归还和其他结算的资金收付。该账户可以办理现金缴存,但不得办理现金支取。

(3) 专用存款账户

专用存款账户是存款人按照法律、行政法规和规章,对其特定用途资金进行专项管理和使用而开立的银行结算账户。该账户主要用于办理各项专用资金的收付,如财政预算外资金,证券交易结算资金,党、团、工会经费等。

(4) 临时存款账户

临时存款账户是存款人因临时需要并在规定期限内使用而开立的银行结算账户。该账户用于办理临时机构以及存款人临时经营活动发生的资金收付,如异地临时经营、注册验资等。存款人可以通过该账户办理转账结算,或根据国家现金管理规定办理少量现金收付。此类账户有效期限不得超过2年。

2. 开立单位存款账户的手续

(1) 开立单位银行结算账户(活期账户)的手续

申请开立银行结算账户时,存款人应填制开户申请书一式三联。连同相关的证明文件一并送交经办行。审核无误后,由存款人向开户行填制印鉴卡,预留银行印鉴。经办行根据存款人的账户性质,确定会计科目、编制账号、设置账簿,登记"开销户登记簿"。

银行为存款人开立一般存款账户、专用存款账户和临时存款账户的,应自开户之日起3个工作日内书面通知基本存款账户开户银行。开户银行应在其基本存款账户开户登记证上登记账户名称、账号、账户性质、开户银行、开户日期,并签章,但临时机构和注册验资需要开立的临时存款账户除外。

办理开户手续后,存款人可向开户银行领购银行统一印制的有关票据和各种结算凭证,办理款项存取和支付结算。

(2)开立单位定期存款账户的手续

单位客户开立定期存款账户时,需向银行提交"××银行股份有限公司单位存款存入凭条"和转账支票,并预留印鉴,银行从其单位活期存款账户中转出预存款项,为其开立定期存款账户,并出具记名式"单位定期存款开户证实书"。"单位定期存款开户证实书"仅作为开户证实,不得质押。单位客户也可凭该证实书换取"××银行单位定期存款(质押贷款专用)存单",凭该存单才可向开户银行办理质押贷款业务。单位客户如遗失该证实书,银行不挂失、不补发,客户在支取存款时可凭单位公函办理。

3. 管理单位银行结算账户

(1)开户实行双向选择。存款人可以自由选择银行,银行也可以自愿选择存款人来开立账户,除国家法律、行政法规和国务院规定外,任何单位和个人不得强令存款人到指定银行开立银行结算账户。

(2)实行开户登记证制度。存款人开立基本存款账户、临时存款账户和预算单位开立专用存款账户实行核准制度,但存款人因注册验资需要开立的临时存款账户除外。经中国人民银行当地分支机构核准后发放开户登记证,存款人凭开户登记证向商业银行申请开立基本存款账户、临时存款账户和专用存款账户。商业银行不得对未持有开户登记证的存款人开立基本存款账户。

(3)一个单位只能选择一家商业银行的一个营业机构开立一个基本存款账户,不允许在多家商业银行开立基本存款账户。

(4)存款人的账户只能办理存款人本身的业务活动,不得出租、出借银行结算账户;不得将单位款项转入个人银行结算账户;不得违反规定支取现金;不得利用开立银行结算账户逃废银行债务;不得利用银行结算账户进行套取银行信用、偷逃税款、套取现金及其他违法犯罪活动。

4.2.2 核算单位活期存款的业务

单位活期存款的核算包括存入、支取和计息三个方面,存入和支取又分为现金存取和转账收付两种方式,本章只讲述现金存取这种方式,转账收付方式在支付结算业务中讲述。

为了反映单位活期存款的存入、支取和结存情况,商业银行应设置"吸收存款——活期存款"账户进行核算,该账户属于负债类账户,用来核算银行吸收单位(包括企事业单位、机关、社会团体等)存入的、可随时支取的款项。该账户按存款单位进行明细核算。

为了反映单位活期存款利息的结计情况,商业银行还应设置"利息支出"账户进行核算,该账户属于损益类账户,主要核算银行与单位、个人之间进行存款、借款,以及发行金融债券等业务中按国家规定的适用利率支付的利息。支付利息或按期计提利息时记入该账户借方,期末结转利润账户时记入该账户贷方。

1. 核算存入现金的业务

单位存入现金时,应填制一式两联现金解款单(其格式见表 4-1),连同现金一并送交开户银行出纳部门。出纳部门审核现金解款单、清点现金无误后,将第一联盖上现金收讫章作为回单退交存款单位;然后根据现金解款单第二联登记现金收入日记簿,登记完毕后将第二联送会计部门代现金收入传票登记单位存款分户账。其会计分录为:

借：库存现金
　　　　贷：吸收存款——活期存款——××单位存款户

【例 4-1】　交通银行宜洲支行出纳部门收到开户单位江陵公司填制的现金解款单及现金 20 000 元,经清点无误后,据现金解款单第二联办理转账。其会计分录为：
　　借：库存现金　　　　　　　　　　　　　　　　　　　　　　20 000
　　　　贷：吸收存款——活期存款——江陵公司　　　　　　　　　　20 000

表 4-1　　　　　　　　　　现金解款单

（现金解款单表格）

2. 核算支取现金的业务

存款单位向开户银行支取现金时,应签发现金支票(其格式正面及背面见表 4-2、表 4-3),填明收款人、用途和金额,加盖预留银行印鉴,由取款人背书并填列证件名称及号码后送交开户银行会计部门。会计部门接到现金支票后,应重点审查支票是否过期,是否背书,是否挂失,印鉴是否与预留印鉴相符,大小写金额是否一致,取款人账户是否有足够支付的存款余额,等等。经审查无误后,向取款单位支付现金并登记现金付出日记簿。会计部门以现金支票代现金付出传票,登记取款单位分户账。其会计分录为：
　　借：吸收存款——活期存款——××单位存款户
　　　　贷：库存现金

表 4-2　　　　　　　　　现金支票正面格式

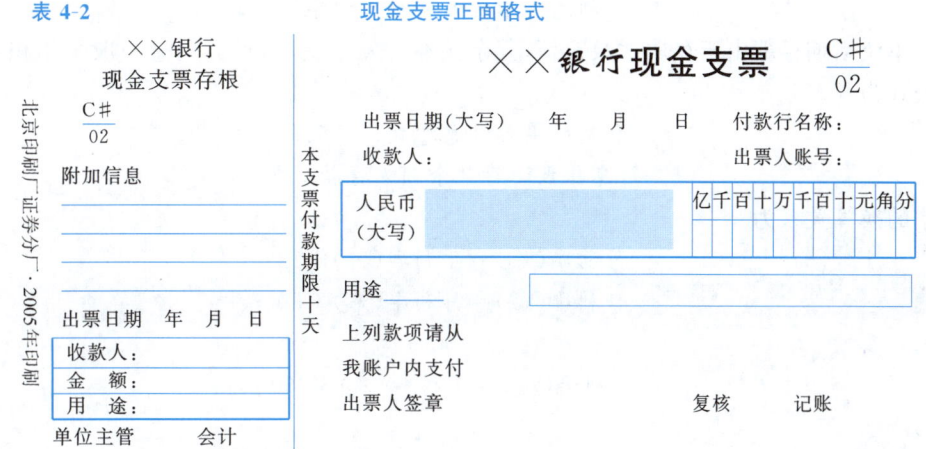

表 4-3　　　　　　　　现金支票背面格式

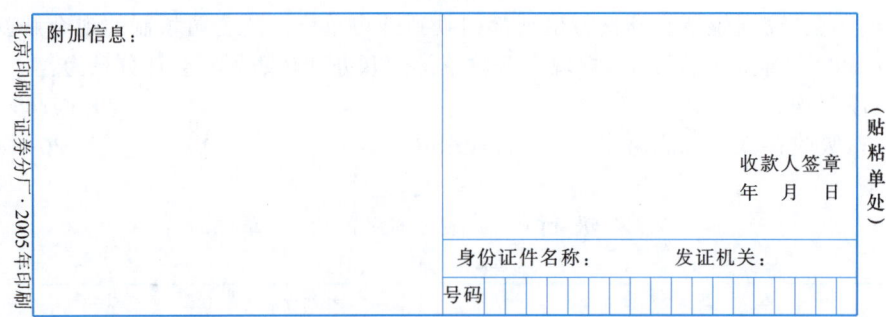

【例 4-2】 交通银行宜洲支行收到开户单位塑料厂签发的现金支票,支取备用金 8 000 元。银行会计部门对支票审核无误后,向塑料厂发放出纳对号单,并据现金支票编制如下会计分录:

借:吸收存款——活期存款——塑料厂　　　　　　　　　　　　8 000
　　贷:库存现金　　　　　　　　　　　　　　　　　　　　　　8 000

3. 计算与核算利息的业务

(1)利息计算的一般规定

①计息范围的规定。凡独立核算的企业单位流动资金存款,机关、团体、部队、学校等事业单位预算外资金存款,以及各单位存入的党费、团费、工会经费存款,均应计付利息。

②计息时间的规定。从 2005 年 9 月 21 日起,单位活期存款按季计息,每季末月 20 日为结息日,按结息日或销户日挂牌公告的利率计息,在计息期内遇利率调整则分段计息,次日付息。计息期为上季末月 21 日起至本季末月 20 日止,即结息时应把结息日当天计算在内,下季度的利息从结息日的次日开始算起。计息天数按实际天数"算头不算尾",即从存入日起算至支取的前一日为止。

③本金元位起息,元位以下不计息。计算的利息保留到分位,分位以下四舍五入。

(2)利息计算的基本公式

$$利息 = 本金 \times 存期 \times 利率$$

单位活期存款由于存取次数频繁,其余额经常发生变动,计算利息一般采用积数法,其公式为

$$利息 = 累计计息积数 \times 日利率$$
$$计息积数 = 存款余额 \times 存款日数$$

利率的换算关系为

$$月利率(‰) = 年利率(\%) \div 12$$
$$日利率(‰) = 月利率(‰) \div 30$$

或

$$日利率(‰) = 年利率(\%) \div 360$$

(3)利息计算方法及核算

①分户账计息法(乘法计算法)

该方法适用于存款余额变动不多的存款户。采用该方法,活期存款明细账一般采用乙种账格式,账页上设有"日数"和"积数"两栏。因此在登记明细账结出余额后,可以直接计算出积数,填入"积数"栏。日数的计算是从上一次记账日期算至本次记账日期的前一日止,即"算头不算尾",再以上一次存款余额乘以日数,计算出计息积数。但在季度末月20日计算日数时,应多加一天。如更换账页,应将累计积数过入新账页第一行内。待结息日营业终了,再计算出该季每笔余额实存日数的合计数,以检验总积数的计算是否正确。其中,第一季度计息天数为90天(平年)或91天(闰年),第二季度和第三季度计息天数为92天,第四季度计息天数为91天。结息日将各明细账户的积数分别相加,计算出本季度累计积数。再将本季度累计积数乘以日利率,即可得出应付利息数。

【例4-3】 交通银行宜洲支行开户单位宜洲食品厂20××年6月分户账见表4-4。

表4-4 活期存款分户账

户名:宜洲食品厂　　账号:201323　　单位:元　　利率:0.36‰

20××年		凭证号	摘要	对方科目	发生额		借或贷	余额	日数	积数
月	日				借方	贷方				
6	1		承前页				贷	80 000	72 7	1 260 000 560 000
	8		转付		5 000		贷	75 000	2	150 000
	10		转收			15 000	贷	90 000	3	270 000
	13		转付		30 000		贷	60 000	2	120 000
	15		转付		20 000		贷	40 000	1	40 000
	16		转收			15 000	贷	55 000	2	110 000
	18		转付		25 000		贷	30 000	3	90 000
	20		结息						92	2 600 000
	21		转息			26	贷	30 026		

累计计息积数＝1 260 000＋560 000＋150 000＋270 000＋120 000＋
　　　　　　　40 000＋110 000＋90 000
　　　　　　＝2 600 000

宜洲食品厂第二季度利息＝2 600 000×0.36‰÷360＝26(元)

商业银行一般应于结息日的次日根据计算的利息金额填制两联特种转账收入传票和一联特种转账付出传票及计息清单,凭一联特种转账收入传票和一联特种转账付出传票办理转账,将利息转入存款单位账户,另一联特种转账收入传票连同计息清单作收账通知送交存款单位。转账的会计分录如下:

借:利息支出　　　　　　　　　　　　　　　　　　　　　　26
　　贷:活期存款——食品厂　　　　　　　　　　　　　　　　　26

②余额表计息法(加法计算法)

该方法适用于存款余额变动频繁的存款账户。采用该方法计算利息时,银行会计部门会于每日营业终了,将各计息分户账的最后余额逐户抄列在计息余额表中。如当天的余额未发生变化或遇节假日,应照抄上日余额。当遇更正错账的记账日期与起息日期不一致时,应及时在计息余额表的"应加积数"或"应减积数"栏内进行调整。结息日,逐户将全季的累计积数乘以日利率,即得出各户应计利息数。

【例 4-4】 交通银行宜洲支行20××年6月20日在核对账务时发现,6月5日江陵公司转收款项一笔,金额为15 000元,误记为1 500元;6月16日塑料厂转付款项一笔,金额为20 000元,漏记了。宜洲支行于6月20日及时进行了错账更正,根据分户账和错账更正情况编制计息余额表(表4-5)如下:

表 4-5 计息余额表
20××年6月

科目名称:活期存款 共 页
科目代号: 月利率:0.3‰ 第 页

户名 日期	江陵公司 账号 201345 余额(位数)	塑料厂 账号 201329 余额(位数)	饮料厂 账号 201333 余额(位数)	复核 盖章
上月底止累计应计息积数	11 692 000	23 378 400	30 862 000	
1	128 000	122 000	625 000	
……	……	……	……	
10	140 000	296 500	468 000	
10日小计	1 188 000	2 149 000	4 236 000	
11	96 000	253 000	354 000	
……	……	……	……	
20	124 000	158 000	261 000	
20日小计	2 836 000	5 239 600	8 368 000	
21	53 000	127 000	142 000	
……	……	……	……	
本月合计	4 268 000	6 024 600	9 865 000	
应加积数	216 000			
应减积数		100 000		
至结息日累计应计息积数	14 744 000	28 518 000	39 050 000	
本期利息	147.44	285.18	390.50	
至本月底未计息积数	1 432 000	785 000	1 497 000	

会计: 复核: 记账:

计息余额表编制说明(以江陵公司为例):

10日小计=1日至10日余额合计=128 000+…+140 000=1 188 000

20日小计＝10日小计＋11日至20日余额合计
　　　　＝1 188 000＋96 000＋…＋124 000＝2 836 000

本月合计＝20日小计＋21日至30日余额合计
　　　　＝2 836 000＋53 000＋…＝4 268 000

应加积数＝(15 000－1 500)×16＝216 000

至结息日累计应计息积数＝上月底止累计应计息积数＋20日小计＋应加积数
　　　　　　　　　　　　＝11 692 000＋2 836 000＋216 000＝14 744 000

至本月底未计息积数＝本月合计－20日小计＝4 268 000－2 836 000＝1 432 000

本期利息＝至结息日累计应计息积数×日利率
　　　　＝14 744 000×0.3‰÷30＝147.44(元)

塑料厂应减积数＝20 000×5＝100 000

根据计息余额表计算的利息数额编制转账传票,会计分录为:

借:利息支出　　　　　　　　　　　　　　　　　　　823.12
　　贷:吸收存款——活期存款——江陵公司　　　　　147.44
　　　　活期存款——塑料厂　　　　　　　　　　　　285.18
　　　　活期存款——饮料厂　　　　　　　　　　　　390.50

4. 单位活期存款的对账

为保证账务处理正确和款项的安全,银行应与开户单位进行对账。对账的形式主要有以下两种。

(1)随时对账

银行对活期存款明细账,通常采用一式两联的账页进行复写登记。正页是活期存款明细账,副页是对账单。当记满一页时,就将对账单交付开户单位,由开户单位将对账单与其银行存款日记账逐笔进行核对,核对不符应及时与银行联系,查明原因,予以更正。

(2)定期对账

银行应于月末、季末、年末根据各开户单位活期存款账户余额签发一式两联的余额对账单,在第一联加盖业务公章后,一并交开户单位对账。开户单位核对无误后,留存第一联对账单,将第二联对账单加盖预留银行印鉴后退回银行。如核对不符,则双方应及时查明原因,予以更正。

5. 单位活期存款账户的销户

单位因迁址、合并、撤销等原因,不再使用原活期存款账户时,应及时向银行办理销户手续。银行与销户单位核对活期存款余额无误后,对计息户应计算应付利息,填制利息计算清单,据以借记"利息支出"账户;贷记"吸收存款——活期存款"账户。将应付利息转入"吸收存款——活期存款"账户,再按销户单位的要求和有关规定将原存款账户余额转入其他银行或其他存款户,并收回其未用空白专用凭证,予以注销。

4.2.3 核算单位定期存款的业务

单位定期存款是银行为吸收单位长期闲置资金而开办的存款业务。其存期分为三个月、半年、一年、二年、三年和五年六个档次。单位定期存款的起存金额为1万元,多存不限;一次存入,到期支取,一般不能提前支取;支取时只能转入活期存款账户,不能支取现金。

银行应设置"吸收存款——定期存款"账户进行核算,该账户属于负债类账户,用来核算各单位存入银行的各档次定期存款。该账户按存期和存款单位进行明细核算。

1. 核算单位存入定期存款的业务

单位申请办理定期存款时,应签发转账支票(表4-6)交开户银行。经办人员审核无误并收妥款项后,填制一式三联"单位定期存款开户证实书",经复核后,以证实书第一联代转账贷方传票入账,第三联银行作为卡片账留存,并登记单位定期存款开销户登记簿,同时按顺序专夹保管,第二联加盖银行业务公章和经办员名章后交给存款单位作为存款依据,转账支票则代转账借方传票登记存款单位分户账。其会计分录为:

借:吸收存款——活期存款——××单位存款户
　　贷:吸收存款——定期存款——××期限定期存款——××单位定期存款户

表4-6　　　　　　　　　　　转账支票

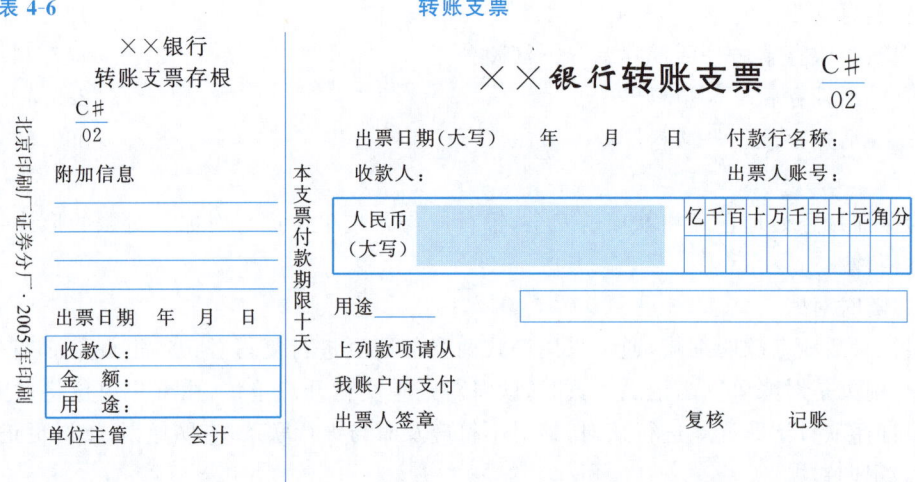

【例4-5】 20××年5月12日,宜洲支行收到饮料厂签发的转账支票一张,金额为50 000元,要求转存三年期的定期存款。当日挂牌的该档次利率为6%,利随本清。银行经审核无误,作如下分录:

借:吸收存款——活期存款——饮料厂　　　　　　　　　50 000
　　贷:吸收存款——定期存款——三年期定期存款——饮料厂　　50 000

2. 计算单位定期存款的利息

单位定期存款利息按存入日挂牌公告的定期存款利率计付利息,利随本清,遇利率调整不分段计息。其存期按对年、对月、对日计算(实付利息日数算至到期日前一天),如有零头天数按实存天数计算(算头不算尾),如过期支取,其过期部分按支取日挂牌公告的活期存款利率计息。

根据《中国人民银行关于人民币存贷款计结息问题的通知》(银发〔2005〕129号),单位定期存款可采用逐笔计息法计算,具体计算方法如下:

计息期为整年(月)的,计息公式为

利息＝本金×年(月)数×年(月)利率

计息期有整年(月)又有零头天数的,计息公式为

$$利息 = 本金 \times 年(月)数 \times 年(月)利率 + 本金 \times 零头天数 \times 日利率$$

同时,银行可选择将计息期全部化为实际天数计算利息,即每年为 365 天(闰年 366 天),每月为当月公历实际天数,计息公式为

$$利息 = 本金 \times 实际天数 \times 日利率$$

【例 4-6】 某客户 20×3 年 2 月 28 日存款 10 000 元,约定定期整存整取六个月,假定年利率为 1.89%,到期日 20×3 年 8 月 28 日支取。

利息计算选择公式"利息 = 本金 × 年(月)数 × 年(月)利率",则

应付利息 = 10 000 × 6 × (1.89% ÷ 12) = 94.5(元)

计息期有整年(月)又有零头天数的,分为以下两种情况:

(1)存入时约定到期自动转存的,计息公式为

$$利息 = 本金 \times 年(月)数 \times 年(月)利率 + 到期本息和 \times 零头天数 \times 日利率$$

(2)存入时未约定到期自动转存的,计息公式为

$$利息 = 本金 \times 年(月)数 \times 年(月)利率 + 本金 \times 零头天数 \times 日利率$$

【例 4-7】 某客户 20×3 年 2 月 28 日存入定期整存整取六个月 10 000 元,未约定自动转存。假定利率为 1.89%,支取日为 20×3 年 11 月 1 日,支取日活期储蓄存款利率为 0.72%。

原定存期选择公式"利息 = 本金 × 年(月)数 × 年(月)利率";逾期部分按活期储蓄存款计息,利息计算如下:

应付利息 = 10 000 × 6 × (1.89% ÷ 12) + 10 000 × 65 × (0.72% ÷ 360) = 107.5(元)

【例 4-8】 某客户 20×3 年 7 月 31 日存入 10 000 元为期一年的整存整取定期存款,若该客户 20×4 年 3 月 10 日全额支取。假定存入日银行挂牌的一年期整存整取利率为 3%,支取日挂牌的活期存款利率为 0.6%。

利息计算选择公式"利息 = 本金 × 实际天数 × 日利率",则

应付利息 = 10 000 × 222 × 0.6% ÷ 360 = 37(元)

银行对定期存款大多实行一次还本付息。按照权责发生制原则,对单位定期存款应按期计算应付利息,一般按季计算预提利息,单位支取定期存款时,再冲减应付利息。预提利息的计算公式为

$$利息 = 本金 \times 月(日)数 \times 月(日)利率$$

式中,存入日所在季的实际天数按"算头算尾"计算,支取日所在季的实际天数按"算头不算尾"计算,中间各季按季计算,支取日所在季采用倒挤办法计算。

按季预提利息的会计分录为:

借:利息支出

　　贷:应付利息——××定期存款户

【例 4-9】 交通银行宜洲支行于 20×3 年 5 月 6 日收到宜洲商场签发的转账支票和定期存款申请,存期为一年,金额为 200 000 元,未约定自动转存。当日挂牌公告的一年期整存整取存款利率为 2.25%。则存期内宜洲支行各季预提利息的计算与核算如下:

20×3 年 6 月 20 日预提利息,计息期为 5 月 6 日至 6 月 20 日,"算头算尾"共计 46 天。

应付利息 = 200 000 × 46 × 2.25% ÷ 360 = 575(元)

会计分录为：

借：利息支出 575
　　贷：应付利息——宜洲商场 575

20×3年6月21日至20×4年3月20日，三个季度均按季计算利息。

每季应付利息＝200 000×3×2.25%÷12＝1 125(元)

每一季度的会计分录为：

借：利息支出 1 125
　　贷：应付利息——宜洲商场 1 125

20×4年5月6日，存款到期计算利息时采用倒挤方法。

应付利息＝200 000×1×2.25%－(575＋1 125×3)＝550(元)

会计分录为：

借：利息支出 550
　　贷：应付利息——宜洲商场 550

3. 核算单位支取定期存款的业务

单位支取定期存款时，应填制两联进账单连同加盖预留印鉴的证实书第二联，填写支取日期，向银行办理转账。银行经审核无误后，计算应付利息，填制两联利息计算清单，其中一联代替收账通知交存款单位，一联代替特种转账借方传票。一年期以上(含一年期)的定期存款，其利息已经预提，要冲转"应付利息"账户；而对于不满一年的定期存款则要将发生的利息列入"利息支出"账户。同时在证实书上加盖"结清"戳记，以收回的证实书代替转账借方传票入账；两联进账单的其中一联作为活期存款的入账传票，另一联作收款通知转交收款单位；最后销记单位定期存款开销户登记簿。

(1) 全额到期支取的核算

定期存款到期，存款单位全额支取，会计分录为：

借：应付利息
　　利息支出
　　吸收存款——定期存款——××存款户
　　贷：吸收存款——活期存款——××存款户

【例4-10】 沿用【例4-9】资料，宜洲商场于20×4年5月6日来行办理全额支取定期存款的手续，会计分录为：

借：应付利息 3 950
　　利息支出 550
　　吸收存款——定期存款——宜洲商场 200 000
　　贷：吸收存款——活期存款——宜洲商场 204 500

(2) 全额提前支取的核算

定期存款到期前，存款单位全额支取的，应按支取日挂牌公告的活期存款利率计算应付利息，同时冲销之前按季多预提的应付利息。会计分录如下：

借：利息支出（多预提的利息） （红字金额）
　　贷：应付利息（多预提的利息） （红字金额）
借：应付利息（按活期利率计算已预提利息）
　　利息支出（上季末月21日至支取日应付利息）
　　吸收存款——定期存款——××存款户
　　贷：吸收存款——活期存款——××存款户

【例4-11】　沿用【例4-9】的资料，假设宜洲商场因急需资金，于20×4年2月20日来行全额支取未到期定期存款200 000元，当日活期存款利率为0.72%。

20×3年6月20日按活期利率计提的利息为：
应付利息＝200 000×46×0.72%÷360＝184(元)
20×3年6月21日至20×3年12月20日两个季度按活期利率计提的利息为：
应付利息＝(200 000×3×0.72%÷12)×2＝720(元)
20×3年12月21日至20×4年2月20日按活期利率应计的利息为：
应付利息＝200 000×61×0.72%÷360＝244(元)
则
20×3年12月21日前多预提的利息＝(575＋1 125×2)－(184＋720)＝1 921(元)
冲销多预提利息的会计分录为：

借：利息支出　　　　　　　　　　　　　　　　　　　　　　1 921
　　贷：应付利息　　　　　　　　　　　　　　　　　　　　　1 921

支付存款本息的会计分录为：

借：应付利息　　　　　　　　　　　　　　　　　　　　　　　904
　　利息支出　　　　　　　　　　　　　　　　　　　　　　　244
　　吸收存款——定期存款——宜洲商场　　　　　　　　　　200 000
　　贷：吸收存款——活期存款——宜洲商场　　　　　　　　201 148

(3) 部分提前支取的核算

单位定期存款，若有急需也可办理部分提前支取，但部分提前支取只允许提前支取一次。提前支取部分，按支取日银行挂牌公告活期存款利率计息。若留存部分仍高于单位定期存款起存金额，按原存期开具新的证实书，按原利率计付利息；若留存部分不足起存金额，则按支取日挂牌公告的活期存款利率计付利息，并对该项定期存款予以清户。其会计处理与全额提前支取基本相同。

【例4-12】　沿用【例4-9】资料，假设宜洲商场于20×3年10月12日提前支取部分存款100 000元，则该笔款项的应付利息如下：

20×3年5月6日至20×3年6月20日按活期利率计算的利息为：
应付利息＝100 000×46×0.72%÷360＝92(元)
20×3年6月21日至20×3年9月20日按活期利率计算的利息为：
应付利息＝100 000×3×0.72%÷12＝180(元)

20×3年9月21日至20×3年10月12日按活期利率计算的利息为：

应付利息＝100 000×21×0.72％÷360＝42(元)

20×3年9月21日前多预提利息＝(575＋1 125)÷2－(92＋180)＝578(元)

冲销多预提利息的分录为：

借：利息支出　　　　　　　　　　　　　　　　　　　　578

　　贷：应付利息——宜洲商场　　　　　　　　　　　　　　578

支付本息的会计分录为：

借：应付利息　　　　　　　　　　　　　　　　　　　　272

　　利息支出　　　　　　　　　　　　　　　　　　　　42

　　吸收存款——定期存款——宜洲商场　　　　　　　　100 000

　　贷：吸收存款——活期存款——宜洲商场　　　　　　100 314

(4) 过期全额支取的核算

单位过期支取定期存款，过期部分按支取日挂牌公告的活期存款利率计息。

【例4-13】　沿用【例4-9】资料，假设宜洲商场于20×4年6月10日才来行支取定期存款，当日挂牌公告的活期存款利率为0.72％。则该笔存款的过期利息为：

过期利息＝200 000×35×0.72％÷360＝140(元)

支付本息的会计分录为：

借：应付利息　　　　　　　　　　　　　　　　　　　　4 525

　　利息支出　　　　　　　　　　　　　　　　　　　　140

　　吸收存款——定期存款——宜洲商场　　　　　　　　200 000

　　贷：吸收存款——活期存款——宜洲商场　　　　　　204 665

思考题

1. 存款有哪些分类方法？
2. 单位存款账户种类有哪些？各有什么用途？使用时各应注意什么问题？
3. 单位活期存款和定期存款利息计算方法有哪些？其适用范围是怎样的？

核算储蓄存款业务

任务4.3　核算储蓄存款业务

4.3.1　储蓄存款的规定

储蓄存款是指银行通过信用方式吸收城乡居民积余和闲置的现金所形成的存款，是银行存款业务的重要组成部分。储蓄存款不仅是商业银行资金来源的一个重要组成部分，而且对推迟社会购买力、调节消费结构、调节市场货币流通、稳定金融物价等方面起着重要作用。

1. 储蓄存款的原则

为了正确执行国家鼓励和保护人民储蓄的政策，银行对个人的储蓄存款实行"存款自愿，取款自由，存款有息，为储户保密"的原则。

2. 个人存款账户实名制的规定

2000 年 4 月 1 日,随着《个人存款账户实名制规定》的颁布实施,我国对储蓄存款开始实行个人存款账户实名制。个人存款账户实名制,是指要求存款人到金融机构办理各种本外币存款账户时出示个人有效身份证件,并使用身份证件上的姓名;金融机构应按规定进行核对,并登记身份证上的姓名和号码。实名制从根本上否认了匿名账户存在的合法性,同时也规定了金融机构及其工作人员负有为个人存款账户情况保守秘密的责任。

3. 储蓄存款交纳利息税的规定

1999 年国务院颁布实施《对储蓄存款利息所得征收个人所得税的实施办法》,规定 1999 年 11 月 1 日以后储蓄存款所孳生的利息所得,应当按照 20% 的税率征收个人所得税;2007 年 8 月 15 日,将利息所得的个人所得税税率下调为 5%;2008 年 10 月 9 日,国务院决定暂免征收利息所得的个人所得税。因此,本节讲解储蓄存款核算的部分将不提及利息税的核算。

4.3.2 储蓄存款的种类

目前,我国境内本外币储蓄存款种类已有几十种。《储蓄管理条例》规定的基本储蓄种类有 6 种,即活期储蓄存款、整存整取、零存整取、存本取息、整存零取定期储蓄存款、定活两便储蓄存款,这些称为传统储蓄存款。近年来,商业银行又推出了个人支票存款、定期一本通、活期一本通、通信存款、通知储蓄存款、电话银行、网上银行等新型的储蓄种类,极大地满足了广大储户的不同需求。本书重点介绍的是活期储蓄存款业务和定期储蓄存款业务的核算。

1. 活期储蓄存款

活期储蓄存款是指储户可以随时存取,存款金额和期限不受限制的一种储蓄存款方式。它具有灵活方便、适应性强、利率低的特点。人民币活期储蓄存款开户起点金额为 1 元,多存不限,既可单独开立存折,以存折为凭证,凭折存取,也可同时开立借记卡和存折,并以其中一种作为支取凭证(现可办理无折无卡存款)。每季结息一次,每季末月的 20 日为结息日。活期储蓄存款主要用于居民经常性生活用款或一般开支。

目前,银行已推出了活期一本通储蓄业务,活期一本通是在一个账户内可以同时容纳人民币及多种外币活期储蓄的存款方式,其主要特点是:集多种货币于一折,方便保管;兼有一般活期存款同城通存通兑的功能;可进行个人实盘外汇买卖;与电话银行相连通,足不出户便可实现个人理财。

2. 定期储蓄存款

定期储蓄存款是储户在存款时就约定存款期限,一次或在存期内分次存入本金,到期一次或分期支取本金和利息的一种储蓄存款方式。它的特点是存款时间较长、存期固定、规定了存储起点和金额。它适用于居民有预见性地使用资金或存储长期不用的资金。现行的定期储蓄存款主要有以下几种:

(1)整存整取定期储蓄存款

整存整取定期储蓄存款是储户一次存入本金,约定存期,到期一次支取本息的一种定期储蓄。人民币起存金额为50元,存期分为三个月、半年、一年、二年、三年和五年六个档次。以存单作为凭证,凭存单支取。

当前银行还推出了定期一本通储蓄业务。定期一本通是在一个存折上办理多种货币和多种期限的整存整取定期储蓄存款的一种存款方式。其主要特点是集多种货币、多种存期于一折,方便保管;本外币定期储蓄存款同城通存通兑;到期自动转存;一次开户即可多次反复使用;与电话银行联网,提供个人理财服务。

(2)零存整取定期储蓄存款

零存整取定期储蓄存款是储户存款时约定存期,每月固定存入一定金额,到期一次支取本息的一种定期储蓄。起存金额为5元,多存不限,存期分为一年、三年和五年三个档次。以存折作为凭证,凭折存取。每月存入一次,中途如有漏存,应在次月补齐,未补存者视同违约,违约后存入的部分,支取时按活期利率计息。其余部分按实存金额和实际存期计算利息。

(3)存本取息定期储蓄存款

存本取息定期储蓄存款是储户一次存入本金,约定存期,按期分次支取利息,到期支取本金和当期利息的一种定期储蓄。起存金额为5 000元,存期分为一年、三年和五年三个档次。以存折作为凭证,凭存折分期支取利息。如到取息日未取息,以后可随时支取。

(4)整存零取定期储蓄存款

整存零取定期储蓄存款是储户一次存入本金,约定存期和等额本金分次支取期,到期一次性支取利息和最后一期本金的定期储蓄存款。起存金额为1 000元,存期分为一年、三年和五年三个档次。以存折作为凭证,凭存折分期支取本金,支取期分为一个月、三个月和半年。

(5)定活两便储蓄存款

定活两便储蓄存款是指在存款开户时一次存入本金,不必约定存期,可随时支取,银行根据客户存款的实际存期按规定计息的一种个人存款种类。50元起存,存期不足三个月的,利息按支取日挂牌公告活期利率计算;存期三个月以上(含三个月)不满半年的,利息按支取日挂牌公告定期整存整取三个月存款利率的六折计算;存期半年以上(含半年)不满一年的,整个存期按支取日挂牌公告定期整存整取半年期存款利率的六折计息;存期一年以上(含一年),无论存期多长,整个存期一律按支取日挂牌公告定期整存整取一年期存款利率的六折计息。这种存款方式既具有活期储蓄随时可提取的灵活性,又能享有接近于定期存款利率的优惠。

3. 个人通知储蓄存款

通知存款是指在存入款项时不约定存期,支取时事先通知银行,约定支取存款日期和金额的一种个人存款方式。最低起存金额为人民币50 000元(含),外币等值5 000美元(含),最低支取金额为人民币50 000元。为了方便,也可在存入款项开户时即提前通知取款日期或约定转存存款日期和金额。个人通知存款需一次性存入,可以一次或分次支取,但分次支取后账户余额不能低于最低起存金额,当低于最低起存金额时,银行给予清户并将其转为活期存款。个人通知存款按存款人选择的提前通知的期限长短划分为一天通知存款和七天通知存款两个品种。其中一天通知存款需要提前一天向银行发出支取通知,并且存期最少需两天;七天通知存款需要提前七天向银行发出支取通知,并且存期最少需七天。

4.3.3 储蓄存款的核算要求

储蓄业务体现了银行存款业务和现金业务的高度统一,银行在储蓄业务日常核算时必须做到:

1. 须设置前台柜员和后台主管两个岗位,建立和健全事后监督制度;
2. 必须保证营业时间内双人临柜,钱和账必须自我即时复核复点;
3. 存款时先收款后记账,取款时先记账后付款,转账时必须先办理转出方业务,收妥款项后再办理转入方业务,当时记账,当日结账,轧对平衡;
4. 储户开户时必须使用实名存款,存取款时必须做到账折(单)见面(代收代付业务按有关规定办理);
5. 大额取现(人民币5万元以上,不含5万元;外币为超过等值1万美元的外币,含1万美元)必须按照《关于加强金融机构个人存取款业务管理的通知》和《关于居民、非居民个人大额外币现钞存取款有关问题的通知》中有关规定办理;
6. 日间交班及调离必须核对账款,办理交接;
7. 坚持"一日三次碰库(箱)"制度,即营业前、中午休息时和下班签退前柜员必须核对现金实物与库存账;
8. 营业终了必须坚持当日结账,总分核对,做到日结日清、账账、账据、账实、账款、账表相符。

4.3.4 核算活期储蓄存款的业务

对活期储蓄存款的业务应设置"吸收存款——活期储蓄存款"账户进行核算。该账户属于负债类账户,专门核算商业银行吸收的居民个人的活期储蓄资金,吸收资金时记入该账户的贷方,支付时记入该账户的借方,期末余额表示商业银行已吸收而尚未支付的活期储蓄资金。该账户按储户设明细账户进行明细核算。

1. 核算存入活期储蓄存款的业务

存入活期储蓄存款包括开户和续存两个方面。

(1)开户

储户首次存入活期储蓄存款即为开户。储户办理开户时,应填写"活期储蓄存款开户申请书",连同现金、法定身份证件一并交柜员。柜员审核证件、清点现金无误后,开立活期储蓄存款分户账及活期储蓄存折(或储蓄存折及储蓄卡)。

会计分录如下：

借：库存现金

　　贷：吸收存款——活期储蓄存款——××存款人

表 4-7　　　　　　　　　　　　　存款凭条

××银行
×× Bank

存款凭条（Deposit Slip）

币别：　　　　　　　　　　　　　　　　　　　　流水号：

银行记录 For Bank's Record

册号	账户序号
存入日	利率
余额	凭证号　　支取方式
利息积数	

客户审核 For Customer's Verification

账号/卡号＿＿＿＿＿＿＿＿　　户名：＿＿＿＿＿＿＿
Customer Code/Account Number　　Name of Account Holder

种类＿＿＿＿＿　存期＿＿＿＿＿　钞（汇）＿＿＿＿＿
Category　　　　Term　　　　　　Cash/Foreign Exchange

存入金额＿＿＿＿＿　手续费＿＿＿＿＿　起息日＿＿＿＿＿
Amount

会计主管：　　　授权：　　　复核：　　　录入：

存款人对"客户审核"栏及背面客户声明内容**确认签名**：＿＿＿＿＿
Customer's signature to confirm the contents of the 'For Customer's Verification' box

【**例 4-14**】　20××年 5 月 10 日，交通银行宜洲支行收到客户张某填制的"活期储蓄存款开户申请书"，以及身份证件和现金 5 000 元，该客户申请开立活期储蓄存款账户。经办柜员审核无误后，为其办理了开户手续，并作如下会计分录：

借：库存现金　　　　　　　　　　　　　　　　　　　　　　　　5 000

　　贷：吸收存款——活期储蓄存款——张某　　　　　　　　　　5 000

（2）续存的核算

储户办理续存时，应将活期储蓄存折（或储蓄卡）连同存入的现金一并交给银行接柜人员。经办员审查、清点无误后，录入存款金额、打印储蓄存款凭条交储户确认签名。除不再另开账户及存折外，其余收款、记账、登折等处理方法与开户时基本相同，不再重述。如遇存折页满换折时，原存折加盖"换折"和"附件"章，作储蓄存款凭条附件。

2. 活期储蓄存款利息的计算与核算

活期储蓄存款按季结息，每季末月 20 日为结息日；计息期为上季末月 21 日至本季末月 20 日，"算头算尾"。如果不到结息日储户全部提取活期储蓄存款，则利息算至清户的前一天，按结息日或清户日挂牌公告的活期储蓄存款利率计息。本金元位起息，利息计算至厘位，实际支付或入息时四舍五入至分。存款利息一般采用转账方式结计，在结息日的次日为客户转入本金账户中。

(1) 利息计算方法

活期储蓄存款利息在计算公式、计息形式和计算方法上与单位活期存款相同,一般采用积数计息法中的分户账计息法。

利息计算公式为

$$利息 = 累计计息积数 \times 日利率$$

(2) 利息的核算

结息日,会计分录如下:

借:利息支出
  贷:吸收存款——活期储蓄存款——××存款人户

【例 4-15】 20××年 6 月储户张某登记情况如表 4-8 所示。

表 4-8　　　　　　　　　　　　活期储蓄存款分户账

账户性质:活期　　　　户名:张某　　　　利率:0.72%

20××年		证号	摘要	对方科目	发生额		借或贷	余额	日数	积数
月	日				借方	贷方				
6	1		承前页				贷	20 000	72 5	156 800 100 000
	6		取现		5 000		贷	15 000	4	60 000
	10		存现			2 000	贷	17 000	2	34 000
	12		取现		5 000		贷	12 000	1	12 000
	13		取现		2 400		贷	9 600	2	19 200
	15		存现			5 400	贷	15 000	3	45 000
	18		取现		4 000		贷	11 000	3	33 000
	20		结息				贷	11 000	52	460 000
	21		转息			9.20	贷	11 009.20		
	26		取现		2 000		贷	9 009.20		

累计计息积数 = 156 800 + 100 000 + 60 000 + 34 000 + 12 000 + 19 200 + 45 000 + 33 000
　　　　　　 = 460 000

利息 = 460 000 × 0.72% ÷ 360 = 9.20(元)

编制的会计分录为:

借:利息支出　　　　　　　　　　　　　　　　　　　　　　　　　　9.20
  贷:吸收存款——活期储蓄存款——张某　　　　　　　　　　　　　　　9.20

3. 核算活期储蓄存款支取的业务

储户支取存款时,应将存折(或卡)交接柜人员并报出取款数额。由取款人签名确认。柜员经核对无误后,登记分户账,进行配款并在取款凭条上加盖"现金付讫"及名章后,将现金及存折交储户。以取款凭条代现金付出传票,作如下会计分录:

借:吸收存款——活期储蓄存款——××存款人户
  贷:库存现金

表 4-9　　　　　　　　　　　取款凭条

××银行
×× Bank

取款凭条（Withdrawal Slip）

币别：　　　　　　　　　　　　　　　　　　　流水号：

客户审核 For Customer's Verification	账号/卡号_____ 户名：_____
	Customer Code/Account Number　Name of Account Holder
	账户序号_____　种类_____　钞（汇）_____
	Number　　Category　　Cash/Foreign Exchange
	支取金额_____　手续费_____　止息日_____
	Amount
银行记录 For Bank's Record	册号_____　存期_____　余额_____
	支取日_____　授权号_____　利率_____
	利息_____　利息积数_____　支取方式_____

会计主管：　　授权：　　　复核：　　　录入：

取款人对"客户审核"栏内容确认签名：_____
Customer's signature to confirm the contents of the 'For Customer's Verification' box

4. 核算活期储蓄存款销户的业务

销户是指储户支取全部存款并注销在银行的活期储蓄账户的行为。储户在取款凭条和利息清单上签字确认后，柜员将现金和利息清单第二联交储户，将存折和凭条一起留存。编制如下会计分录：

借：吸收存款——活期储蓄存款——××存款人户
　　利息支出
　贷：库存现金

【例 4-16】 20××年 6 月 5 日，宜洲支行收到储户李某的活期储蓄销户申请。该储户分户账余额为 843.25 元，截至当日累计计息积数为 76 392.56，当日挂牌公告的活期储蓄存款利率为 0.36%，则：

应付利息 = 76 392.56 × 0.36% ÷ 360 = 0.76（元）

柜员打印出取款凭条和利息清单交李某签章后，办理支付手续，并作如下会计分录：

借：吸收存款——活期储蓄存款——李某　　　　　　　843.25
　　利息支出　　　　　　　　　　　　　　　　　　　　0.76
　贷：库存现金　　　　　　　　　　　　　　　　　　　844.01

4.3.5　核算定期储蓄存款的业务

定期储蓄存款按照存取方式不同主要分为整存整取、整存零取、零存整取、存本取息四种类型。商业银行除设立"吸收存款——定期储蓄存款"账户进行核算外，还应按照上述四种类型进行明细核算。下面将重点介绍整存整取定期储蓄存款和零存整取定期储蓄存款的核算。

1. 核算整存整取定期储蓄存款的业务

(1) 开户的核算

储户办理整存整取定期储蓄存款开户时,应填制"整存整取定期储蓄存款凭条",连同现金一同交经办柜员。柜员审查无误后,清点现金,据以填制一式三联的"整存整取定期储蓄存单"。将第二联加盖业务公章后交给储户,作为其到期支取本息的依据。第三联作为分户账卡留存,并登记"开销户登记簿"。采用计算机操作的,存单用计算机打印。储户要求凭印鉴支取的,应在第一联和第三联上加盖预留印鉴。将第一联代替现金收入传票入账,会计分录为:

借:库存现金
　　贷:吸收存款——定期储蓄存款——××期限整存整取储蓄——××存款人户

(2) 利息计算与核算

按照权责发生制原则,商业银行对存期较长的(如一年期以上的)定期储蓄存款,应按季(业务量较少的营业机构可按月)预提应付利息,计入当期损益。预提时,借记"利息支出"账户,贷记"应付利息"账户。"应付利息"为负债类账户,用以核算银行按照合同约定应支付的利息,包括吸收存款、分期付息到期还本的长期借款、企业债券等应支付的利息。本科目应当按照存款人或债权人设明细账户进行明细核算。

个人整存整取定期储蓄存款利息的计算与单位整存整取定期储蓄存款基本相同。

【例 4-17】 20×3 年 10 月 1 日,交通银行宜洲支行收到储户谭某存入的金额为 10 000 元、存期为一年的整存整取定期储蓄存款,利随本清,当日银行挂牌公告的利率为 4.14%。宜洲支行对该笔存款按季预提利息,计算存期内各季应预提的利息并进行核算。

20×3 年 10 月 1 日收到存入的现金时,会计分录为:

借:库存现金　　　　　　　　　　　　　　　　　　　　10 000.00
　　贷:吸收存款——定期储蓄存款——1 年整存整取——谭某　10 000.00

20×3 年 12 月 20 日应预提利息 = 10 000×81×4.14%÷360 = 93.15(元)

会计分录为:

借:利息支出　　　　　　　　　　　　　　　　　　　　93.15
　　贷:应付利息——谭某　　　　　　　　　　　　　　　93.15

20×4 年 3 月 20 日(6 月 20 日、9 月 20 日相同)应预提利息 = 10 000×3×4.14%÷12 = 103.50(元)

会计分录为:

借:利息支出　　　　　　　　　　　　　　　　　　　　103.50
　　贷:应付利息——谭某　　　　　　　　　　　　　　　103.50

20×4 年 10 月 1 日应计利息 = 10 000×1×4.14% − (93.15+103.50×3) = 10.35(元)

(3) 支取的核算

储户对整存整取定期储蓄存款的支取,可以根据自己的实际情况选择到期支取、过期支取和提前支取等方式,支取的核算手续与单位整存整取定期储蓄存款基本相同。

① 到期或过期支取的核算

储户持到期或过期存单到银行办理支取本息时,经办员应认真审核存单上的公章,确认是由本行签发时,抽出分户账卡核对户名、账号、金额、印鉴、密码后,按规定计算利息(其计算公式和核算方法与单位定期存款相同,不再重述),填制一式两联利息清单,在存单及卡片账上填写利息金额,并加盖"结清"戳记。经复核无误后,根据本息合计付款。以存单代现金付出传票,会计分录为:

借:吸收存款——定期储蓄存款——××期限整存整取储蓄——××存款人户
　　应付利息——××存款人户
　　利息支出(过期支取部分的利息)
　贷:库存现金

【例4-18】 沿用【例4-17】的资料和计算,假定谭某于20×4年10月1日来行支取,银行经审核无误后,作如下分录:

借:吸收存款——定期储蓄存款——1年整存整取——谭某　　10 000
　　应付利息——谭某　　　　　　　　　　　　　　　　　　403.65
　　利息支出　　　　　　　　　　　　　　　　　　　　　　 10.35
　贷:库存现金　　　　　　　　　　　　　　　　　　　　　　　　10 414

②提前支取的核算

储户急需用款,可以凭身份证件办理整存整取定期储蓄存款提前支取。定期储蓄存款中,只有整存整取可办理一次部分提前支取,其他储种只能办理全部提前支取。经办员审核无误后,按提前支取的规定计付利息,其他过程与到期支取相同。

如为部分提前支取,应在原存单上填写储户有效身份证件名称及号码,如为他人代理,还应填写代理人有效身份证件名称及号码;未提前支取部分应更换为新存单(存期、利率不变),加盖业务公章连同利息清单及提前支取的现金交付储户。其他处理过程参照到期支取和开户存入手续办理。

2. 核算零存整取定期储蓄存款的业务

(1)开户的核算

储户首次存入零存整取定期储蓄存款时,应填制"定期储蓄存款申请书",会计分录为:

借:库存现金
　贷:吸收存款——定期储蓄存款——××期限零存整取储蓄——××存款人户

(2)续存的核算

储户按月续存时,经办员应核对续存金额是否符合规定,其余处理手续和核算方法与开户时相同,不再赘述。

(3)利息的计算

零存整取定期储蓄存款是逐月存入,余额逐月增加,因而利息计算通常采用月积数计息法和固定基数计息法。至于利息计息的规定,与整存整取定期储蓄的规定相同。

①月积数计息法。这种方法是根据存款账户每月余额计算出月积数,而后将月积数累计乘以月利率,即为到期应付利息。用公式表示为

$$应付利息 = 累计月积数 \times 月利率$$

也可采用下列公式直接计算

应付利息＝[(首月存款余额＋最后一个月存款余额)×存入次数÷2]×月利率

【例 4-19】 储户王某于 20×3 年 4 月 10 日开户存入零存整取储蓄存款,存期一年,每月固定存入 100 元,存入时月利率为 1.875‰。王某于 20×4 年 4 月 10 日来行支取。月积数计算如表 4-10 所示。

表 4-10 月积数计算表

日 期			次数	存入	余额	月数	月积数
年	月	日		(位数)	(位数)		(位数)
20×3	4	10	1	100	100	1	100
	5	6	2	100	200	1	200
	6	12	3	100	300	1	300
	7	15	4	100	400	1	400
	8	16	5	100	500	1	500
	9	5	6	100	600	1	600
	10	20	7	100	700	1	700
	11	13	8	100	800	1	800
	12	14	9	100	900	1	900
20×4	1	18	10	100	1 000	1	1 000
	2	12	11	100	1 100	1	1 100
	3	16	12	100	1 200	1	1 200
累 计 积 数							7 800

根据上表数据进行计算：

应付利息＝7 800×1.875‰＝14.63(元)

也可用公式直接计算：

应付利息＝[(100＋1 200)×12÷2]×1.875‰＝14.63(元)

② 固定基数计息法。这种方法是按平均存期和利率先计算每元本金到期应付利息,再以此作为基数乘以最后存款余额,求出应付利息。其计算公式为

$$平均存期＝(存入总次数＋1)÷2$$

$$每元本金固定利息基数＝一元本金×平均存期×月利率$$

$$到期应付利息＝每元本金固定基数利息×存款余额$$

【例 4-20】 储户蔡某于 20×3 年 9 月 12 日持当日到期的零存整取定期储蓄存折来宜洲支行办理支取手续,存折记载的存期为一年,每月存入 200 元,至到期日的余额为 2 400 元,存入日银行挂牌公告的利率为 3.75%,计算该笔储蓄应付的利息。

平均存期＝(12＋1)÷2＝6.5

每元本金固定利息基数＝1×6.5×3.75%÷12＝0.02(元)

到期应付利息＝0.02×2 400＝48(元)

(4) 支取的核算

① 到期支取的核算

储户到期持存折来银行办理支取本息时,经办员抽出分户账卡核对无误后,按规定计

算应付利息,其余处理手续同活期储蓄存款中的销户基本相同。其核算方法同整存整取定期储蓄存款相同,不再重述。

【例 4-21】 依据【例 4-20】的资料和计算,银行支付本息时编制的会计分录为:
借:吸收存款——定期储蓄存款——1年零存整取——蔡某　　2 400.00
　　利息支出　　　　　　　　　　　　　　　　　　　　　　48.72
　贷:库存现金　　　　　　　　　　　　　　　　　　　　　2 448.72

②提前支取的核算

储户提前支取零存整取定期储蓄存款时,应提交身份证件,经办员审查无误后,办理提前支取手续,在存折和分户账上加盖"提前支取"戳记,按提前支取的规定计算利息(即全部按活期储蓄计息),其余手续与到期支取相同。零存整取定期储蓄存款只能全部提前支取,不能部分提前支取。

思考题

1. 目前我国开设的储蓄存款种类有哪些?
2. 活期储蓄存款利息的计算方法有哪些?各适用于哪些情况?

项目结论

存款分类有单位存款和储蓄存款、活期存款和定期存款、原始存款和派生存款、本币存款和外币存款等。

单位银行结算账户按用途分为基本存款账户、一般存款账户、专用存款账户和临时存款账户,各单位应严格按规定使用。

活期存款应按季结息,每季末月20日为结息日,利息计算方式有分户账计息法和余额表计息法两种;一年期以上的定期存款应按季预提利息,支取时随本金一起支付,即利随本清。

储蓄存款应遵循"存款自愿,取款自由,存款有息,为储户保密"的原则。目前我国开设的储蓄存款种类主要有活期储蓄、定期储蓄、定活两便储蓄、个人通知储蓄和教育储蓄等,定期储蓄又分为整存整取、零存整取、整存零取、存本取息四种。

活期储蓄存款和定期储蓄存款利息的计算方式和结息办法与单位活期存款和定期存款基本相同。

项目训练

一、单项选择题

1. 单位存款人能够办理日常转账结算和现金收付的账户是(　　)。
　A. 基本存款账户　　　　　　　　B. 一般存款账户
　C. 临时存款账户　　　　　　　　D. 专用存款账户
2. 活期存款的结息日是(　　)。
　A. 每月30日　　　　　　　　　　B. 每年6月30日

C. 每年 12 月 30 日 　　　　　　　D. 每季末月的 20 日

3. 单位活期存款计息方法可采用（　　）。
A. 累进法　　　B. 单利法　　　C. 累计法　　　D. 积数法

4. 计息余额表的编制依据是（　　）。
A. 当日各计息科目日初余额　　　B. 当日各计息科目日终余额
C. 当日各计息账户日初余额　　　D. 当日各计息账户日终余额

5. 向银行申请开立基本存款账户的单位必须是（　　）。
A. 独立核算单位　　　　　　　　B. 非独立核算单位
C. 集中核算单位　　　　　　　　D. 非集中核算单位

6. 活期储蓄存款的计息期间是（　　）。
A. 上年 7 月 1 日至本年 6 月 30 日　　B. 上年 6 月 20 日至本年 6 月 21 日
C. 上季末月 21 日至本季末月 20 日　　D. 上季末月 20 日至本季末月 21 日

7. 储蓄存款办理临时挂失手续后，储户必须在（　　）天之后，到银行办理正式挂失手续。
A. 3　　　　　B. 5　　　　　C. 7　　　　　D. 10

二、多项选择题

1. 存款计息的范围包括（　　）。
A. 单位的流动资金存款　　　　　B. 城镇居民个人的储蓄存款
C. 党费、团费、工会经费存款　　D. 事业单位预算外资金存款
E. 事业单位预算内资金存款

2. 单位存款账户按用途可分为（　　）。
A. 基本存款账户　　　　　　　　B. 一般存款账户
C. 临时存款账户　　　　　　　　D. 专用存款账户
E. 定期存款账户

3. 银行存款利息的计算可采用（　　）。
A. 甲种账　　　B. 乙种账　　　C. 总账　　　　D. 余额表
E. 日计表

4. 开立基本存款账户需提供的文件包括（　　）。
A. 年审通过的营业执照　　　　　B. 法人代表身份证
C. 经办员身份证　　　　　　　　D. 加盖有存款人印章的印鉴卡片
E. 中国人民银行当地分支机构核发的开户登记证

5. 目前单位定期存款的存期档次有（　　）。
A. 三个月　　　B. 半年　　　　C. 一年　　　　D. 二年
E. 三年　　　　F. 五年

6. 定期储蓄存款的种类包括（　　）。
A. 整存整取　　　　　　　　　　B. 零存整取
C. 存本取息　　　　　　　　　　D. 整存零取
E. 定活两便

7.零存整取储蓄存款的计息方法有(　　)。

A.分户账计息法　　　　　　B.余额表计息法

C.月积数法　　　　　　　　D.固定基数计息法

E.直接计息法

三、判断题

1.储蓄存款是指城乡居民个人存入的款项,包括个体经营者存入的款项。(　　)

2.存款人可以自主选择银行,银行也可以自愿选择存款人。(　　)

3.单位一般存款账户不能办理现金收支业务。(　　)

4.定期存款存期内如遇利率调整,按原定利率计息;逾期支取的,逾期部分按支取日挂牌公告活期存款利率计息。(　　)

5.采用单人临柜制一般无须进行即时复核。(　　)

6.储蓄存款利息计至厘位,实际支付时四舍五入至分。(　　)

四、业务练习

1.某支行20××年第一季度甲公司存款分户账如表4-11所示。

表4-11　　　　　　　　　　　　存款分户账

账户性质:活期　　户名:甲公司　　账号:20130580　　利率:0.72%

20××年		证号	摘要	对方科目	发生额		借或贷	余额	日数	积数
月	日				借方	贷方				
1	1		承前页		11	72 000	贷	536 000		
1	15		转收			60 000				
1	28		转付		50 000					
2	7		取现		5 000					
2	16		转付		20 000					
3	6		存现			6 000				
3	18		转收			25 000				
3	20		结息							
3	21		转息							
3	26		转付		15 000					

要求:

(1)完成上述分户账;

(2)计算应计利息并填入分户账;

(3)编制结息的会计分录。

2.储户王某20×2年11月1日存入整存整取定期储蓄存款20 000元,定期一年,存入时一年期定期存款利率为2.25%。该储户于20×3年12月10日来行支取,支取日银行挂牌公告活期存款利率为0.36%。

要求:

(1)计算支取日该笔存款的应付利息;

(2)编制王某存入存款、按季预提利息、支取存款本息的会计分录。

3. 储户张某20××年第三季度的存款明细记录如表4-12所示。

表 4-12　　　　　　　　　　　存款明细记录

账户性质：活期　　　　　　户名：张某　　　　　　利率：0.36%

20××年		证号	摘要	对方科目	发生额		借或贷	余额	日数	积数
月	日				借方	贷方				
7	6		开户			20 000				
7	15		取现		5 000					
8	10		存现			12 000				
8	23		取现		3 000					
8	30		取现		2 000					
9	12		存现			10 000				
9	18		取现		2 000					
9	20		结息							
9	21		转息							
9	26		取现		2 000					

要求：

(1) 完成上述分户账；

(2) 计算应计利息并填入分户账；

(3) 编制张某开户、结息的会计分录。

4. 交通银行宜洲支行20××年7月发生下列业务，收、付款人均是该行的开户单位，据以编制会计分录。

(1) 宜洲食品厂签发现金支票一张，支取现金10 000元，补充备用金。银行审核无误后，办理支付手续。

(2) 宜洲塑料厂填制现金缴款单，将销货收入现金12 000元存入银行，银行审核无误后，办理收款手续。

(3) 宜洲商场签发转账支票给宜洲塑料厂以支付货款，金额30 000元，银行审核无误后，为其办理转账手续。

(4) 宜洲商场填制现金缴款单，将超出库存的现金5 000元送存银行，银行清点无误后，办理收款手续。

(5) 张金填制"活期储蓄存款凭条"，连同身份证、现金3 000元送交银行，要求开设活期储蓄账户。银行审核无误后，为其办理开户手续。

(6) 谭斌填制"定期储蓄存款凭条"，连同身份证、现金20 000元送交银行，要求开设一年期定期储蓄存款账户。银行审核无误后，为其签发定期存单。

(7) 杨华填制"活期储蓄取款凭条"，连同存折一并送交银行，要求支取现金1 000元。银行审核无误后，办理付款手续。

项目延伸

《人民币银行结算账户管理办法》、《储蓄管理条例》、《中国人民银行关于人民币存贷款计结息问题的通知》等。

项目 5

学习收发贷款业务

● **知识结构图**

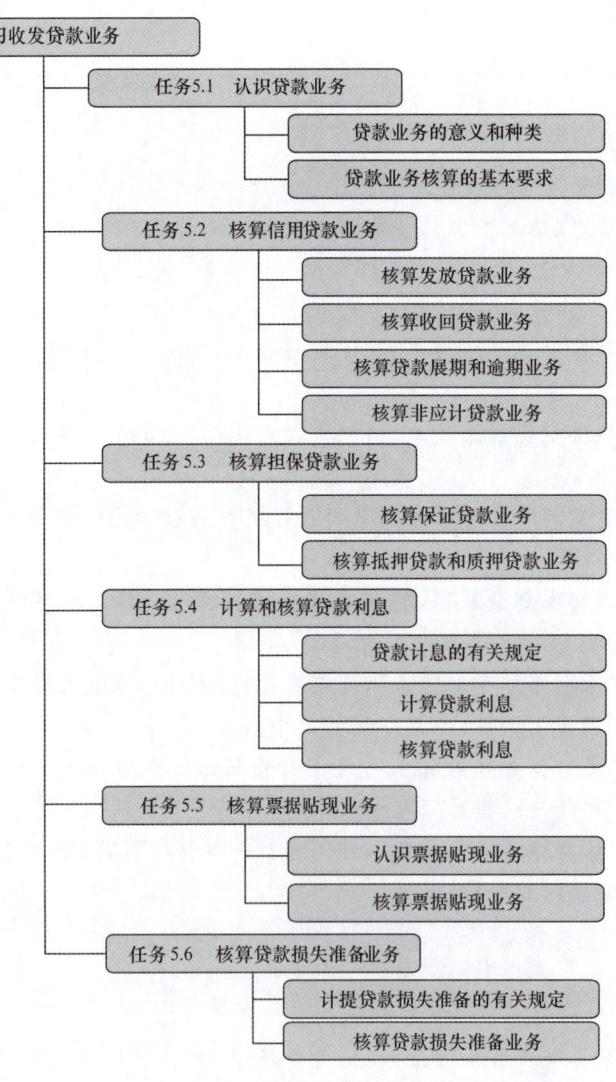

素质目标

1. 培养学生守信、守则意识,严守发放贷款原则;
2. 培养学生风险防范意识,准确识别贷款风险程度;
3. 培养学生责任感意识,严格执行损失贷款的核销手续,防止国有资产流失;
4. 培养学生敬业精神,已核销的损失贷款仍然坚持追收。

知识目标

1. 了解贷款的意义、种类和核算要求;
2. 掌握信用贷款、抵押贷款以及票据贴现的核算;
3. 掌握贷款利息的计算与核算;
4. 熟悉贷款损失准备金的计提与核算。

技能目标

1. 知悉贷款业务的操作程序;
2. 会核算各类贷款的发放与收回;
3. 会计算贷款的利息。

案例导入

甲单位准备投产一种新产品,需要向银行贷款 100 万元。2021 年 10 月 8 日,甲单位派人来到某商业银行信贷部,提出了贷款申请。在贷款申请书中,该单位拟以一幢办公大楼和一辆奥拓小汽车作抵押,办公大楼的账面原价为 150 万元,已累计折旧 30 万元;奥拓汽车账面原价为 25 万元,已累计折旧 10 万元。贷款期限 5 年,到期一次还本付息。商业银行聘请资产评估机构确定该办公大楼和小汽车的现值为 140 万元,按抵押贷款的规定,同意提供贷款 100 万元。双方于 10 月 25 日签订了抵押贷款合同,并于 26 日在相关部门办理了抵押物登记手续,27 日该商业银行向甲单位在该行的存款账户拨付贷款资金 100 万元。

请思考:该商业银行在办理抵押贷款过程中的各种做法是否符合相关规定?

任务 5.1 认识贷款业务

5.1.1 贷款业务的意义和种类

1. 明确贷款业务的意义

贷款又称放款,是商业银行作为贷款人,按照一定的贷款原则和政策,以还本付息为条件,将一定数量的货币资金提供给借款人使用的一种信用活动。贷款业务是商业银行的主要业务之一,也是商业银行资产业务的核心。

2. 划分贷款的种类

商业银行的贷款可以按照不同的标准划分为不同的种类。

(1) 按贷款期限分类

1996 年 6 月 28 日中国人民银行发布的《贷款通则》规定,银行贷款按贷款期限划分为短期贷款、中期贷款和长期贷款。

短期贷款是指贷款期限在1年以内(含1年)的贷款,通常用于工商企业的营运资本、各种偶然性引起的流动资金的需求以及银行间的资金融通。

中期贷款是指贷款期限在1年以上、5年以下(含5年)的贷款,主要用于工商企业的设备更新改造,是中小企业取得固定资本的重要途径,也有很多是个人消费者的贷款。

长期贷款是指贷款期限在5年以上的贷款,主要用于企业各种固定资产的购置,同时也提供给个人消费者,主要用于购买住宅。

(2)按有无担保分类

贷款按有无担保可划分为信用贷款、担保贷款和票据贴现。

信用贷款是指没有担保、仅依据借款人的信用状况发放的贷款。

担保贷款是指由借款人或第三方依法提供担保而发放的贷款。担保贷款包括保证贷款、抵押贷款、质押贷款。

票据贴现是指贷款人以购买借款人未到期商业票据的方式发放的贷款,是贷款的一种特殊方式。票据贴现是在业务发生时即向借款人预扣利息,票据到期后,银行可向票据载明的付款人收取票款。票据贴现实质上是把商业信用转化为银行信用,持票者在资金发生紧缺时即可向银行申请贴现,使原来的债权得以提前实现。银行在办理贴现业务时,应对票据进行严格审核,注意票据的合法性、要式的完整性、承兑人的可靠性和商品交易的真实性等。

(3)按贷款的质量或风险程度分类

按照贷款的质量或风险程度划分,银行贷款一般分为正常类贷款、关注类贷款、次级类贷款、可疑类贷款和损失类贷款五类,称之为五级分类法。其中,后三类属于不良贷款。

正常类贷款是指借款人能够履行合同,有充分把握按时足额偿还本息的贷款。

关注类贷款是指尽管借款人目前有能力偿还贷款本息,但存在一些可能对偿还产生不利影响因素的贷款。

次级类贷款是指借款人的还款能力出现明显问题,其正常营业收入无法足额偿还贷款本息的贷款。

可疑类贷款是指借款人无法足额偿还贷款本息,即使执行担保,也肯定要造成较大损失的贷款。

损失类贷款是指在采取所有可能的措施或一切必要的法律程序之后,本息仍然无法收回,或只能收回极少部分的贷款。

(4)按照贷款的自主程度分类

按照贷款的自主程度不同,银行贷款可分为自营贷款、委托贷款和特定贷款。

自营贷款是指商业银行以合法方式筹集的资金自主发放的贷款,其风险由商业银行自行承担,并由商业银行收取本金和利息。

委托贷款是指由委托人(企业单位或个人)提供资金,由受托人(银行)根据委托人指定的贷款对象、用途、金额、期限和利率代为发放的贷款。商业银行负有监督贷款使用并协助委托人收回贷款的义务,贷款风险由委托人承担,商业银行(贷款人)只收取手续费,不得代垫资金。

特定贷款是指经国务院批准并对贷款可能造成的损失采取相应补救措施后责成国有独资商业银行发放的贷款。此类贷款具有政策性贷款的性质,但又不属于政策性贷款,如扶贫救灾贷款。

(5) 按贷款本金或利息逾期是否超过一定天数分类

按贷款本金或利息是否逾期超过一定天数,银行贷款可划分为非应计贷款和应计贷款。

非应计贷款是指贷款本金或利息逾期90天没有收回的贷款。

应计贷款是指非应计贷款以外的贷款。

(6) 按贷款的对象分类

按贷款对象不同,银行贷款可分为单位贷款和个人贷款。

单位贷款是银行向企事业单位及机关、团体等经济组织发放的贷款。具体分为流动资金贷款、固定资金贷款、贸易融资和综合授信等信贷品种。

个人贷款是银行向消费者个人发放的贷款,是近年来商业银行大力推行的贷款品种。目前个人贷款业务的主要品种有个人住房贷款、个人消费贷款和助学贷款等。

5.1.2 贷款业务核算的基本要求

商业银行发放贷款主要遵循安全性、流动性和营利性的原则。在进行贷款核算,尤其是中长期贷款核算时,主要应遵循以下四个"分别核算"的原则:

1. 分别核算本息

商业银行发放的中长期贷款,应当按照实际贷出的贷款金额入账。期末,应当按照贷款本金和适用的利率计算应收取的利息,并分别对贷款本金和利息进行核算。

2. 分别核算商业性贷款与政策性贷款

由于政策性贷款的发放与国家相关政策导向有密切相关性,而且政策性贷款在利率上也通常具有一定的优惠,所以,商业银行应将商业性贷款与政策性贷款分别核算。

3. 分别核算自营贷款与委托贷款

自营贷款是商业银行的主要资产业务,贷款的发放、利息的计算与收取、本金的收回以及贷款逾期等各环节都需进行核算;而委托贷款属于银行的代理业务,银行只收取手续费,因而只需要确认手续费收入。

4. 分别核算应计贷款和非应计贷款

非应计贷款是指贷款本金或利息逾期90天没有收回的贷款,应计贷款是指非应计贷款以外的贷款。当贷款的本金或利息逾期90天时,应单独核算。当应计贷款转为非应计贷款时,应将已入账的利息收入和应收利息予以冲销。从应计贷款转为非应计贷款后,在收到该笔贷款的还款时,首先应冲减本金,本金全部收回后,再收到的还款才确认为当期利息收入。

思考题
贷款按风险程度可分为哪几种?

任务 5.2 核算信用贷款业务

信用贷款是商业银行仅凭借款人的信誉而发放的贷款,是银行的高风险贷款,其风险权重被确认为100%。商业银行应当在保证资产安全的前提下,审慎地发放信用贷款。

信用贷款多采用逐笔核贷方式发放,即银行根据借款人提出的申请,逐笔申请立据,逐笔审核,约定期限,一次贷放,一次或分次归还贷款,按照规定利率计收利息。

5.2.1 核算发放贷款的业务

1. 设置贷款核算的账户

应设置"贷款"科目进行核算;也可直接设置"短期贷款"和"中长期贷款"科目,分别核算商业银行发放的短期贷款和中、长期贷款,并按客户进行明细核算。下面的核算均按后一种办法设置账户。

2. 发放贷款的处理

(1)开立贷款账户

借款人与银行签订借款合同。商业银行信贷部门填制一式两联的"开立贷款账户通知书",通知会计部门开户。

(2)核算贷款发放的业务

借款人应填制一式五联的"借款凭证"(见表5-1)。第一联为回单联,代收账通知;第二联为借方凭证;第三联为贷方凭证;第四联借据联代分户卡片;第五联为到期卡,退业务部门留存。借款人在第一联借款凭证上加盖预留银行的印鉴,经信贷部门审查签章和有权批准人审批,然后将申请书和借款凭证一并送交银行会计部门凭以办理贷款发放手续。

表5-1　　　　　　　　　××银行(　　贷款)借款凭证

年　月　日

借款单位	名称	同右	借款单位	名称	
	放款户账号			往来户账号	
	开户银行			开户银行	
借款期限(最后还款日)			借款计划指标		
借款申请金额	人民币(大写)			千百十万千百十元角分	
借款原因及用途			银行核定金额	千百十万千百十元角分	

期限	计划还款日期	计划还款金额	银行审批		
1					
2			负责人　　信贷部门主管　　信贷员		
3					
4					
兹根据你行贷款办法规定,申请办理上述借款。请核定贷给　　此致　　××商业银行(借款单位预留往来户印鉴)			会计分录:　(借):　　对方科目:(贷)　会计　　复核　　记账		

会计部门收到借款凭证。审核无误后,编制一联特种转账借方传票和两联特种转账贷方传票,办理转账。

会计分录如下:

借:短期贷款(或中长期贷款)——××借款单位贷款户(合同本金)
　　贷:吸收存款——活期存款——××借款单位存款户(实际支付金额)
　　　　手续费收入

【例 5-1】 20×1 年 8 月 24 日,交通银行宜洲支行根据开户单位安琪儿公司的申请,向其发放 2 年期一次还本付息的信用贷款,合同本金 1 000 万元,年利率 5%,按季预提利息,一次性按本金的 2.5% 扣除手续费。(注:会计分录以万元为计量单位。)

手续费＝1 000×2.5%＝25(万元)
实际发放贷款额＝1 000－25＝975(万元)
发放贷款时的会计分录如下:
借:中长期贷款——安琪儿公司　　　　　　　　　　　　1 000
　贷:吸收存款——活期存款——安琪儿公司　　　　　　　　　975
　　　手续费收入　　　　　　　　　　　　　　　　　　　　　 25

5.2.2 核算收回贷款业务

银行会计部门在贷款即将到期时,与信贷部门联系,通常提前 3 天通知借款单位准备还款资金,以便贷款到期时按期还款。收回贷款的核算主要分为以下两种情况:

1. 贷款到期,借款单位主动归还贷款

借款单位主动归还贷款时,应签发转账支票及填制一式四联的还款凭证送开户银行,办理还款手续。还款凭证的格式如表 5-2 所示。

表 5-2　　　　　　　　　(贷款)还款凭证(借方凭证)　①
　　　　　　　　　　　　　　　日期:　　年　　月　　日

原借款凭证:														
单位编号:				原借款凭证银行编号:										
付款人	名称		同右	借款人	名称									
	往来户账号				放款户账号									
	开户银行				开户银行									
计划还款日期	年　月　日			还款次序			第　　　次还款							
偿还金额	人民币(大写)			千	百	十	万	千	百	十	元	角	分	
还款内容														
由借款人往来户账户内转还上述借款。				会计分录:										
				(借):										
(借款单位预留往来户印鉴)				对方科目:(贷)										
(银行主动还款时免盖)				会计　　　复核　　　记账										

银行会计部门收到借款人提交的加盖银行预留印鉴的还款凭证并审查无误后,抽出贷款借据,核对支票印鉴,查看单位存款账户是否有足够的余额。经核对无误后,以转账支票代替转账借方传票,以第一联还款凭证作其附件;以第二联还款凭证代替转账贷方传票;第三联还款凭证转交信贷部门核销原放款记录;第四联还款凭证加盖转讫章后作为回单还给借款人作为归还贷款的依据。会计分录为:

借:吸收存款——活期存款——××借款单位存款户
　贷:应收利息
　　　短期贷款(或中长期贷款)——××借款单位贷款户

【例 5-2】 沿用【例 5-1】的资料,20×3 年 8 月 23 日,交通银行宜洲支行收到安琪儿公司签发的转账支票一张以及填制的还款凭证,经核对无误后,办理转账。以万元为单位编制会计分录如下:

  借:吸收存款——活期存款——安琪儿公司   1 100
    贷:应收利息   100
      中长期贷款——安琪儿公司   1 000

  备注:利息的计算和核算参见任务四"计算和核算贷款利息",下同。

2. 贷款到期,银行主动扣收

  借款人事先与贷款银行有约定的,或到期日借款人未主动归还的,或已逾期的贷款,在借款人存款账户有足够余额时,会计部门可及时与信贷部门联系,征得同意后,由信贷部填制"贷款收回通知单",加盖信贷部门业务公章送交会计部门,会计部门凭以填制四联特种转账传票办理贷款收回手续。其中一联特种转账借方传票作付款通知,其余三联作为记账凭证。如果利息是按季定期计收的,收回贷款时,不办理利息转账,可少填一联特种转账贷方传票。经银行会计部门审核并与专夹保管的借据核对无误后办理转账,其会计分录同上。

5.2.3 核算贷款展期和逾期业务

1. 处理贷款展期业务

  贷款展期是指贷款即将到期时,借款人无力归还而向贷款银行申请并经银行信贷部门批准延长贷款期限的事项。根据《贷款通则》的规定:"不能按期归还贷款的,借款人应当在贷款到期日之前,向贷款人申请贷款展期。是否展期由贷款人决定。"短期贷款展期必须在到期日的 10 天前、中长期贷款展期必须在到期日的 1 个月前,由借款人向银行提出贷款展期申请。

  会计部门审核无误后,在贷款分户账及到期卡上批注展期日期、展期还款利率。每笔贷款只限展期一次。短期贷款展期期限不得超过原贷款的期限;中期贷款展期期限不得超过原贷款期限的一半;长期贷款的展期期限不得超过 3 年。贷款展期后期限累计计算,贷款的展期期限加上原期限达到新的利率期限档次时,从展期之日起,贷款利息按新的期限档次利率计收;未达到新的利率期限档次时,展期期间利息按原期限档次利率计收。贷款展期不需要办理转账手续。

2. 核算贷款逾期业务

  贷款到期借款单位事先未向银行申请办理展期手续,或申请展期未获得批准,或者已经办理展期,但展期已到期而未能归还的贷款,即作为逾期贷款。银行会计部门应于贷款到期日(含展期到期日)营业终了时,将贷款转入"逾期贷款"账户。其会计分录为:

  借:逾期贷款——××借款单位逾期贷款户
    贷:短期(或中长期)贷款——××借款单位贷款户

  逾期贷款从逾期之日起,按罚息利率计收罚息,直到清偿本息为止,发生罚息利率调整情况则分段计息。待借款单位的存款户有资金时,银行应按规定的扣款顺序,一次或分次扣收逾期贷款。扣收时,由银行填制特种转账借、贷方传票办理转账。会计分录为:

借：吸收存款——活期存款——××借款单位存款户
　　贷：逾期贷款——××借款单位逾期贷款户
　　　　应收利息

【例 5-3】 沿用【例 5-1】的资料，假设宜洲支行按季计提该笔贷款的利息，逾期贷款的罚息率为每天万分之五。20×3 年 8 月 23 日营业终了时，安琪儿公司未归还所借贷款，其存款账户上也无款可扣。直到 20×3 年 10 月 20 日，安琪儿公司存款账户有足够的资金，宜洲支行进行了一次性扣收。则宜洲支行会计部门应编制如下会计分录（以万元为单位）：

20×3 年 8 月 23 日办理转账：
借：逾期贷款——安琪儿公司　　　　　　　　　　　　　　　　1 000
　　贷：中长期贷款——安琪儿公司　　　　　　　　　　　　　　1 000
20×3 年 10 月 20 日扣收贷款本息：
借：吸收存款——活期存款——安琪儿公司　　　　　　　　　　1 129
　　贷：逾期贷款——安琪儿公司　　　　　　　　　　　　　　1 000
　　　　应收利息　　　　　　　　　　　　　　　　　　　　　114
　　　　利息收入　　　　　　　　　　　　　　　　　　　　　15

5.2.4　核算非应计贷款业务

非应计贷款是指贷款或利息逾期 90 天没有收回的贷款。按现行会计制度规定，当贷款本金或利息逾期 90 天仍未收回，应转入"非应计贷款"账户单独核算。会计分录为：
借：非应计贷款——××借款单位非应计贷款户
　　贷：逾期贷款——××借款单位逾期贷款户

同时停止计提该类贷款的应计利息，将已经计提尚未收回的利息予以对冲，并纳入表外核算。会计分录为：
借：利息收入
　　贷：应收利息

进行表外核算：
收入：应收未收利息——××借款单位户

非应计贷款以后收回时，应先确认本金收回，超过部分才确认为利息收入。会计分录为：
借：吸收存款——活期存款——××借款单位存款户
　　贷：非应计贷款——××借款单位逾期贷款户
　　　　利息收入

同时销记录表外科目：
付出：应收未收利息——××借款单位户

【例 5-4】 沿用【例 5-1】和【例 5-3】的资料，假定安琪儿公司直到 20×3 年 12 月 20 日才归还全部贷款本息，则银行会计部门应作如下会计分录（以万元为单位）：
20×3 年 11 月 22 日，该笔贷款逾期 90 天时：
借：非应计贷款——安琪儿公司　　　　　　　　　　　　　　　1 000
　　贷：逾期贷款——安琪儿公司　　　　　　　　　　　　　　1 000

同时转销已计提的利息：
借：利息收入　　　　　　　　　　　　　　　　　　　　114
　　贷：应收利息　　　　　　　　　　　　　　　　　　　　　114
进行表外核算：
收入：应收未收利息——安琪儿公司　　　　　　　　　　　114
20×3年12月20日扣收全部贷款本息时：
借：吸收存款——活期存款——安琪儿公司　　　　　　　1 159.5
　　贷：非应计贷款——安琪儿公司　　　　　　　　　　　1 000
　　　　利息收入　　　　　　　　　　　　　　　　　　　159.5
同时进行表外核算：
付出：应收未收利息——安琪儿公司　　　　　　　　　　　114

【例5-5】 20×3年1月1日，交通银行宜洲支行根据本市正光公司的申请，向其发放2 000万元流动资金贷款，期限1年，利率3.6%，按季付息，到期还本。正光公司在按期支付了第一季度的利息后，就无款可付，陷入财务困难。则宜洲支行相关的会计处理如下（以万元为计量单位）：

20×3年1月1日发放贷款时：
借：短期贷款——正光公司　　　　　　　　　　　　　　2 000
　　贷：吸收存款——活期存款——正光公司　　　　　　　2 000
20×3年3月20日计收利息时：
应收利息＝2 000×79×3.6%÷360＝15.8（万元）
借：应收利息　　　　　　　　　　　　　　　　　　　　15.8
　　贷：利息收入　　　　　　　　　　　　　　　　　　　15.8
借：吸收存款——活期存款——正光公司　　　　　　　　15.8
　　贷：应收利息　　　　　　　　　　　　　　　　　　　15.8
20×3年6月20日计收利息时：
应收利息＝2 000×92×3.6%÷360＝18.4（万元）
借：应收利息　　　　　　　　　　　　　　　　　　　　18.4
　　贷：利息收入　　　　　　　　　　　　　　　　　　　18.4
20×3年9月18日，应收利息18.4万元逾期90天时：
借：非应计贷款——正光公司　　　　　　　　　　　　　2 000
　　贷：短期贷款——正光公司　　　　　　　　　　　　　2 000
同时作账务处理：
借：利息收入　　　　　　　　　　　　　　　　　　　　18.4
　　贷：应收利息　　　　　　　　　　　　　　　　　　　18.4
进行表外核算：
收入：应收未收利息——正光公司　　　　　　　　　　　18.4

思考题
贷款展期有哪些规定？

任务5.3 核算担保贷款业务

担保贷款是指银行为确保贷款按期收回,要求借款人或第三人提供一定的财产或资信而发放的贷款。按照担保方式的不同,担保贷款可分为保证贷款、抵押贷款、质押贷款。

5.3.1 核算保证贷款的业务

保证贷款是指以第三人承诺在借款人不能偿还贷款时,按约定承担一般保证责任或者连带责任而发放的贷款。

保证贷款是以保证人的信用作为担保,未涉及任何特定财产的抵押,因此,严格意义上说,保证贷款仍属于信用贷款,其会计核算参照信用贷款的核算办法。

保证贷款到期不能归还时,商业银行可根据保证合同的约定,向保证人收取款项以抵偿贷款。

5.3.2 核算抵押贷款和质押贷款业务

1. 核算抵押贷款业务

抵押贷款是指以借款人或第三人的财产作为抵押物而发放的贷款。商业银行设置"抵押贷款"科目进行核算。"抵押贷款"是资产类账户,用以核算银行通过抵押方式而贷出的款项,该账户应按贷款单位设置明细分类账户。

抵押贷款的特征是不转移抵押物的占有,抵押物无论在名义上还是实际上都归抵押人所有。当借款人在借款合同到期不能履行债务时,银行有权以该抵押物折价或者以拍卖、变卖该抵押物的价款优先受偿。因此,抵押贷款相对信用贷款来说更为安全。商业银行在发放抵押贷款时应对抵押物的合法性进行审核,对它的价值进行正确评估,并且通过对借款人资产状况、信誉、抵押物的种类及价格变化趋势的分析,确定合适的抵押贷款率。抵押率通常掌握在50%~70%的幅度,即抵押贷款的发放金额一般为抵押品现值的50%~70%。

抵押贷款一般采取逐笔核贷的贷款核算方式。

(1)核算抵押贷款发放业务

借款人申请抵押贷款时,应当填写"抵押(质押)贷款申请书",注明抵押物的名称、数量、价格、质量等,同时提供抵押物(质物)清单及有权处分人同意抵押的证明。经银行信贷部门审批后,与借款人签订"抵押借款合同",并办理相应登记手续。有的情况下,借款人还应将抵押品的产权证明及有关契约单证移交银行,例如以房屋或土地使用权抵押的情况。

银行会计部门收到信贷部门移交的抵押借款合同和相关资料,审查无误后,据借款人填制的借款凭证,办理贷款的发放手续,其会计分录为:

借:抵押贷款——××借款单位贷款户
　　贷:吸收存款——活期存款——××借款单位存款户

同时签发"抵押品代保管凭证"一式两联,一联作为代保管收据交借款人,另一联由银行会计部门留存,并据以登记"贷款抵押品登记簿"。

银行会计部门对代保管的抵押(质押)品,按企业及财产类别设置明细账户,并使用表外科目核算,其会计分录为:

收入:代保管有价值品——××借款单位户——××财产

(2)核算抵押贷款收回业务

抵押贷款到期收回本息的核算,与信用贷款到期收回的核算基本一致。由借款人主动签发支票归还,或由银行填制特种转账借、贷方传票扣收,其会计分录为:

借:吸收存款——活期存款——××借款单位存款户
  贷:抵押贷款——××借款单位贷款户
    利息收入

然后,根据信贷部门书面通知办理抵押物退还手续,销记表外科目并销记"贷款抵押品登记簿",其会计分录为:

付出:代保管有价值品——××借款单位户——××财产

(3)核算抵押贷款逾期业务

抵押贷款到期,如果借款单位不能按期归还,银行应将抵押物从"代保管有价值品"表外科目转入到"待处理抵押(质押)品"表外科目核算,其贷款转入"逾期贷款"账户,并按规定计收罚息,其会计分录为:

借:逾期贷款——××借款单位逾期贷款户
  贷:抵押贷款——××借款单位贷款户

付出:代保管有价值品——××借款单位户——××财产
收入:待处理抵押(质押)品——××借款单位户——××财产

如出现下列情形之一的,银行有权依法处理抵押品,并从所得价款收入中优先收回本息,或以该抵押物折价冲抵贷款本息:借款合同履行期满,借款人未按期偿还贷款本息,又未同银行签订贷款展期协议或申请展期未经批准的;抵押期间,借款人死亡、无继承人或受遗赠人的;借款人的继承人拒绝偿还贷款本息或继承人放弃继承的;借款人被解散、宣布破产或依法撤销的;其他可以依法处分抵押物的情形。

债务履行期届满抵押权人未受清偿的,可以与抵押人协议以抵押物折价或者以拍卖、变卖该抵押物所得的价款优先受偿;协议不成的,抵押权人可以请求人民法院拍卖、变卖抵押财产,从所得价款中优先受偿。

①以抵押物折价入账

将抵押物折价入账时,应按未收回的抵押贷款本金、已确认的表内利息和取得抵押物支付的相关税费作为抵押财产的入账价值,其会计分录为:

借:固定资产
  贷:逾期贷款——××借款单位逾期贷款户
    应收利息
    存放中央银行款项

②拍卖、变卖抵押财产

若拍卖或变卖所得净收入高于贷款本息之和,其差额归抵押人所有,其会计分录为:

借:库存现金(或××存款)
　　　　贷:逾期贷款——××借款单位逾期贷款户
　　　　　　应收利息
　　　　　　其他应付款——××抵押人
　　若拍卖或变卖所得净收入不足以抵偿贷款本息及处理费用,债务人应将其他资产拍卖或变卖以偿还贷款本息,但抵押权人(银行)不再享有优先受偿权。抵押人如果为第三人而非债务人,抵押人不负责清偿剩余未清偿贷款本息,而只能由债务人承担。
　　如果债务人拍卖或变卖其他财产之后仍然无法清偿债务,对于符合规定的低于贷款本金的部分,从贷款损失准备中核销,应收利息从坏账准备中核销,其会计分录为：
　　借:库存现金(或××存款)
　　　　贷款损失准备
　　　　贷:逾期贷款——××借款单位逾期贷款户
　　同时作账务处理：
　　借:坏账准备
　　　　贷:应收利息
　　净收入高于贷款本金,但低于贷款本息之和时,则拍卖所得金额在全额补偿贷款本金和部分应收利息后,利息不足偿还部分从坏账准备中核销,其会计分录为：
　　借:库存现金(或××存款)
　　　　坏账准备
　　　　贷:逾期贷款——××借款单位逾期贷款户
　　　　　　应收利息

2. 核算质押贷款业务

　　质押贷款是指以借款人或第三人的动产或权利作为质押物发放的贷款。
　　质押又可分为动产质押和权利质押。动产包括车辆、船舶、航空器、商品、货物、机器设备等。权利包括汇票、支票、本票、债券、存单、仓单、提单,依法可以转让的股份或股票,依法可以转让的商标专用权、专利权、著作权中的财产权。质押贷款与抵押贷款的区别在于,质押贷款涉及质物的转移占用,即银行必须占有质物,而出质人(借款人)保留财产所有权。不论办理质押贷款的是单位还是个人,银行均应严格按照贷款操作程序办理。对质押贷款的质物应进行调查,严防虚假或已办理挂失的存单质押,同时应妥善保管质物。
　　质押贷款的会计核算可参照抵押贷款的做法。

思考题

担保贷款包括哪几种类型？

任务 5.4　计算和核算贷款利息

5.4.1　贷款计息的有关规定

1. 短期贷款计息规定

　　短期贷款按合同签订日银行挂牌利率计息,借款合同期内,遇利率调整不分段计息。

可以每季结息一次,结息日为每季末月20日;可以每月结息一次,结息日为每月20日。计算的利息计入当期损益。

对贷款期内不能按期支付的利息,按贷款合同利率按季或按月计收复利,贷款逾期后改按罚息利率计收复利。最后一笔贷款清偿时,利随本清。

2. 中长期贷款计息规定

中长期贷款利率按照借款合同约定的期限、以合同生效日银行挂牌利率相应档次的利率计算利息。根据中国人民银行2003年12月10日发布的《关于人民币贷款利率有关问题的通知》,人民币中长期贷款利率由原来的一年一定,改为由借贷双方按商业原则确定,可在合同期间按月、按季、按年调整,也可采用固定利率的确定方式。5年期以上档次的贷款利率,由金融机构参照中国人民银行公布的5年期以上贷款利率自主确定。

根据中国人民银行1999年3月2日颁布的《人民币利率管理规定》,中长期贷款按季结息,每季度末月20日为结息日,下一个工作日营业开始时列账,计算的利息计入当期损益。对贷款期内不能按期支付的利息按合同利率按季计收复利,贷款逾期后改按罚息利率计收复利。

3. 贷款展期计息规定

贷款展期期限应累计计算,累计期限达到新的利率期限档次时,自展期之日期起,按展期日挂牌的同档次利率计息;达不到新的利率期限档次时,按展期日的原档次利率计息。

4. 贷款提前归还计息规定

借款人提前偿还贷款也是一种违约行为,贷款人有权要求借款人予以补偿。因此,《人民币利率管理规定》第二十六条明确规定:借款人提前偿还贷款,贷款人有权按原借款合同向借款人收取利息。这就是说,如果借款人提前归还贷款,贷款人有权要求借款人除支付按照实际贷款期限计算的利息外,再给予一定的补偿,补偿金额不超过提前还款日至借款合同到期日之间应付的利息。当然,如果借贷双方签订借款合同时,对提前还款问题的处理已另有约定的,按借款合同执行。

5. 贷款逾期计息规定

逾期贷款从逾期之日起,按罚息利率计收罚息,罚息利率在借款合同载明的贷款利率水平上加收30%~50%;借款人未按合同约定用途使用借款的罚息利率,由现行按万分之五计收利息,改为在借款合同载明的贷款利率水平上加收50%~100%。对逾期或未按合同约定用途使用借款的贷款,从逾期或未按合同约定用途使用贷款之日起,按罚息利率计收利息,直至清偿为止。对不能按时支付的利息,按罚息利率计收复利。

贷款逾期90天后尚未收回的,其应计利息停止计入当期利息收入,纳入表外核算;已计提的贷款应收利息,在贷款本金逾期90天仍未收回的,或在应收利息逾期90天后仍未收到的,冲减原已计入损益的利息收入,转作表外核算。

6. 贷款到期日为节假日的利息计算

贷款到期日为节假日的,如在节假日前一日归还,应扣除归还日至到期日按合同利率计算的利息;节假日后第一个工作日归还,应加收到期日至归还日按合同利率计算的利息;节假日后第一个工作日未归还,应从节假日后第一个工作日按照逾期贷款利率计息。

5.4.2 计算贷款利息

1. 计算单位贷款利息的方法

单位贷款利息的计息有定期结息和利随本清两种方法,通常采用定期结息方式。

(1) 定期结息

定期结息是指按规定的结息期(一般为每季末月 20 日或每月 20 日)结计利息的方法。一般采用积数计息法,即通过计息余额表或分户账账页计算出累计计息积数,再乘以日利率,即可计算出当期的利息。计算公式为

$$利息 = 累计计息积数 \times 日利率$$

$$累计计息积数 = 贷款本金 \times 结息期的实际天数$$

或

$$累计计息积数 = 结息期内每日贷款余额之和$$

贷款到期日按对年对月对日确定。贷款结息期从贷出的那一天算起,至还款的前一天止,按日历天数计算,全年按 365 天或 366 天计算。按季(或按月)结息时,每季(或每月)的实际天数为上季末月 21 日(或上月 21 日)至本季末月(或本月)20 日的日历天数,算头算尾。但至到期日或还款日的实际天数计算则算头不算尾。

利率换算时,全年按 360 天、每月按 30 天计算,即

$$日利率 = 年利率 \div 360$$
$$= 月利率 \div 30$$

【例 5-6】 交通银行宜洲支行于 20×3 年 7 月 3 日向新发企业发放一笔短期贷款,金额 30 万元,期限 3 个月,月利率为 3‰,按季结息,到期还本。假设该企业直到 10 月 15 日才归还贷款本息,逾期贷款的月罚息率为 6‰。计算该笔贷款的应计利息。

9 月 20 日结息日应计利息 = 300 000 × 80 × 3‰ ÷ 30 = 2 400(元)

10 月 3 日到期日应计利息 = (300 000 + 2 400) × 12 × 3‰ ÷ 30 = 362.88(元)

10 月 15 日应计逾期罚息 = (300 000 + 2 400 + 362.88) × 12 × 6‰ ÷ 30 = 726.63(元)

该笔贷款利息和 = 2 400 + 362.88 + 726.63 = 3 489.51(元)

(2) 利随本清

利随本清又称为逐笔计息,即每一笔贷款到期时,利息随本金同时归还,即通常所说的到期一次还本付息。计息期为放款之日起至还款之日的前一天止的实际天数。具体有以下三种情形:

计息期为整年(月)的,计息公式为

$$利息 = 本金 \times 年(月)数 \times 年(月)利率$$

计息期有整年(月)又有零头天数的,计息公式为

$$利息 = 本金 \times 年(月)数 \times 年(月)利率 + 本金 \times 零头天数 \times 日利率$$

同时,银行可选择将计息期全部化为实际天数计算利息,即每年为 365 天(闰年 366 天),每月为当月公历实际天数,计息公式为

$$利息 = 本金 \times 实际天数 \times 日利率$$

【例 5-7】 沿用【例 5-6】的资料,假设借款合同规定,贷款到期一次还本付息,其他条

件不变,则该笔贷款的应计利息为多少?

9月20日结息日应计利息 = 300 000 × 80 × 3‰ ÷ 30 = 2 400(元)

10月3日到期日应计利息 = 300 000 × 12 × 3‰ ÷ 30 = 360(元)

10月15日应计逾期罚息 = (300 000 + 2 400 + 360) × 12 × 6‰ ÷ 30 = 726.62(元)

该笔贷款利息和 = 2 400 + 360 + 726.62 = 3 486.62(元)

上述计算可直接采用第三个公式计算:

利息 = 300 000 × 92 × 3‰ ÷ 30 + (300 000 + 300 000 × 92 × 3‰ ÷ 30) × 12 × 6‰ ÷ 30
    = 3 486.62(元)

如采用第二个公式计算,则

利息 = 300 000 × 3 × 3‰ + (300 000 + 300 000 × 3 × 3‰) × 12 × 6‰ ÷ 30
    = 3 426.48(元)

计算结果的差异是由每月的会计天数(30天)与日历天数(实际天数)不同造成的。

2. 计算个人贷款利息的方法

个人贷款利息的计算方法除了利随本清和定期结息外,还针对按揭贷款规定了以下两种方法:

(1)等额本息还款法

等额本息还款法又称等额法,是指在贷款期内借款人每月以相等的额度平均偿还贷款本息。即把按揭贷款的本金总额与利息总额相加,然后平均分摊到还款期限的每个月中,每个月的还款额是固定的,但每月还款额中的本金比重逐月递增、利息比重逐月递减。这种方法是目前最为普遍,也是大部分银行长期推荐的方式。其特点是银行从每月的还款额中,先收剩余本金利息,后收本金。所以,在月还款额中,利息比例逐渐下降,而本金比例逐渐升高。

在等额法中,每月贷款利息按月初剩余贷款本金计算并逐月结清。计算公式为

$$每月还款额 = 贷款本金 \times 月利率 \times (1+月利率)^{还款总月数} \div [(1+月利率)^{还款总月数} - 1]$$

其中,

$$月偿还利息 = 月初剩余本金 \times 贷款月利率$$

$$每月偿还本金 = 每月还款额 - 当月偿还利息$$

实际工作中,一般采用电脑软件计算。只需输入贷款本金(元)、期限(年数)、利率(年利率)和还款月数,即可自动计算出贷款期内每月的还款额及其中包含的本金和利息。

【例5-8】 交通银行宜洲支行于20×3年8月向储户张某发放20年期个人按揭住房贷款,贷款总额30万元,年利率6.4%,双方在借款合同中约定采用等额本息还款法按月偿还。

每月还款额 = $300 000 \times 6.4\% \div 12 \times (1+6.4\% \div 12)^{20 \times 12} \div [(1+6.4\% \div 12)^{20 \times 12} - 1]$
         = 2 219.09(元)

在第一个月还款额中,

利息 = 300 000 × 6.4% ÷ 12 = 1 600(元)

本金 = 2 219.09 − 1 600 = 619.09(元)

在第二个月还款额中,

利息＝(300 000－619.09)×6.4%÷12＝1 596.70(元)

本金＝2 219.09－1 596.70＝622.39(元)

可见,每月还款额中,利息逐月减少,本金逐月增加,每月还款额相等。

(2)等额本金还款法

等额本金还款法又称递减法,在这种计算方法中,借款人每月按相等的金额(贷款金额/贷款月数)偿还贷款本金,每月贷款利息按月初剩余贷款本金计算并逐月结清,两者合计即为每月的还款额。初期由于本金较多,将支付较多的利息,从而使还款额在初期较多;而在随后的时间每月递减,这种方式的好处是,由于在初期偿还较大款项而减少利息的支出,比较适合还款能力较强的家庭。计算公式为

每月还款额＝贷款本金总额÷贷款期总月数＋(贷款本金总额－
已还累计本金)×月利率

其中,

每月偿还本金＝贷款本金总额÷贷款期总月数

每月偿还利息＝(贷款本金总额－已还累计本金)×月利率

【例 5-9】 仍以【例 5-8】的资料为例,假定借贷双方约定采用等额本金还款法偿还,则:

首月还款额＝300 000÷(20×12)＋(300 000－0)×6.4%÷12＝2 850(元)

其中,本金＝300 000÷(20×12)＝1 250(元)

利息＝(300 000－0)×6.4%÷12＝1 600(元)

第二个月还款额＝300 000÷(20×12)＋(300 000－1 250)×6.4%÷12＝2 843.33(元)

其中,本金＝1 250(元)

利息＝(300 000－1 250)×6.4%÷12＝1 593.33(元)

可见,每月偿还本金相同,而利息逐月减少,因此月还款额逐月减少。

5.4.3　核算贷款利息

商业银行应设置"应收利息"这一资产类科目,核算发放贷款资金等生息资产当期应收的利息收入。本科目期末为借方余额,反映银行表内核算的已计提但尚未收回的贷款利息等。同时还应设置"利息收入"损益类科目,核算发放贷款等生息资产当期实现的利息收入,本科目期末结转"本年利润"后无余额。

按期计提贷款应收利息时,商业银行编制"贷款利息清单"(见表 5-3)一式三联,直接从借款单位存款账户中扣收。会计分录如下:

当期计提利息:

借:应收利息——××贷款——××借款单位贷款户

　　贷:利息收入

收到利息:

借:吸收存款——活期存款——××借款单位存款户

　　贷:应收利息——××贷款——××借款单位贷款户

当期未收到利息时,以第一个分录挂账,以后收到利息的会计分录与第二个分录相同。

表 5-3 中国××银行贷款利息清单

账别：　　　　　　　　　　　年　月　日　　　　　　　第　页 共　页

序号	账号	户名	天数	积数	利率	付息账号	金额
		合　计					

科目(借)
对方科目(贷)

(银行盖章)

【例 5-10】 以【例 5-6】的资料为例说明单位贷款利息的核算方法。

9月20日计提利息：

借：应收利息——短期贷款——新发企业　　　　　　　　　　2 400.00
　　贷：利息收入　　　　　　　　　　　　　　　　　　　　2 400.00

10月3日计算利息入账：

借：应收利息——短期贷款——新发企业　　　　　　　　　　362.88
　　贷：利息收入　　　　　　　　　　　　　　　　　　　　362.88

10月15日收回本息：

借：吸收存款——活期存款——新发企业　　　　　　　　　　303 489.51
　　贷：短期贷款——新发企业　　　　　　　　　　　　　　300 000.00
　　　　应收利息——短期贷款——新发企业　　　　　　　　2 762.88
　　　　利息收入　　　　　　　　　　　　　　　　　　　　726.63

【例 5-11】 以【例 5-8】的资料为例，假设张某与银行签订了自动扣收协议，每月20日银行从张某的个人储蓄存款账户中自动扣收。则个人贷款利息的核算方法为：

第一个月扣收本息时：

借：吸收存款——活期储蓄存款——张某　　　　　　　　　　2 219.09
　　贷：抵押贷款——张某　　　　　　　　　　　　　　　　619.09
　　　　利息收入　　　　　　　　　　　　　　　　　　　　1 600.00

第二个月扣收本息时：

借：吸收存款——活期储蓄存款——张某　　　　　　　　　　2 219.09
　　贷：抵押贷款——张某　　　　　　　　　　　　　　　　622.39
　　　　利息收入　　　　　　　　　　　　　　　　　　　　1 596.70

思考题
1. 贷款计息有哪些规定？
2. 贷款计息的方法有哪些？计息天数如何确定？

任务 5.5　核算票据贴现业务

票据贴现是指商业汇票的持票人在商业汇票到期前因急需资金，将商业汇票经过背书后转让给银行，银行在扣除自贴现日至票据到期日的贴息后，将差额付给持票人的一种信用活动。可见，票据贴现既是一种票据转让行为，又是银行的一种授信方式。《贷款通则》第九条规定，"贴现是指贷款人以购买借款人未到期商业票据的方式发放的贷款"。因此，贴现也是商业银行的一项资产业务。商业承兑汇票贴现的程序如图 5-1 所示。

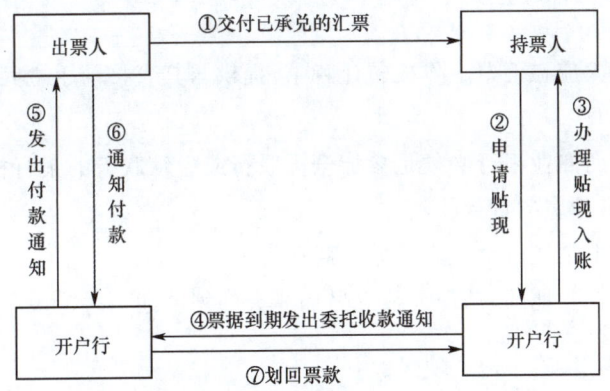

图 5-1　商业承兑汇票贴现程序

5.5.1　认识票据贴现业务

1. 区分票据贴现与贷款

贴现与贷款虽然都属于商业银行的资产业务，都为客户融通资金，但二者之间却有许多差别，主要表现在以下几个方面：

(1) 产生的基础不同。贷款是以借款人或担保人的信誉、还款能力为基础，或者以抵押品或质物为基础；而贴现是以商业汇票为基础。

(2) 涉及的利害关系人不同。贷款的当事人是银行、借款人和担保人，贷款到期后，由借款人或担保人归还贷款；票据贴现的当事人是银行、贴现申请人和票据上本次背书人（即贴现申请人）的所有前手，票据到期后，票据上的各个关系人均负有连带付款责任。

(3) 收取利息的方法不同。贷款利息的收取是在使用资金之后按季或按月收取；而贴现利息则是在办理贴现时扣收。

(4) 借贷的期限不同。贷款期限是由借款人申请，经银行审查后确定，长短不一；而贴现期限是以票据的有效期为限，而票据期限一般不超过 6 个月，因此贴现期限也在6个月内。

(5)利息率不同。在相同期限的情况下,票据贴现的利率要比贷款的利率低。因为持票人贴现票据的目的是得到现在资金的融通,并非没有这笔资金。如果贴现率太高,则持票人取得融通资金的负担过重,成本过高,贴现业务就不可能发生。

(6)资金使用范围不同。持票人在贴现了票据以后,就完全拥有了资金的使用权,他可以根据自己的需要使用这笔资金,而不会受到贴现银行和公司的任何限制;但借款人在使用贷款时,要受到贷款银行的审查、监督和控制,因为贷款资金的使用情况直接关系到银行能否很好地回收贷款。

2. 商业汇票贴现的有关规定

(1)贴现申请人必须是在申请贴现银行开立存款账户的企业法人或其他经济组织,并与出票人或者直接前手具有真实的商品交易关系。转贴现申请人必须是银行类金融机构。

(2)贴现申请人应在汇票上作成转让背书,提供与其直接前手之间的增值税发票和商品发运单据的复印件。

(3)办理贴现的商业银行必须是参加全国联行或省辖联行的银行机构,并且内部管理完善,制度健全,有相应的贷款权限。

(4)贴现的票据是经过承兑人承兑的商业汇票。

(5)承兑银行在异地的,贴现天数应另加3天的划款期。

5.5.2 核算票据贴现业务

1. 设置科目

"贴现资产"、"利息收入——贴现利息收入"、"递延收益"等科目。

"贴现资产"科目核算金融企业向持有未到期票据的客户办理贴现的款项。金融企业为客户办理贴现时,借记本科目;贴现到期,贷记本科目;余额在借方,表示期末贴现贷款实际金额。本科目按贴现类别和贴现申请人进行明细核算。转贴现、再贴现业务,可在本科目核算,也可以单独设置科目核算。

"递延收益"科目核算金融企业取得的应在本期和以后各期内分别计入损益的各项收益,如贴现利息收入、转贴现利息收入等。发生各项递延收益时,借记"活期存款"等科目,贷记本科目;分期计入损益时,借记本科目,贷记"利息收入"等科目;余额在贷方,表示期末未实现递延收益金额。本科目可按"未实现贴现收益"、"未实现转贴现收益"、"其他"等设置明细科目。

2. 核算银行为客户办理贴现的业务

客户申请贴现时应填制一式五联贴现凭证(见表5-4、表5-5),连同汇票送交银行。

表 5-4　　　　　　　　　　　　　贴现凭证（代申请书）

申请日：　　　　　　年　月　日　　　　　　　　第　号

贴现汇票	种类		号码		持票人	名称												此联银行作贴现借方凭证
	出票日		年　月　日			账号												
	到期日		年　月　日			开户银行												
汇票承兑人		名称			账号			开户银行										
汇票金额		人民币（大写）							千	百	十	万	千	百	十	元	角	分
贴现率		％	贴现利息		千	百	十	万	千	百	十	元	角	分	实付贴现金额	千	百	十	万	千	百	十	元	角	分

附送承兑汇票申请贴现，请审核。

持票人签章　　银行审批　　负责人　　信贷员　　科目（借）＿＿＿＿　对方科目（贷）＿＿＿＿　复核　　记账

表 5-5　　　　　　　　　　　　　贴现凭证

贴 现 凭 证（记账凭证）　　　1

填写日期　　年　月　日

贴现汇票	种类		号码		申请人	名称											此联银行贴现作银行复式记账凭证
	出票日		年　月　日			账号											
	到期日		年　月　日			开户银行											
汇票承兑人（或银行）		名称			开户银行												
汇票金额（即贴现金额）		人民币（大写）					亿	千	百	十	万	千	百	十	元	角	分
贴现率（每年）		（　％）	Shibor报价		年　月　日 Shibor（　）期限	＋□ －□	点数										
贴现利息	亿	千	百	十	万	千	百	十	元	角	分	实付贴现金额	亿	千	百	十	万	千	百	十	元	角	分

兹根据《支付结算办法》的规定，附送承兑汇票申请贴现，请审核。
此致
贴现银行

持票人签章　　银行审批　　负责人　　信贷员　　复核　　记账

会计部门接到汇票和贴现凭证后,按规定审查汇票是否真实,各项内容是否完整,贴现凭证填写与汇票内容是否相符,再按照规定的贴现率计算出贴现利息和实付贴现金额。其计算公式为

$$贴现利息 = 汇票金额 \times 贴现天数 \times 日贴现率(月利率 \div 30)$$

$$实付贴现金额 = 汇票金额 - 贴现利息$$

贴现天数从贴现之日起到汇票到期日前一日止,按实际天数计算。承兑人在异地的,贴现天数应另加3天的划款期。

会计人员在贴现凭证有关栏填写贴现率、贴现利息和实付贴现金额后办理转账,其会计分录如下:

借:贴现资产——贴现——贴现申请人　　　　　　　　　(汇票金额)
　贷:吸收存款——活期存款——贴现申请人户　　　　　(实际支付的金额)
　　　递延收益——未实现贴现收益　　　　　　　　　　　(差额)

同时按汇票金额登记表外科目:
收入:代保管有价值品——××汇票

每月结息日及贴现到期日按贴现天数计算结转利息收入时,会计分录为:

借:递延收益——未实现贴现收益
　贷:利息收入——贴现利息收入

到期收回贴现款时,会计分录为:

借:存放中央银行款项或清算资金往来
　贷:贴现资产——贴现——贴现申请人户

到期未收到付款人的票据款时,从贴现申请人账户扣收,会计分录为:

借:吸收存款——活期存款——贴现申请人户(贴现申请人账户余额足够支付时)
　贴现垫款——贴现——贴现申请人户(贴现申请人账户余额不足支付时)
　贷:贴现资产——贴现——贴现申请人户

【例5-12】 交通银行宜洲支行于20××年3月10日收到开户单位宜洲商场交来的商业承兑汇票和贴现凭证,申请办理贴现。该商业承兑汇票票面金额为10 000元,出票日为1月25日,期限为5个月,由出票人本市中国建设银行开户单位宜洲商贸公司承兑。假设月贴现率为3.6‰,则相应的会计处理如下:

贴现利息 = 10 000 × 107 × 3.6‰ ÷ 30 = 128.40(元)
应付贴现额 = 10 000 - 128.40 = 9 871.60(元)

银行发放贴现款的会计分录为:

借:贴现资产——贴现——宜洲商场　　　　　　　　10 000.00
　贷:吸收存款——活期存款——宜洲商场　　　　　　9 871.60
　　　递延收益——未实现贴现收益　　　　　　　　　128.40

同时进行表外核算:
收入:代保管有价值品——商业承兑汇票(宜洲商场)　　10 000.00

3月20日确认收入的会计分录为:
利息收入 = 10 000 × 10 × 3.6‰ ÷ 30 = 12(元)

借：递延收益——未实现贴现收益　　　　　　　　　　　　　12.00
　　贷：利息收入——贴现利息收入　　　　　　　　　　　　　　12.00

思考题
1. 票据贴现与贷款有什么区别？
2. 商业汇票贴现有哪些具体规定？

任务5.6　核算贷款损失准备业务

贷款损失准备，原称呆账准备，是商业银行从事贷款业务过程中，对预计不能收回的贷款进行补偿的专项基金。贷款损失准备应根据借款人的还款能力、贷款本息的偿还情况、抵押品的市价、担保人的支持力度和银行内部信贷管理等因素，分析其风险程度和回收的可能性，由商业银行自行合理计提。

5.6.1　计提贷款损失准备的有关规定

1. 计提范围

计提贷款损失准备的资产，是指银行承担风险和损失的资产，包括客户贷款（含抵押贷款、质押贷款、保证贷款、无担保贷款）、拆出资金、贴现资产、信用卡透支、转贷款、各种垫款（含银行承兑汇票、信用证、担保）和进出口押汇等。银行对不承担风险的委托贷款等，不计提贷款损失准备。

2. 计提种类和比例

各商业银行应当按照谨慎性原则，合理估计贷款可能发生的损失，及时计提贷款损失准备。贷款损失准备包括一般准备、专项准备和特种准备。

一般准备是根据全部贷款余额的一定比例计提的，用于弥补尚未识别的可能性损失的准备。银行应按季计提一般准备，一般准备年末余额应不低于年末贷款余额的1%。一般准备的具体计提比例由商业银行根据贷款资产的风险大小确定。

专项准备是指根据《贷款风险分类指导原则》，对贷款按照五级分类法进行风险分类后，按每笔贷款损失的程度计提的用于弥补专项损失的准备。商业银行可参照以下比例按季计提专项准备：关注类贷款为2%；次级类贷款为25%；可疑类贷款为50%；损失类贷款为100%。其中，次级类贷款和可疑类贷款的损失准备，计提比例可以上下浮动20%。

特种准备是指商业银行针对某一国家、地区、行业或某一类贷款风险计提的准备。特种准备由银行根据不同类别贷款（如国别、行业）的特殊风险情况、风险损失概率及历史经验，自行确定按季计提比例。

3. 计提办法

贷款损失准备由银行总行统一计提。外国银行在中华人民共和国境内设立的分行可由其总行统一计提一般准备，专项准备由分行分别计提。贷款损失准备以原币计提，即人民币资产以人民币计提、外币资产以外币计提。

5.6.2 核算贷款损失准备业务

1. 设置科目

商业银行应设置"贷款损失准备"科目进行核算。"贷款损失准备"是资产类账户,是各种贷款账户的抵减账户,用以核算银行的贷款发生减值时计提的减值准备。本科目应当按照贷款损失准备金的种类进行明细核算。银行计提贷款损失准备时,记入贷方;经批准转销贷款呆账损失时,记入借方;期末贷方余额,反映已计提但尚未转销的贷款损失准备。

2. 核算贷款损失准备计提的业务

商业银行应当在期末分析各项贷款的可收回性,并预计可能产生的贷款损失,合理计提贷款损失准备。银行计算的当期应计提的贷款损失准备,为期末该贷款的账面价值与其预计可收回金额的现值之间的差额。

资产负债表日,银行根据《金融工具确认和计量》准则确定贷款发生减值的,按减计的金额计提贷款损失准备,并计入当期损益。其会计分录为:

借:资产减值损失——计提贷款损失准备
    贷:贷款损失准备

本期应计提的贷款损失准备大于其账面余额的,应按其差额计提;应计提的金额小于其账面余额的,差额作相反的会计分录。

[例 5-13] 交通银行 20××年 1 月 1 日应计提贷款损失准备的贷款余额为 300 亿元,"贷款损失准备"贷方余额为 6 亿元,即计提比例为 2%。20××年 1 月至 6 月,该行核销呆账 6 000 万元;6 月 30 日,该行应计提贷款损失准备的贷款余额为 360 亿元。计算应计提的贷款损失准备的金额,并进行会计核算。(注:会计分录以万元为计量单位)

6 月 30 日应计提的贷款损失准备金 = 360 × 2% − (6 − 0.6) = 1.8(亿元)

会计分录为:

借:资产减值损失——计提贷款损失准备   18 000
    贷:贷款损失准备——一般准备   18 000

3. 核算贷款损失准备核销的业务

对能够提供确凿证据,经审查符合规定条件的呆账贷款,应及时办理核销手续,不得隐瞒不报、长期挂账。核销符合条件的商业银行呆账贷款时,会计分录为:

借:贷款损失准备
    贷:××贷款——××贷款户

4. 核算收回已转销贷款的业务

已确认并转销的贷款以后又收回的,银行应按照"本金、表内应收利息、表外应收利息"的顺序收回贷款本金及贷款产生的利息。其会计分录为:

转回已核销的本金:

借:××贷款——××贷款户
    贷:贷款损失准备

按照实际收回的金额：
借：吸收存款——活期存款——借款人存款户（或库存现金等科目）
　　贷：××贷款——××贷款户
　　　　利息收入

【例5-14】　交通银行于20×7年4月10日核销一笔呆账贷款，金额5 000万元。该笔贷款发放时间为2002年4月10日，借款人为长兴公司，期限2年，已逾期3年。20×9年2月5日，该公司归还该笔贷款本息合计6 500万元。根据上述信息编制相关的会计分录（以万元为单位）。

20×7年4月10日，核销的会计分录为：

借：贷款损失准备——专项准备　　　　　　　　　　　　　　5 000
　　贷：中长期贷款——长兴公司　　　　　　　　　　　　　　　5 000

20×9年2月5日，收回已核销的贷款本息的会计分录为：

借：中长期贷款——长兴公司　　　　　　　　　　　　　　　5 000
　　贷：贷款损失准备——专项准备　　　　　　　　　　　　　　5 000

同时作账务处理：

借：吸收存款——活期存款——长兴公司　　　　　　　　　　6 500
　　贷：中长期贷款——长兴公司　　　　　　　　　　　　　　　5 000
　　　　利息收入　　　　　　　　　　　　　　　　　　　　　　1 500

思考题

1. 什么是贷款损失准备？商业银行应计提的贷款损失准备包括哪几类？
2. 计提贷款损失准备的资产包括哪些？

项目结论

贷款按不同的标准可划分为不同的种类，如短期贷款、中期贷款、长期贷款；信用贷款、担保贷款、票据贴现；应计贷款、非应计贷款；自营贷款、委托贷款等。

贷款利息的结息方法有定期结息和利随本清两种。定期结息一般以每季度末月20日（或每月20日）为结息日，结息期为上季末月（或上月）21日起至本季末月（或本月）20日止；利随本清则是按放款之日起至还款之日前一天止的贷款天数计算利息。通常采用定期结息方式。个人住房贷款利息的计算一般采用等额本金还款法和等额本息还款法。

贷款损失准备包括一般准备、专项准备和特种准备。贷款损失准备由银行总行统一计提。外国银行在中华人民共和国境内设立的分行可由其总行统一计提一般准备，专项准备由分行分别计提。贷款损失准备以原币计提，即人民币资产以人民币计提、外币资产以外币计提。

商业银行应当设置"短期贷款"、"中长期贷款"、"保证贷款"、"抵（质）押贷款"、"贴现"、"应收利息"、"逾期贷款"、"非应计贷款"、"贷款损失准备"等科目进行核算。

项目训练

一、单项选择题

1. 逾期贷款是指到期应收回而未能收回的贷款。逾期天数不超过（   ）天的，应积极催收。
   A. 60   B. 90   C. 180   D. 360

2. 以下关于贷款计息的说法不正确的是（   ）。
   A. 短期贷款可以按季结息，也可以按月结息
   B. 短期贷款利率在贷款合同期内保持不变，遇利率调整不分段计息
   C. 中长期贷款利率实行一年一定
   D. 中长期贷款按季结息，对贷款期内不能按期支付的利息，根据合同利率按季计收复利

3. 以下关于贷款展期的说法正确的是（   ）。
   A. 短期贷款应于到期日 15 日以前，向银行提出贷款展期的书面申请
   B. 中长期贷款展期不得超过原贷款期限
   C. 短期贷款展期不得超过原贷款期限的一半
   D. 中长期贷款展期最长不得超过 3 年

4. 商业银行应按季计提一般准备，一般准备年末余额应不低于年末贷款余额的（   ）。
   A. 1%   B. 2%   C. 3%   D. 4%

5. 当发生信用或保证贷款逾期时，应在贷款到期的（   ），由电脑系统自动转入"逾期贷款"科目。
   A. 当日   B. 次日   C. 前一日   D. 当月末

6. 银行会计部门计算出应计利息后，应编制借、贷方转账传票，转入（   ）科目。
   A. 短期贷款   B. 中长期贷款   C. 应收利息   D. 应收账款

二、多项选择题

1. 非应计贷款是指（   ）的贷款。
   A. 贷款本金逾期 90 天   B. 贷款本金逾期 180 天
   C. 贷款利息逾期 90 天   D. 贷款利息逾期 180 天

2. 贷款利息计算按结息期的不同可分为（   ）。
   A. 定期结息   B. 利随本清   C. 本随利清   D. 延期结息

3. 将贷款按"五级分类法"分类后，属于不良贷款的有（   ）。
   A. 关注类贷款   B. 次级类贷款
   C. 可疑类贷款   D. 损失类贷款

4.人民币中、长期贷款利率的确定方式有(　　)。

A.由借贷双方按商业原则确定,可在合同期间按月调整

B.由借贷双方按商业原则确定,可在合同期间按季调整

C.由借贷双方按商业原则确定,可在合同期间按年调整

D.采用固定利率

5.各商业银行按照谨慎性原则计提的贷款损失准备包括(　　)。

A.一般准备　　　B.坏账准备　　　C.专项准备　　　D.特种准备

三、判断题

1.中长期贷款是指商业银行发放的期限在1年以上、5年以下(含5年)的各种贷款。(　　)

2.现行制度规定,贷款展期最多2次。(　　)

3.应计贷款是指贷款本金或利息逾期90天没有收回的贷款。(　　)

4.对贷款逾期或挪用期间不能按期支付的利息按罚息利率按季计收复利。(　　)

5.逾期贷款的罚息率为在借款合同载明的贷款利率水平上加收30%～50%。(　　)

6.贷款损失准备由商业银行总行及各分支行分别计提。(　　)

7.贷款利息逾期超过90天的,也应划归为非应计贷款,单独核算。(　　)

8.贷款利息的计息分为定期结息与利随本清两种,实际工作中一般采用利随本清。(　　)

四、业务练习

1.招商银行宜洲支行根据开户单位宜洲食品厂的申请,于20××年3月10日向其发放一笔短期贷款,金额为30万元,合同约定月利率为4.2‰,期限6个月,按季结息,罚息率为在合同利率的基础上加收50%。除第一季利息按期收回外,宜洲食品厂直到10月5日才偿还贷款本金和剩余利息。按下列步骤进行计算和核算:

(1)3月20日按季结息并核算;

(2)6月20日按季结息并核算;

(3)9月19日"应收利息"逾期超过90天的处理;

(4)9月20日按季结息,并进行表外核算;

(5)10月5日计算应计利息,并作收回贷款本金和剩余利息的核算。

2.宜洲商业银行20××年1月1日"贷款损失准备——一般准备"的账户余额为2.6亿元,该行计提贷款损失准备的比例为1.5%,每半年计提一次。20××年4月12日,该行核销了一笔呆账,金额为6 000万元。20××年6月30日,该行应计提损失准备的贷款余额为300亿元。20××年9月16日,该行收回已核销呆账2 000万元,12月31日,该行应计提损失准备的贷款余额为280亿元。

(1)计算该行6月30日和12月31日应计提的贷款损失准备金;

(2)编制该行计提损失准备、核销呆账的会计分录(计算结果和分录均以亿元为单位)。

3. 20××年6月15日,宜洲支行收到开户单位东风公司交来的银行承兑汇票申请贴现。该汇票签发日期为5月26日,期限为4个月,金额为500 000元。该行经审查后同意贴现,月贴现率为4.5‰,当日将贴现款划入东风公司账户。

(1) 计算贴现利息、贴现额,并编制贴现的会计分录;

(2) 计算6月20日应确认的贴息利息收入,并编制相应的会计分录;

(3) 假定汇票到期,宜洲支行未收到票款,当日东风公司账户余额为260 000元,编制相应的会计分录。

项目延伸

《贷款通则》(最新)、《中华人民共和国民法典》、《中国人民银行法》、《商业银行法》、《银行业监督管理法》、《企业会计准则》等。

项目 6

学习资金清算业务

● 知识结构图

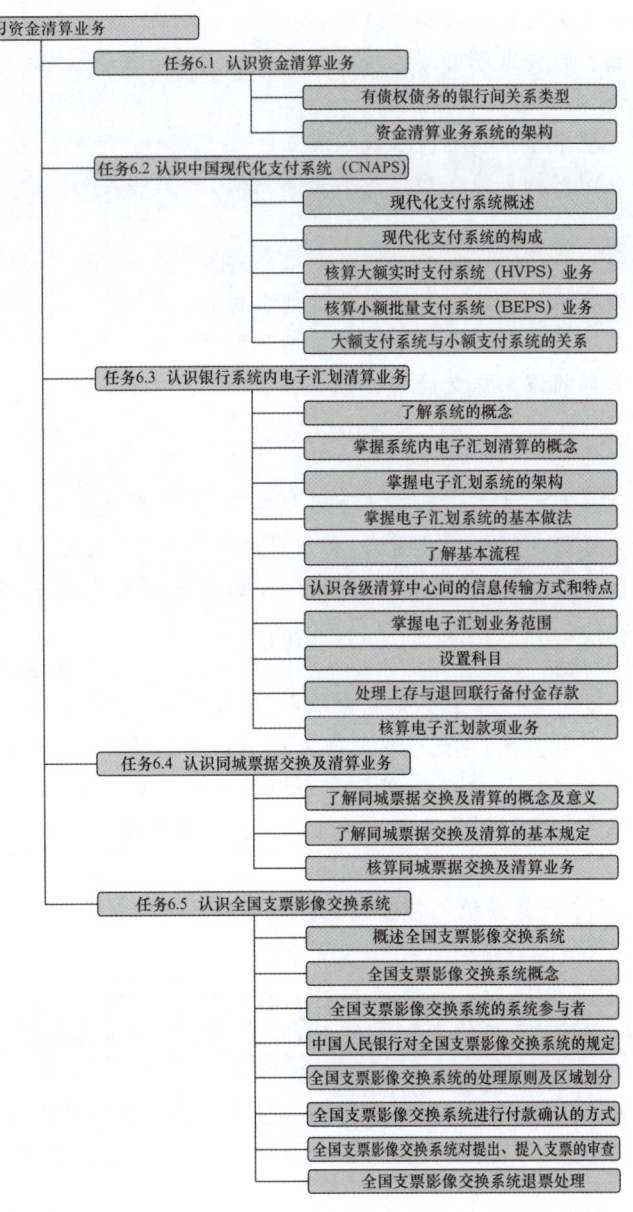

素质目标

1. 培养学生强烈的爱国情怀，依托强大的祖国，建设了发达的资金清算系统；
2. 培养学生科技强国意识，科技领先提高了资金利用效率，构建了大、小额等多项支付系统；
3. 培养学生的服务意识，资金清算系统的建设是为国家经济建设而服务的；
4. 培养学生掌握现代化技能，为后续资金清算系统的再发展贡献力量。

知识目标

1. 认识、了解资金清算系统；
2. 掌握现代化支付系统构成及大、小额支付系统的流程与核算；
3. 掌握银行行内电子汇划系统的流程及核算；
4. 认识、了解票据支付系统；
5. 掌握同城票据交换的流程及核算；
6. 了解全国支票影像交换系统的基本做法。

技能目标

1. 熟悉资金清算系统中各种系统的业务内容；
2. 重点掌握银行行内电子汇划系统的流程及核算；
3. 重点掌握同城票据交换的流程及核算。

案例导入

小王大学毕业前被安排到某商业银行实习，做了几天的前台综合柜员业务后，今天被安排到后台内部账务柜组。几天来，在所做的业务中，一直有个疑问在脑海中，例如收到企业送存的转账支票、客户持有银行汇票、银行本票送交银行后，资金即刻或不久就会到达企业账户，这是怎么回事？资金又是怎么到账的呢？

之后，票柜组的负责人向她介绍了银行在国民经济中为各经济组织、部门在支付结算业务中起到的支付中介作用。在此过程中，债权债务关系由各单位间转化成各单位开户银行间的债权债务关系，为此各银行间就要清算彼此间的债权债务，于是产生了各种解决银行间债权债务的方式方法，这就是资金清算系统。当然各种资金清算工具的选择还要根据有债权债务的银行间的关系来确定。小王豁然开朗，原先存在头脑中的疑问，顿时得到解决。

请思考：资金清算系统的体系如何？有债权债务的银行间的关系有哪些？

认识资金清算业务

任务6.1 认识资金清算业务

企业以及个人之间通过银行进行的资金往来称为支付结算，银行之间把支付业务往来所产生的资金进行结清划拨称作资金清算，二者紧密联系，相辅相成。资金清算是支付结算业务的延伸。而资金清算业务离不开信息系统的支持,资金清算系统是支撑各种支付工具应用、实现资金清算并完成资金最终划拨的通道。

6.1.1 有债权债务的银行间关系类型

支付结算是商业银行所办理的一项重要的中间业务,它是在收、付款人存款的基础上,通过双方的开户银行,将资金从付款人账户划转到收款人账户的过程。在办理资金划转的过程中,由于收、付款人开户行的不同,使得有债权债务的银行间关系类型有以下几种:

1. 收、付款人在同一行处开户;
2. 收、付款人在同一票据交换区域的同一银行系统开户(同城联行关系);
3. 收、付款人在同一票据交换区域的不同银行系统开户(同城跨系统关系);
4. 收、付款人在异地的同一银行系统开户(异地联行关系);
5. 收、付款人在异地不同银行系统开户(异地跨系统关系)。

由于存在上述多种有债权债务的银行间的关系类型,从而形成了目前的资金清算系统。

6.1.2 资金清算业务系统的架构

银行业金融机构行内、行外的往来业务都离不开资金清算系统。目前,我国已初步建成以中国现代化支付系统为核心,以银行行内电子汇划系统为基础,票据交换和票据影像系统、外币清算系统以及银行卡支付系统并存的支付清算架构。

1. 中国现代化支付系统(CNAPS)

中国现代化支付系统是中国人民银行按照我国支付清算需要,并利用现代计算机技术和通信网络自主开发建设的,能够高效、安全处理各银行办理的异地、同城各种支付业务及其资金清算和货币市场交易的资金清算的应用系统。现代化支付系统主要由大额实时支付系统(HVPS)和小额批量支付系统(BEPS)两个业务应用系统组成。

它是各银行和货币市场的公共支付清算平台,是人民银行发挥其金融服务职能的重要的核心支持系统。

2. 银行系统内电子汇划系统

随着计算机网络在商业银行中的应用,全国各大商业银行都利用自己的技术优势,建立起完善的集异地结算、资金对账、资金清算和资金调拨职能为一体的行内汇划系统,逐步取代了传统的以实物凭证传递为特征的联行往来结算系统。

3. 票据支付系统

票据支付系统是中国人民银行建设运营的同城票据清算系统(含同城票据交换所)、全国支票影像交换系统的统称。

我国现代化支付系统建成后,传统的同城票据交换系统仍有一定市场空间。两个系统在现阶段还各自表现出不同的优势,因而将分别拥有不同的客户群体,也将在一定时期内相互依存、互为补充,共同构成资金支付清算系统不可或缺的组成部分。

4. 银行卡支付系统

银行卡支付系统由银行卡跨行支付系统及发卡银行行内银行卡支付系统组成。经过近几年的发展,我国已形成以中国银联银行卡跨行支付系统为主干,连接各发卡银行行内银行卡支付系统的银行卡支付网络架构,是银行卡支付体系的重要基础设施,实现了银行卡的联网通用,促进了银行卡的广泛应用。

银行卡跨行支付系统专门处理银行卡跨行交易信息转接和交易清算业务,由中国银联建设和运营,具有借记卡和信用卡、密码方式和签名方式共享系统资源等特点。

2004年10月,中国银联建成新一代银行卡跨行支付系统,为境内外人民币银行卡跨行业务的集中、高效处理提供了技术保障。

2004年11月4日,银行卡跨行支付系统成功接入中国人民银行大额实时支付系统,实现了银行卡跨行支付的即时清算,提高了银行卡跨行支付效率和控制资金清算风险的能力。

5. 外币支付系统

境内外币支付系统是为我国境内银行业机构和外币清算机构提供外币支付服务的实时全额支付系统,它是我国第一个支持多币种运营的外币系统。该系统于2008年7月25日建成。

此系统的建成方便了境内参与机构的外汇的划转,有效降低外币清算与结算成本,提高结算效率,实现境内商业银行跨行的外币支付业务快速完成结算,同时降低外币清算风险。

思考题

1. 什么是资金清算?
2. 有债权债务的银行间关系类型有哪些?
3. 我国资金清算业务系统的架构组成是怎样的?

任务6.2　认识中国现代化支付系统(CNAPS)

6.2.1　现代化支付系统概述

2005年6月中国人民银行大额支付系统在全国推广运用,小额支付系统于2006年年底也已完成全国推广,标志着我国现代化支付系统基本建成。现代化支付系统的基本建成运行,实现了我国跨行资金清算的零在途,完成了我国异地跨行支付清算从手工联行到电子联行、再到现代化支付系统的跨越式发展。

6.2.2　现代化支付系统的构成

中国现代化支付系统(CNAPS)是中国人民银行在全国电子联行系统(EIS)基础上建立的一套更为先进、适应社会经济发展需要的跨行支付清算系统。由大额实时支付系统(HVPS)和小额批量支付系统(BEPS)两个业务应用系统以及清算账户管理系统和支付管理信息系统两个辅助支持系统组成,建有两级处理中心,即国家处理中心(NPC)和全国省会城市及深圳、上海城市处理中心(CCPC)。现代化支付系统的构成图与现代化支付系统体系结构图,分别如图6-1、图6-2所示。

国家处理中心(NPC)是负责支付系统的运行和管理,接收、转发各城市处理中心的支付命令,并对集中开设的清算账户进行资金清算和处理的机构。城市处理中心(CCPC)是负责支付指令的接收和转发,对CCPC范围内的小额业务进行清分轧差的机构。国家处理中心设在中国人民银行总行,城市处理中心设在各中心城市人民银行分行。

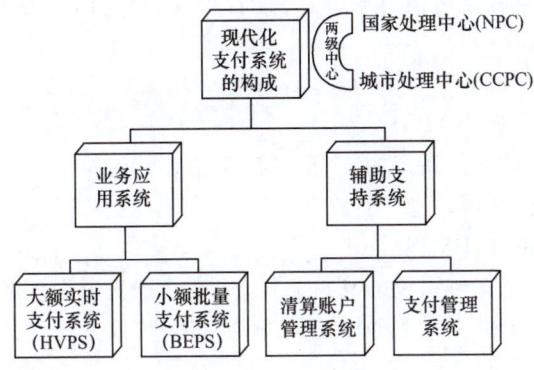

图 6-1 现代化支付系统的构成图

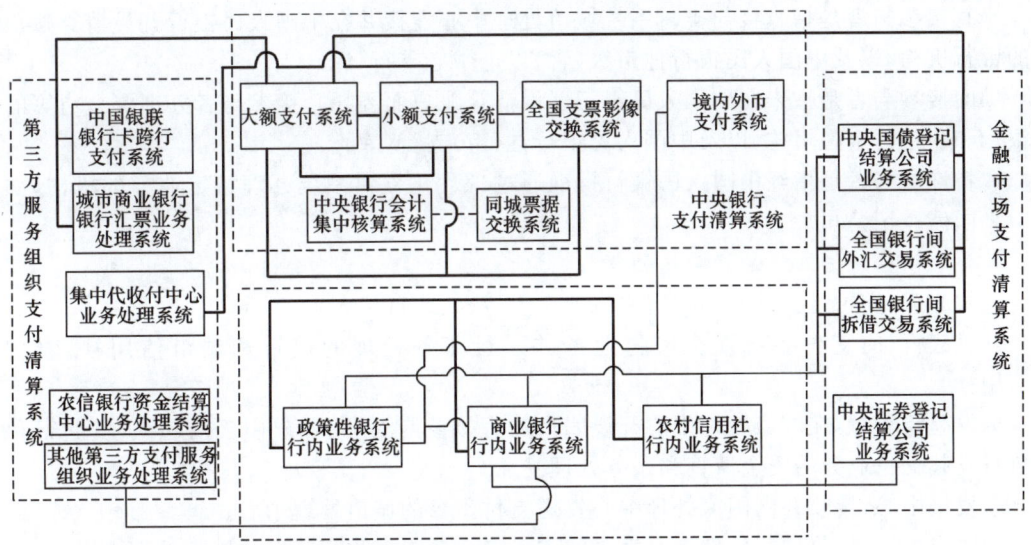

图 6-2 现代化支付系统体系结构图

国家处理中心分别与各城市处理中心连接,其通信网络采用专用网络,以地面通信为主,卫星通信备份。它是各银行和货币市场的公共支付清算平台,是中国人民银行发挥其金融服务职能的核心支付系统。

1. 业务应用系统

(1) 大额实时支付系统(HVPS)

大额实时支付系统(HVPS)是中国人民银行现代化支付系统的接入系统,是以电子方式实时处理同城和异地的、每笔金额在规定起点以上的大额贷记支付业务和紧急的小额贷记支付业务的应用系统。支付指令实行实时发送、全额清算资金,旨在为各银行和广大企事业单位以及金融市场提供快速、安全、可靠的支付清算服务。

(2) 小额批量支付系统(BEPS)

小额批量支付系统(BEPS)是中国人民银行现代化支付系统的接入系统,是以电子方式批量处理跨行同城、异地纸质凭证截留的借记支付业务和每笔金额在规定起点以下的小额贷记支付业务。支付指令实行定时批量或即时发送,轧差净额清算资金。旨在为社会提供低成本、大业务量的支付清算服务,支撑各种支付业务,满足社会各种经济活动的需求。

2. 辅助支持系统

(1)清算账户管理系统(SAPS)

清算账户管理系统是支付系统的支持系统,集中存储清算账户,处理支付业务的资金清算,并对清算账户进行管理。

(2)支付管理信息系统(PMIS)

支付管理信息系统是支付系统的支持系统,集中管理支付系统的基础数据,负责行名行号、应用软件的下载,提供支付业务的查询查复、报表统计分析和计费服务等。

3. 现代化支付系统参与者

现代化支付系统参与者分为直接参与者、间接参与者和特许参与者。

直接参与者是指直接与支付系统城市处理中心连接并在中国人民银行开设清算账户的银行机构,以及中国人民银行地市级(含)以上中心支行(库)。

间接参与者是指未在中国人民银行开设清算账户而委托直接参与者办理资金清算的银行和非银行金融机构,以及中国人民银行县(市)支行(库)。

特许参与者是指经中国人民银行批准通过现代化支付系统办理特定业务的机构,如中央国债登记公司。

4. 现代化支付系统的参与人的角色构成

发起人:支付业务的最初发起单位或个人(法人或自然人)。

发起行:向支付系统提交支付业务并进行账务处理的银行和城市信用社、农村信用社。

发起清算行:在国家处理中心开设账户的直接参与者,其账户用于发起人、发起行和自身发起支付业务的资金清算和账务处理。

发报中心:接收并向国家处理中心发送支付指令的城市处理中心。

收报中心:接收国家处理中心发来的支付指令并向接收行转发的城市处理中心。

接收清算行:在国家处理中心开设账户的直接参与者,其账户用于接收行、接收人和自身接收支付业务的资金清算和账务处理。

接收行:接收收报中心或清算行发来的支付指令,并进行账务处理的银行和城市信用社、农村信用社。

接收人:支付业务的最后接收单位或个人。

6.2.3 核算大额实时支付系统(HVPS)业务

1. 基本做法

核算大额实时支付系统业务的基本做法有:数据加密传输、信息实时发送、业务换人复核、大额分级授权、每日逐级对账、批量差额清算。

数据加密传输:是指发起行将支付业务录入计算机产生的电子支付数据信息通过机器自动加密进行传输。

信息实时发送:是指支付业务处理信息由系统实时进行发送处理。

业务换人复核:是指办理每笔业务必须经换人复核后发送。

大额分级授权：是指办理超限额业务时必须经上级主管授权后发送。

每日逐级对账：是指每日日终，省清算中心先与中国人民银行对账，然后由市清算组与省清算中心对账。

批量差额清算：是指每日日终，系统对往来支付业务汇总轧差后进行批量清算处理。

2. 基本流程

支付业务信息从发起行发起后，经发起清算行、发报中心、国家处理中心、收报中心、接收清算行，最后至接收行止。图6-3即为大额支付系统业务处理的流程图。

在该程序参与者中，发起行和接收行为间接参与者；发起清算行、发报中心、收报中心、接收清算行为直接参与者。

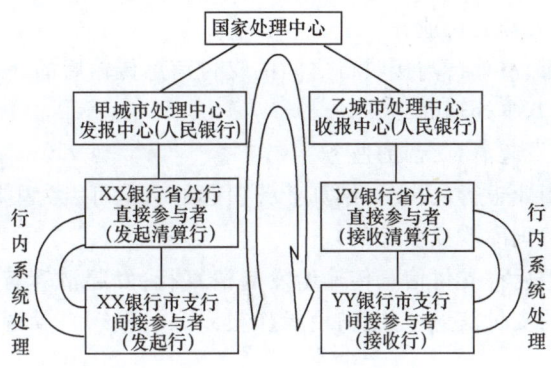

图6-3 大额支付系统业务处理流程图

3. 处理业务范围

(1) 规定金额起点以上的跨行贷记支付业务；

(2) 规定金额起点以下的紧急跨行贷记支付业务；

(3) 商业银行行内需要通过大额支付系统处理的贷记支付业务，例如，同城跨行和异地银行之间点对点的汇兑、委托收款、托收承付以及国债买卖、同业拆借等业务；

(4) 特许参与者发起的即时转账业务。

4. 设置科目与开立清算账户

(1) 设置科目

①大额支付往来。该科目核算支付系统发起清算行和接收清算行通过大额支付系统办理的支付结算往来款项，余额轧差反映。年度终了，本科目余额全额转入"支付清算资金往来"科目，该科目余额为零。

②支付清算资金往来。该科目核算支付系统发起清算行和接收清算行通过大额支付系统办理支付结算汇差款项。年度终了，"大额支付往来"科目余额对清后，结转至本科目，余额轧差反映。

③汇总平衡（国家处理中心专用）。该科目用于平衡国家处理中心代理中国人民银行分支行账务处理，不纳入人民银行的核算。

(2) 开立清算账户

各银行以及特许参与者直接与支付系统城市处理中心连接的，由其在中国人民银行当地分支行开设清算账户，该清算账户物理上摆放在国家处理中心。

通过省会城市处理中心集中接入支付系统的银行，其所属的地市分支行作为支付系统的间接参与者可以在中国人民银行当地分支行开设专用账户,专门用于办理其现金存取业务和同城票据交换等轧差净额的清算。专用账户物理上不摆放在国家处理中心,该账户的开设、使用、撤销遵从有关规定。

中国人民银行会计营业部门收到各银行的需开立清算账户的申请,经审查同意后,向国家处理中心发出清算账户开户报文。国家处理中心收到报文,确认无误,自动进行开户处理,并将回执信息分别发送申请开户的各银行和管理该清算账户的中国人民银行会计营业部门。

国家处理中心接受开户申请的次日起,清算账户正式生效。

5. 处理大额支付业务

(1) 处理发起行大额支付业务

发起行与清算行、清算行与接收行之间的支付信息传输后的处理,按各系统行内往来规定处理,现只做基本处理介绍。

① 处理发起行(发起清算行)的业务

发起行可以为商业银行(由支付结算业务引起的),也可以为中国人民银行(由系统内划拨款项引起或划拨国库款项引起的)。

发起行业务发生后将支付信息传输给发起清算行;发起清算行将发起行传输来的支付信息与本身发生的支付信息合并后,由操作员录入、复核,自动逐笔加编密押后发送发报中心。

发起清算行为商业银行的,会计分录如下:

借:××科目
  贷:存放中央银行款项

发起清算行为中国人民银行会计部门或国库部门的,会计分录如下:

借:××科目
  贷:大额支付系统——人民银行××行(库)户

② 发报中心的处理

发报中心收到发起清算行发来的支付信息,确认无误后,逐笔加编全国密押,实时发送至国家处理中心。

③ 国家处理中心的处理

国家处理中心收到发报中心发来的支付报文,逐笔确认无误后,根据不同情况分别进行账务处理。

a. 发起清算行、接收行均为商业银行的,其会计分录如下:

借:××银行准备金存款
  贷:大额支付往来——人民银行××行户
借:大额支付往来——人民银行××行户
  贷:××银行准备金存款

b. 发起清算行为商业银行,接收清算行为中国人民银行的,其会计分录如下:

借:××银行准备金存款
  贷:大额支付往来——人民银行××行户

借：大额支付往来——人民银行××行户
　　贷：汇总平衡科目——人民银行××行户

c. 发起清算行为中国人民银行，接收清算行为商业银行的，其会计分录如下：
借：汇总平衡科目——人民银行××行户
　　贷：大额支付往来——人民银行××行户
借：大额支付往来——人民银行××行户
　　贷：××银行准备金存款

d. 发起清算行、接收清算行均为中国人民银行的，其会计分录如下：
借：汇总平衡科目——人民银行××行户
　　贷：大额支付往来——人民银行××行户
借：大额支付往来——人民银行××行户
　　贷：汇总平衡科目——人民银行××行户

e. 发起清算行为商业银行的，其清算账户头寸不足时，国家处理中心将该笔业务进行排队处理。

f. 国家处理中心账务处理完成后，将支付信息发往收报中心。

(2) 处理接收支付信息的业务

① 收报中心的处理。收报中心接收国家处理中心发来的支付信息后，确认无误后，逐笔加编地方密押实时发送至接收清算行。

② 接收清算行（接收行）的处理。接收行可以为商业银行，也可以为中国人民银行。接收清算行接到支付信息后，传输给接收行或对本行业务进行处理，会计分录如下：
借：存放中央银行款项
　　贷：××科目

6.2.4　核算小额批量支付系统(BEPS)业务

1. 基本做法

核算小额批量支付系统业务的基本做法有：业务实时传输，发出待转过渡，批量组包发送，接收自动挂账，回执确认发送，实时轧差处理，定时日切对账，往来差额核算，批量净额清算，24 小时运行。

"小额"主要是指处理同城或异地 2 万元以下的跨行交易，可支持汇兑、委托收款、代发工资、实时缴税、实时扣税、通存通兑、公用事业费收缴、支票截留等多种支付工具和支付方式，为社会提供低成本、大业务量的支付清算服务。

"批量"指对业务进行组包批量发送，实时贷记、借记业务包，每包限一笔业务；其他业务包每包业务不超过 2 000 笔。

2. 处理业务范围

(1) 主要处理同城或异地的借记业务以及金额在规定起点以下的贷记支付业务。

同城业务，是指同一城市处理中心的参与者相互间发生的支付业务。

异地业务，是指不同城市处理中心的参与者相互间发生的支付业务。

(2)小额支付系统处理下列跨行支付业务:

①普通贷记业务,是付款行向收款行主动发起的付款业务(我付他收)。包括下列业务种类:汇兑、委托收款(划回)、托收承付(划回)、国库贷记汇划业务,网银贷记支付业务,中国人民银行规定的其他普通贷记支付业务。

②定期贷记业务,是指付款行依据当事各方事先签订的协议,定期向指定收款行发起的批量付款业务。包括下列业务种类:代付工资业务、代付保险金业务、代付养老金业务、中国人民银行规定的其他定期贷记支付业务。

③实时贷记业务,是指付款行接受付款人委托发起的、将确定款项实时贷记指定收款人账户的业务。包括下列业务种类:个人储蓄通存业务、中国人民银行规定的其他实时贷记支付业务。

④普通借记业务,是指收款行向付款行主动发起的收款业务。包括下列业务种类:中国人民银行机构间的借记业务、国库借记汇划业务、中国人民银行规定的其他普通借记支付业务。

⑤定期借记业务,是指收款行依据当事各方事先签订的协议,定期向指定付款行发起的批量收款业务。包括下列业务种类:代收水、电、煤气等公用事业费业务,国库批量扣税业务,中国人民银行规定的其他定期借记支付业务。

⑥实时借记业务,是指收款行接受收款人委托发起的、将确定款项实时借记指定付款人账户的业务。包括下列业务种类:个人储蓄通兑业务、对公通兑业务、国库实时扣税业务、中国人民银行规定的其他实时借记支付业务。

⑦中国人民银行规定的其他支付业务。

银行业金融机构行内直接参与者之间的支付业务可以通过小额支付系统办理。

3. 处理手续

小额支付系统的业务流程如图 6-4 所示。

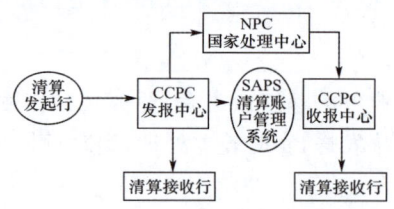

图 6-4 小额支付系统业务流程图

(1)发起行(发起清算行)

与大额支付相同。

(2)发报中心

发报中心接收发起行发来的小额支付信息,应当区分是本城市处理中心覆盖的业务还是非本城市处理中心覆盖的业务。

对于非本城市处理中心覆盖的业务,应即时发往国家处理中心;对于本城市处理中心覆盖的业务,应在规定的时点轧差后,将支付信息分发接收清算行,轧差结果即时自动发送至国家处理中心。

(3)国家处理中心

国家处理中心收到发报中心发来的小额支付信息,在规定的时间按接收清算行进行清分,并将小额支付明细信息发送收报中心,同时以直接参与者为单位进行轧差,通过清算账户管理系统进行清算。

(4)收报中心

收报中心接收国家处理中心发来的支付信息,即时转发接收清算行。

(5)定时轧差清算

城市处理中心可以定时轧算支付信息差额,并通过国家处理中心清算资金。

①轧差公式

借记业务往账金额＋贷记业务来账金额＞贷记业务往账金额＋借记业务来账金额,差额为应收差额

借记业务往账金额＋贷记业务来账金额＜贷记业务往账金额＋借记业务来账金额,差额为应付差额

②国家处理中心清算资金差额

国家处理中心按清算行清算轧算资金差额。

a.对于商业银行清算行轧算结果为应付差额进行清算的处理,其会计分录为：

借：××银行准备金存款

　　贷：小额支付往来——人民银行××行户

对于应收差额进行清算的会计分录相反。

b.对于人民银行清算行轧算结果为应付差额进行清算的处理,会计分录如下：

借：汇总平衡——人民银行××行户

　　贷：小额支付往来——人民银行××行户

对于应收差额进行清算的会计分录相反。

6.2.5 大额支付系统与小额支付系统的关系

1.小额支付系统行号与大额支付系统行号为同一行号,行号与网点号有一一对应的关系。

2.小额支付系统与大额支付系统业务序号分别编排。

3.大额支付系统运行时序含营业准备、日间处理、业务截止、清算窗口、日终处理,但小额支付系统仅有日间、日切处理。

4.小额支付系统柜员与大额支付系统柜员共用一个权限,但在具体操作中区别不同业务种类进行权限设置。

5.小额支付系统与大额支付系统共用一个收费账户。

6.大额支付业务受理时间为正常,工作日、节假日不营业；小额支付业务受理时间为自然日,支持 7×24 小时不间断运行。

7.大额支付行内系统仅能发起贷记业务,小额支付既可以发起贷记业务,也可以发起借记业务。

8.大额支付系统已清算业务必须于当日清算完毕,小额支付系统如因轧差净额清算

报文提交不成功,可在次日重新提交后进行清算。

9. 大额支付系统往来账务均通过待转户过渡,小额支付系统则设置自动挂账机制,对接收的贷记来账及借记业务回执均由系统自动挂账完成。

10. 大额支付系统排队业务按业务发生时间先后排序,小额支付系统排队业务则按"金额优先"的原则从小到大进行排队。

> **思考题**
> 1. 什么是中国现代化支付系统(CNAPS)?
> 2. 现代化支付系统的构成有哪些?
> 3. 大额实时支付系统(HVPS)业务基本做法是什么?
> 4. 小额批量支付系统(BEPS)业务基本做法是什么?

任务6.3 认识银行系统内电子汇划清算业务

6.3.1 了解系统的概念

系统是指相互联系、相互作用的若干要素或部分结合在一起,具有特定功能、达到同一目的的有机整体。而在银行领域则习惯性地将同一银行称为同一系统,银行内部的各分支行之间则称为联行。资金清算业务按照是否在同一法人银行区分为系统内清算和跨行清算。

6.3.2 掌握系统内电子汇划清算的概念

系统内电子汇划清算是指系统内各行际间通过本行资金清算系统进行异地资金电子汇划;各级行资金清算中心在上一级行开立活期备付金存款户,由上级行逐级清算往来汇差资金。这种做法是以本银行系统内的资金清算中心代替邮电部门,直接传输电子汇划信息,并清算当天的汇差资金。

6.3.3 掌握电子汇划系统的架构

电子汇划系统主要由汇划业务经办行、清算行和总行清算中心通过计算机网络组成。

汇划业务经办行由汇划业务的发生行和接收行组成,汇划业务的发生行是发报经办行,汇划业务的接收行是收报经办行,清算行在总行清算中心开立备付金存款账户,办理其辖属行处汇划款项清算。总行清算中心是办理系统内各经办行之间的资金汇划、各清算行之间的资金清算等账务的核算和管理的部门。系统内的电子汇划系统架构及与外部系统的接入方式分别如图6-5、图6-6所示。

6.3.4 掌握电子汇划系统的基本做法

电子汇划系统采取"实存资金、同步清算、头寸控制、集中监督"的基本做法。

1. 实存资金,是指以清算行为单位在总行清算中心开立备付金存款账户,用于汇划款项时资金清算。

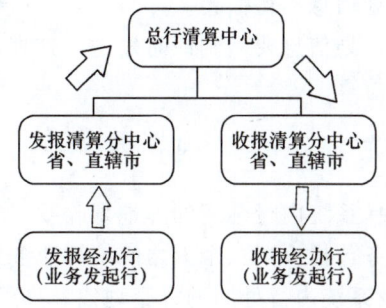

图6-5 系统内电子汇划系统架构

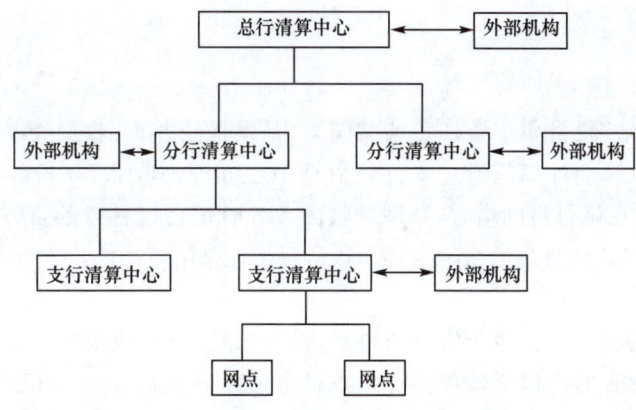

图6-6 系统内电子汇划系统与外部系统的接入方式

2.同步清算,是指发报经办行通过其清算行经总行清算中心将款项汇至收报经办行,同时,总行清算中心办理清算行之间的资金清算。

3.头寸控制,是指各清算行在总行清算中心开立的备付金存款户保证足额存款,总行清算中心对各行汇划资金实行集中清算。

4.集中监督,是指总行清算中心对汇划往来数据发送、资金清算、备付金存款户资信情况进行管理和监督。

6.3.5 了解基本流程

电子汇划系统的运作流程是:发报行将汇划信息加密处理后,形成加密数据,通过通讯专用线路传输至分中心、总中心;总中心将整理后的加密数据,再通过通讯专用线路传输至分中心,转收报行。

6.3.6 认识各级清算中心间的信息传输方式和特点

1.电子汇划信息采用全自动、全封闭、无纸方式传输。

2.电子汇划信息的传输,采用树形多级架构进行逐级纵向传输,各清算中心不直接发生横向电子汇划信息的传输。

3.发送电子汇划信息可采取紧急的即时发送、一般的定额批发送和定时批发送三种方法进行。已发出的电子汇划信息不得撤销。

4.各级清算中心对电子汇划信息要做到即时发送和处理,当日事项当日处理完毕,并由计算机自动结计当日资金清算汇差。

6.3.7 掌握电子汇划业务范围

电子汇划业务的范围包括系统内行际间的异地划收款、异地划付款业务。

1.异地划收款(贷记)业务包括:单位、个人之间结算业务的各项资金划拨(电子汇兑、托收承付、委托收款等),以及系统内行处间的资金划拨。

2.异地划付款(借记)业务包括:解付银行汇票、系统内按规定扣划款项、贷款账户转移,以及按规定允许扣收的款项和特定的直接借记业务。

6.3.8 设置科目

1.清算资金往来

"清算资金往来"科目属于资产负债共同类,是发报经办行、收报经办行、发报清算行、收报清算行用来核算会计部门通过本行处清算中心办理划收款、划付款业务的款项。办理划付款业务时记在该科目的借方,办理划收款业务时记在该科目的贷方。日终清算电子汇划款项汇差资金后,该科目的余额为零。该科目按往来清算中心设立分户账进行核算。

2.存放系统内款项

"存放系统内款项"科目属于资产类科目,是发报经办行、收报经办行用来核算各级行处放在往来清算中心的备付金款项。存入备付金或结转应收汇差时记在该科目的借方,调减备付金或结转应付汇差时记在该科目的贷方。期末余额一般在借方,表示本行在往来清算中心存放的备付金款项。该科目应按对方行设立分户账进行核算。

3.系统内存放款项

"系统内存放款项"科目属于负债类科目,是总行清算中心用来核算下级经办行处在本行存放的备付金款项。退回备付金时记在该科目的借方,收到存放的备付金时记在该科目的贷方。期末余额一般在贷方,表示下级经办行结存的备付金款项。该科目应按对方行设立分户账进行核算。

6.3.9 处理上存与退回联行备付金存款

清算行在总行清算中心开立备付金存款账户,这是办理资金清算的前提。各级行处之间缴存和退回的联行备付金存款应通过人民银行实汇资金。各级行上存和退回的用于清算电子汇划款项汇差的资金,应分别在"存放系统内款项"和"系统内存放款项"核算。

1.上存联行备付金

(1)清算行向总行清算中心上存联行备付金存款,会计部门应根据资金计划部门填制的汇款书面通知填制汇款凭证,送人民银行办理汇款手续,其会计分录为:

借:存放系统内款项——××行备付金户
　　贷:存放中央银行款项——备付金存款户

(2)总行清算中心收到辖属清算行缴存的联行备付金存款时,以开户人民银行的收账通知作借方记账凭证,另填制特种转账贷方记账凭证一式二联进行会计处理。其会计分录为:

借:存放中央银行款项——备付金存款户
　　贷:系统内存放款项——××行备付金存款户

2. 退回联行备付金

清算行某一时期联行备付金存款账户余额过多,需要调回资金时,应由其资金计划部门向总行资金计划部门发出调回部分资金的申请,办理有关退回手续。其会计记账方向与上存业务相反。

6.3.10 核算电子汇划款项业务

1. 处理发报经办行的业务

发报经办行为了核算与发报清算行之间的往来,设置"清算资金往来"科目进行核算,当发报经办行办理汇兑等贷报业务时,其发出的是划收信息,会计分录为:

借:××科目
　　贷:清算资金往来

【例6-1】 开户单位造船厂提交电汇凭证,金额45 000元,要求汇往异地钢铁厂用以支付货款。审核无误,办理转账。会计分录为:

借:吸收存款——活期存款——造船厂　　　　　　　　　　45 000
　　贷:清算资金往来　　　　　　　　　　　　　　　　　　　　45 000

发报经办行办理银行汇票等借报业务,则会计分录方向相反。

2. 处理发报清算行的业务

发报清算行除了设置"清算资金往来科目"进行核算,还需要设置"存放系统内款项——上存总行备付金存款户"来核算自身在总行备付金存款余额的变化。当收到发报经办行传输来的跨清算行贷方汇划业务信息(或划收信息)时,如汇兑等,则会计分录为:

借:清算资金往来
　　贷:存放系统内款项——上存总行备付金存款户

【例6-2】 沿用【例6-1】资料,发报清算行收到发报经办行发来的贷方汇划业务信息,金额45 000元,会计分录为:

借:清算资金往来　　　　　　　　　　　　　　　　　　　　45 000
　　贷:存放系统内款项——上存总行备付金存款户　　　　　　45 000

反之当收到发报经办行传输来的跨清算行借方汇划业务信息(或划付信息)时,如银行汇票解付信息,则会计分录方向相反。

3. 处理总行清算中心的业务

总行清算中心设置"系统内存放款项——××清算行备付金存款户"科目来核算各清算行在总行备付金存款项余额的变化。当收到发报清算行传输来的跨清算行贷方汇划业务信息(或划收信息)时,会计分录为:

借:系统内存放款项——发报清算行备付金存款户
　　贷:系统内存放款项——收报清算行备付金存款户

当收到发报清算行传输来的跨清算行借方汇划业务信息(或划付信息)时,会计分录方向相反。

4. 处理收报清算行的业务

收报清算行处理汇划信息的方式有集中制和分散制两种。收报清算行设置的会计科目与发报清算行相同。

(1)集中制。即清算行负责全辖汇划收报的集中处理。当收到总行清算中心传输来的贷方汇划业务信息(或划收信息)时,即时代辖属经办行记账,相关会计分录为:

借:存放系统内款项——上存总行备付金存款户
　　贷:清算资金往来
借:清算资金往来
　　贷:××科目

借方汇划业务会计分录方向相反。

【例 6-3】 收报清算行收到总行清算中心电汇信息,金额 50 000 元,收款人为某支行的开户单位电线厂,会计分录为:

借:存放系统内款项——上存总行备付金存款户　　　　50 000
　　贷:清算资金往来　　　　　　　　　　　　　　　　　50 000
借:清算资金往来　　　　　　　　　　　　　　　　　　50 000
　　贷:吸收存款——活期存款——电线厂　　　　　　　　50 000

(2)分散制。即清算行收到总行传来的汇划数据后均传至收报经办行处理。当收到总行清算中心传输来的贷方汇划业务信息(或划收信息)时,会计分录为:

借:存放系统款项——上存总行备付金存款户
　　贷:清算资金往来

当收到总行清算中心传输来的借方汇划业务信息(或划付信息)时,则会计分录方向相反。

【例 6-4】 收报清算行收到总行清算中心划收款信息,金额 20 000 元,收款人为某支行的开户单位木器厂,会计分录为:

借:存放系统内款项——上存总行备付金存款户　　　　20 000
　　贷:清算资金往来　　　　　　　　　　　　　　　　　20 000

5. 处理收报经办行的业务

收报经办行设置的会计科目与发报经办行相同,当收到收报清算行传输来的贷方汇划业务信息(或划收信息)时,会计分录为:

借:清算资金往来
　　贷:××科目

【例 6-5】 收报经办行收到清算行贷方汇划业务信息,金额 6 000 元,收款人为纺织厂,会计分录为:

借:清算资金往来　　　　　　　　　　　　　　　　　　6 000
　　贷:吸收存款——活期存款——纺织厂　　　　　　　　6 000

当收到收报清算行传输来的借方汇划业务信息(或划付信息)时,则会计分录方向相反。

思考题
1. 系统内电子汇划清算的概念。
2. 电子汇划系统的基本做法。

任务 6.4　认识同城票据交换及清算业务

6.4.1　了解同城票据交换及清算的概念及意义

1. 概念

同城票据交换及清算,是指在同一票据交换区域内,但不在同一银行开户的收、付款单位之间的转账结算,为加快凭证传递、加速资金周转,由其开户行按统一的时间到规定的场所交换结算凭证进行资金清算的方式。目前同城票据交换采用票据自动清分系统进行资金清算。

2. 意义

票据交换主要处理实务票据不能截留的跨行支票、本票、银行汇票以及跨行代收代付的其他纸基凭证。

(1) 可以加速有关银行间的凭证传递,加速资金周转,提高结算效率;

(2) 可以简化各商业银行间的往来核算手续,及时清算银行间的往来占款,有利于各行处的业务经营。

6.4.2　了解同城票据交换及清算的基本规定

1. 组织机构

中国人民银行设立的票据交换所;或中国人民银行委托的当地商业银行组织。

2. 参加单位

同城内的有关商业银行;交通方便的可吸收毗邻市县的有关行处参加本市的票据交换。

3. 场次和时间

进行票据交换的具体场次和时间,必须根据各地的具体情况而定。一般大中城市,每天两次;在中小城市进行一次。

4. 同城票据交换业务的一般做法

(1) 对参加交换的行处,核定交换号码。

(2) 确定交换场次和时间:一般市区行处参加两次交换,郊县行处参加第一次交换。

(3) 票据交换分"提出行"、"提入行"两个系统处理,一般参加交换的行处,既是"提出行"又是"提入行"。提出行提出交换的票据凭证,主要分为两种:

① 作为收款行向付款行提出的有:支票、银行汇票、本票及商业汇票等。

② 作为付款行向收款行提出的有:进账单、贷记凭证等。

5. 票据交换的原则

参加票据交换的机构必须坚持"及时处理、差额清算;先借后贷、收妥抵用;银行不予垫款"的原则。例如,收、付款银行之间受理支票,在提交开户行以后要等银行通过内部账务处理(或票据清算)将款项从出票人账户付出,并收入持票人账户后才能抵用。

6. 提出交换的票据种类

提出交换的票据分借方票据(代付/应收票据)和贷方票据(代收/应付票据)两种。

(1)提出的借方票据和提入的贷方票据是指付款单位在他行开户,收款单位在本行开户的票据;

(2)提出的贷方票据和提入的借方票据是指收款单位在他行开户,付款单位在本行开户的票据。

7. 同城票据交换的具体做法

(1)严格统一交换票据(凭证)格式,用打码机处理提出票据。

(2)填制"交换提出报告单",连同票据凭证提出交换。

(3)交换所清分、打印及提回交换凭证。

(4)根据提出、提入票据以及凭证的借、贷方总金额轧记,打制"交换差额报告单"送人民银行营业部门办理转账。

(5)提入行将票据及凭证处理入账。

票据交换流程如图6-7所示。

票据交换流程

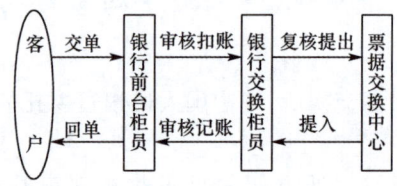

图6-7　票据交换流程图

8. 收妥抵用票据退票规定

(1)每日只进行一场交换清算的,隔日必须退票;隔日未退票的,提出行于隔日清算完毕后(即提出票据后第二天清算完毕后)入账。

(2)每日进行二场交换清算的,隔场必须退票;隔场未退票的,提出行于提出票据后第二场清算完毕后入账。

(3)超过规定的退票时间后不允许退票。

9. 同城票据交换的账务处理

理论上提出提入的票据、凭证每笔资金清算都要通过人民银行办理,即逐笔与"存放中央银行款项"对转,而实务上却是汇总轧差的一套分录,为使各行处与人民银行账务相符一致,不能直接使用"存放中央银行款项"科目,而需通过相应的过渡科目列账,最终从过渡科目与交换差额同"存放中央银行款项"逐笔进行核算,图6-8表明票据交换业务的债权债务清算关系。

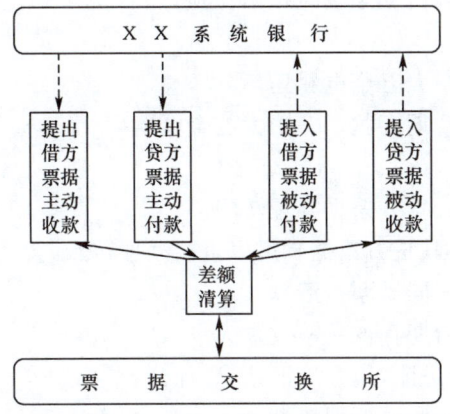

图 6-8 票据交换的债权债务清算

6.4.3 核算同城票据交换及清算业务

1. 账户设置

银行设置"同城票据清算"账户进行核算。"同城票据清算"是"清算资金往来"下的二级科目,属于资产负债共同类账户,用以核算同城交换清算的款项。提出借方凭证和提入贷方凭证时,记入借方;提出贷方凭证和提入借方凭证时,记入贷方;其借贷方差额为应收差额或应付差额,当天资金清算后,该账户没有余额。

2. 处理提出行的业务

(1) 对提出的代收票据(贷方凭证),提出行的会计分录为:

借:吸收存款——活期存款——付款人户
　　贷:清算资金往来——同城票据清算

(2) 对提出的代付票据(借方凭证),提出行的会计分录为:

借:清算资金往来——同城票据清算
　　贷:其他应付款——提出交换专户

退票时间过后,对他行未退回的代付票据为收款人进账,提出行的会计分录为:

借:其他应付款——提出交换专户
　　贷:吸收存款——活期存款——收款人户

对他行退回的代付票据,应将已退回的票据连同对方银行发来的"退票理由书"其中一联一并退收款人,其会计分录为:

借:其他应付款——提出交换专户
　　贷:清算资金往来——同城票据清算

【例 6-6】20××年 2 月 20 日,普惠银行通江支行收到本行开户单位中大五金电料厂交来的转账支票及三联进账单,出票人为中国银行平安支行开户的北安商场,支票金额 120 000 元。普惠银行通江支行审核无误后,办理转账,会计分录为:

借:清算资金往来——同城票据清算　　　　　　　　　　120 000
　　贷:其他应付款——中大五金电料厂　　　　　　　　　　120 000

将二联进账单专夹保管,支票及时提出交换,当日交换后无退票,办理转账的会计分录为:

  借:其他应付款——中大五金电料厂   120 000
    贷:吸收存款——活期存款——中大五金电料厂   120 000

3. 处理提入行的业务

提入行根据提入的借、贷方票据办理转账。

(1)对提入的代收票据(贷方票据),可以直接办理转账,会计分录为:

  借:清算资金往来——同城票据清算
    贷:吸收存款——活期存款——收款人户

如果因其他原因不能进账,应办理退票,会计分录为:

  借:清算资金往来——同城票据清算
    贷:其他应付款——退票专户

(2)对提入的代付票据(借方票据),若付款单位有足够的资金支付,则会计分录为:

  借:吸收存款——活期存款——付款人户
    贷:清算资金往来——同城票据清算

若付款单位账户资金不足以支付或因票据要素错误无法办理支付,则应办理退票,会计分录为:

  借:其他应收款——退票专户
    贷:清算资金往来——同城票据清算

退票时,提入行应填制"退票理由书",并将待退的票据专夹保管,以便下场交换时一并退交原提出行。

【例6-7】 3月20日下午,普惠银行通江支行当天交换提入一张支票,支票签发人为本行开户单位松江木材厂,支票金额180 000元。在审核中发现密码有误,当即以电话通知退票,并填制退票理由书以备在下场交换时提出退票,当日会计分录为:

  借:其他应收款——松江木材厂   180 000
    贷:清算资金往来——同城票据清算   180 000

另按支票面额5%处以罚款,会计分录为:

  借:吸收存款——活期存款——松江木材厂   9 000
    贷:营业外收入——结算罚款收入   9 000

3月21日,普惠银行通江支行将退票及退票理由书于早场票据交换时提出,会计分录为:

  借:清算资金往来——同城票据清算   180 000
    贷:其他应收款——松江木材厂   180 000

4. 处理参加交换的银行清算差额的业务

各参加票据交换的银行在票据交换结束后,根据应收金额和应付金额进行轧差计算。

    应收金额=提出借方票据金额+提入贷方票据金额
    应付金额=提出贷方票据金额+提入借方票据金额

如果应收金额大于应付金额,即为应收差额;反之为应付差额。每一个参加交换的银行要根据当天应收差额或应付差额进行资金清算。

各行交换员将已汇总的应收金额、应付金额及应收或应付差额与交换所打印的相应数据核对一致后,填写"同城票据清算划收(划付)专用转账凭证"一式四联。其中两联交票据交换所,另两联带回本行进行账务处理。

各行将提出、提入票据全部记入"同城票据清算"科目后,其余额应与本次通过中国人民银行划转存款的金额一致,应收、应付的方向也一致。然后根据带回的"同城票据清算划收(划付)专用转账凭证"办理转账,结清"同城票据清算"科目余额。

(1)若本次交换为应付差额,会计分录为:

借:清算资金往来——同城票据清算

  贷:存放中央银行款项

(2)若本次交换为应收差额,会计分录方向相反。

【例6-8】 普惠银行通江支行第一场交换提出借方凭证金额合计为400 000元,提出贷方凭证合计为100 000元;提入借方凭证金额合计为600 000元,提入贷方凭证金额合计为200 000元,编制该行清算资金的会计分录。

该行应收金额合计=400 000+200 000=600 000(元)

该行应付金额合计=100 000+600 000=700 000(元)

应付差额=700 000-600 000=100 000(元)

借:清算资金往来——同城票据清算   100 000

  贷:存放中央银行款项   100 000

思考题

1.同城票据交换及清算的概念。

2.同城票据交换及清算的基本规定。

任务6.5 认识全国支票影像交换系统

6.5.1 概述全国支票影像交换系统

2007年6月25日,中国人民银行正式完成影像交换系统在全国的推广建设。这意味着支票在全国范围的互通使用已经实现,企事业单位和个人持任何一家银行的支票均可在境内所有地区办理支付。

6.5.2 全国支票影像交换系统概念

全国支票影像交换系统是指运用影像技术将实物支票转换为支票影像信息,通过计算机及网络将支票影像信息传递至出票人开户银行提示付款的业务处理系统。

6.5.3 全国支票影像交换系统的系统参与者

全国支票影像交换系统的系统参与者是指办理支票结算业务的银行业金融机构和票据交换所。

6.5.4 中国人民银行对全国支票影像交换系统的规定

1. 全国支票全国通用后出票人签发的支票凭证不变;
2. 支票的提示付款期限仍为 10 天;
3. 异地使用支票款项最快可在 2 至 3 小时到账,一般在银行受理支票之日起 3 个工作日内均可到账;
4. 为防范支付风险,异地使用支票的单笔金额上限为 50 万元;
5. 办理支票业务,银行向客户的收费暂按现行标准不变。

6.5.5 全国支票影像交换系统的处理原则及区域划分

1. 处理原则

全国支票影像交换系统的业务处理遵循"先付后收、收妥抵用、全额清算、银行不垫款"的原则。

2. 区域划分

全国支票影像交换系统处理的支票业务分为区域业务和全国业务。区域业务是指支票的提出行和提入行均属同一分中心、由分中心转发的业务;全国业务是指支票的提出行和提入行分属不同分中心、由总中心负责转发的业务。

(1)分中心是指接收、转发同一区域内系统参与者的支票影像信息,并向总中心发送和从总中心接收支票影像信息的系统节点。
(2)总中心是指接收、转发跨分中心支票影像信息的系统节点。
(3)提出行是指持票人开户的银行业金融机构。
(4)提入行是指出票人开户的银行业金融机构。

6.5.6 全国支票影像交换系统进行付款确认的方式

提入行可以采用印鉴核验方式或支付密码核验方式对支票影像信息进行付款确认。
1. 采用印鉴核验方式的,可使用电子验印系统,付款确认以签章为主、支票影像其他要素为辅。
2. 采用支付密码核验方式的,应与出票人签订协议约定使用支付密码作为审核支付支票金额的依据。

6.5.7 全国支票影像交换系统对提出、提入支票的审查

1. 提出行受理持票人提交的通过全国支票影像交换系统处理的支票时,应审查下列事项:
(1)票面是否记载银行机构代码;
(2)支票金额是否超过规定金额上限;
(3)支票是否是按统一规定印制的凭证,支票是否真实,是否超过提示付款期限,是否为远期支票;
(4)支票填明的持票人是否在本行开户,持票人的名称是否为该持票人,持票人的名

称与进账单上的名称是否一致；

(5)出票人的签章是否符合规定；

(6)支票的大小写金额是否一致，与进账单的金额是否相符；

(7)支票必须记载的事项是否齐全，出票金额、出票日期、收款人名称是否更改，其他记载事项的更改是否由原记载人签章证明；

(8)背书转让的支票其背书是否连续，签章是否符合规定，背书使用粘单的是否按规定加盖骑缝章；

(9)持票人是否在支票的背面作委托收款背书；

(10)未附粘单支票应采集其正面和背面影像，附粘单支票应采集其正面和记载最后一手委托收款背书粘单的影像，其他背书信息在电子清算信息中连续记录。

提出行应遵循国家会计档案管理有关规定负责保管转换为影像信息的实物支票。

2.提入行收到支票影像信息，应审查下列事项：

(1)票面记载的银行机构代码是否为本行机构代码；

(2)支票的大小写金额是否一致；

(3)支票必须记载的事项是否齐全；

(4)出票人签章与预留银行签章是否相符，与客户约定使用支付密码的，其密码是否记载正确；

(5)持票人是否在支票的背面作委托收款背书；

(6)电子清算信息与支票影像内容是否相符；

(7)出票人账号、户名是否相符；

(8)出票人账户是否有足够支付的款项。

6.5.8　全国支票影像交换系统退票处理

1.退票是指持票人开户银行拒绝受理支票或出票人开户银行拒绝付款的行为。

2.持票人开户银行拒绝受理支票时，应出具拒绝受理通知书。出票人开户银行拒绝付款时，由持票人开户银行根据出票人开户银行的拒绝付款回执代为出具退票理由书。

3.持票人开户银行应将实物支票连同拒绝受理通知书或退票理由书一并退交持票人。

4.拒绝受理通知书和退票理由书均可作为拒绝付款的证明。

思考题

1.全国支票影像交换系统的概念。

2.全国支票影像交换系统的系统参与者。

项目结论

资金清算是支付结算业务的延伸，而资金清算业务离不开信息系统的支持。资金清算系统是支撑各种支付工具应用、实现资金清算并完成资金最终划拨的通道。

本项目重点介绍了资金清算业务系统的架构，详略得当地介绍了现代化支付系统构成及大、小额支付系统的流程及核算；银行行内电子汇划系统的流程及核算；票据支付系统即同城票据交换的流程及核算;全国支票影像交换系统的基本做法;简略介绍了银行卡支付系统和外币支付系统。

项目训练

一、单项选择题

1. "清算资金往来"账户属于（　　）类别。
   A. 资产类　　　　　　　　B. 负债类
   C. 资产负债共同类　　　　D. 所有者权益类

2. 下列关于同城票据交换清算的说法不正确的是（　　）。
   A. 对参加交换的行处,需要核定交换号码
   B. 参加交换的行处应按照交换的场次和时间参加交换
   C. 提出交换的借方票据也称代收票据
   D. 每场交换后要打印"交换差额报告单",送人民银行营业部门办理转账

3. 工商银行北京分行广安门分理处12月20日参加同城票据交换,提出借方票据金额105万元,提出贷方票据金额91万元,提入借方票据金额128万元,提入贷方票据金额83万元,则会计上对其交换差额列账应为（　　）。
   A. 借记存放中央银行款项,记账金额为59万元
   B. 贷记存放中央银行款项,记账金额为59万元
   C. 借记存放中央银行款项,记账金额为31万元
   D. 贷记存放中央银行款项,记账金额为31万元

4. 下列哪项可以成为划收款下汇出行汇出网点(即发报经办行)的会计分录（　　）。
   A. 借:吸收存款——活期存款——存款人户
      贷:清算资金往来——集中汇划点往来户
   B. 借:清算资金往来——汇出网点往来户
      贷:清算资金往来——电子汇划款项户
   C. 借:清算资金往来——电子汇划款项户
      贷:清算资金往来——汇入网点往来户
   D. 借:清算资金往来——集中汇划点往来户
      贷:吸收存款——活期存款——收款人户

5. "存放系统内款项"账户属于（　　）类别。
   A. 资产类　　　　　　　　B. 负债类
   C. 资产负债共同类　　　　D. 所有者权益类

6. 汇总平衡是（　　）资金清算系统专用的会计科目。
   A. 现代化支付系统　　　　B. 银行行内电子汇划系统
   C. 银行卡支付系统　　　　D. 票据支付系统

7. 为防范支付风险,在全国支票影像交换系统业务中,异地使用支票的单笔金额上限为（　　）万元。

A. 5　　　　　　B. 2　　　　　　C. 20　　　　　　D. 50

8. 在全国支票影像交换系统业务中,支票的提示付款期限为(　　)天。
A. 5　　　　　　B. 15　　　　　　C. 3　　　　　　D. 10

9. "同城票据清算"账户属于(　　)类别。
A. 资产类　　　　　　　　　　B. 负债类
C. 资产、负债共同类　　　　　D. 所有者权益类

10. 小额批量支付系统的"小额"主要处理同城或异地(　　)万元以下的跨行交易,为社会提供低成本、大业务量的支付清算服务。
A. 1　　　　　　B. 5　　　　　　C. 3　　　　　　D. 2

二、多项选择题

1. 中国现代化支付系统主要由(　　)两个业务应用系统。
A. 大额实时支付系统　　　　　B. 小额批量支付系统
C. 清算账户管理系统　　　　　D. 支付管理信息系统

2. 票据支付系统是中国人民银行建设运营的(　　)的统称。
A. 同城票据清算系统(含同城票据交换所)
B. 银行卡支付系统
C. 外币支付系统
D. 全国支票影像交换系统

3. 中国现代化支付系统建有两级处理中心,即(　　)。
A. 国家处理中心　　　　　　　B. 全国省会城市处理中心
C. 深圳城市处理中心　　　　　D. 上海城市处理中心

4. 现代化支付系统参与者分为(　　)。
A. 直接参与者　　B. 间接参与者　　C. 特许参与者　　D. 公民个人

5. 银行系统内电子汇划系统主要由(　　)通过计算机网络组成。
A. 汇划业务经办行　　　　　　B. 人民银行
C. 总行清算中心　　　　　　　D. 清算行

6. 银行系统内电子汇划系统采取(　　)的基本做法。
A. 实存资金　　　　　　　　　B. 同步清算
C. 头寸控制　　　　　　　　　D. 集中监督

7. 属于银行系统内电子汇划系统常用的会计科目有(　　)。
A. ××银行存款　　　　　　　B. 系统内存放款项
C. 清算资金往来　　　　　　　D. 存放系统内款项

8. 票据交换分(　　)两个系统处理。
A. 提出行　　　　B. 发报行　　　　C. 清算行　　　　D. 提入行

9. 同城票据交换提出交换的票据分(　　)两种。
A. 借方票据　　　　　　　　　B. 划收款票据
C. 划付款票据　　　　　　　　D. 贷方票据

10. 全国支票影像业务处理遵循（　　）的原则。
A. 先付后收　　　　　　　　B. 收妥抵用
C. 全额清算　　　　　　　　D. 银行不垫款

三、判断题

1. 根据清算资金往来基本原理，同一笔业务的往账与来账必相等，往账与来账的记账方向相同。（　　）

2. 清算资金往来的产生是由行与行之间的资金划拨业务所引起的。（　　）

3. 银行内电子汇划清算对每一笔系统内汇划资金实现隔日结计汇差并完成资金清算，减少了传统手工联行制度下的联行占款时间。（　　）

4. 一般参加同城票据交换的行处，既是"提出行"，又是"提入行"。（　　）

5. 支票全国通用后出票人签发的支票凭证已发生改变。（　　）

6. 每日进行两场交换清算的，必须隔日退票。（　　）

7. "存放中央银行款项"属于资产类科目，增加记借方，减少记贷方，其余额在借方。（　　）

8. 目前，我国已初步建成以银行行内电子汇划系统为核心，以中国现代化支付系统为基础，票据交换和票据影像系统、外币清算系统以及银行卡支付系统并存的支付清算架构。（　　）

9. 现代化支付系统是由各商业银行总行主办的。（　　）

四、业务练习

习题一　大额支付系统业务的核算

（一）目的：练习大额支付系统的核算。

（二）资料：工商银行通江支行发生下列经济业务。

1. 受理开户单位购物中心提交的汇款凭证，金额 2 000 000 元，要求将资金汇往在异地某农业银行开户的服装厂；

2. 承上题，其省级分行收到汇划信息后，审核无误办理转账；

3. 汇入地中国工商银行该省分行收到国家处理中心转来的资金汇划信息，金额 6 000 000 元，收款人为本行开户单位服装厂，审核无误后办理转账；

4. 承上题，服装厂开户行即本支行收到资金汇划信息后，审核无误，办理转账。

（三）要求：编制相关会计分录。

习题二　银行行内电子汇划业务的核算

（一）资料：工商银行某支行发生下列电子汇划业务。

1. 3月5日，通过本行的集中汇划点将一笔电子划收款信息发送至异地收汇的集中汇划点，金额 40 000 元，该业务系汇款人机电公司委托银行将款项汇往异地；

2. 3月7日，收到南京市工行营业部经所属集中汇划点传来的电子划收款信息，该款项系开户单位腾龙公司一笔汇入款，金额 120 000 元。

（二）要求：作出本行及本行所属集中汇划点相关会计分录。

习题三　练习同城票据交换清算的核算

（一）资料：工商银行第一支行某日同城交换差额报告单如下：

第一次交换差额报告单

20××年 1 月 20 日

摘　要		其他应收款（借方）		其他应付款（贷方）	
		张　数	金　额	张　数	金　额
提　出	借方凭证	28	320 060	贷方凭证	20	294 320
提　回	贷方凭证	23	96 040	借方凭证	12	76 280
总金额					
总　额		应借差额		应贷差额	

（二）要求：根据以上资料，分别编制提出票据、提入票据和资金清算会计分录。

项目延伸

《中华人民共和国票据法》、《中国现代化支付系统运行管理办法》、《大额支付系统业务处理手续》、《大额支付系统业务处理办法》、《小额支付系统业务处理手续》、《小额支付系统业务处理办法》、《全国支票影像交换系统运行管理办法》、《全国支票影像交换系统业务处理手续》、《全国支票影像交换系统业务处理办法》、《境内外币支付系统管理办法》等。

项目 7

掌握支付结算工具

● 知识结构图

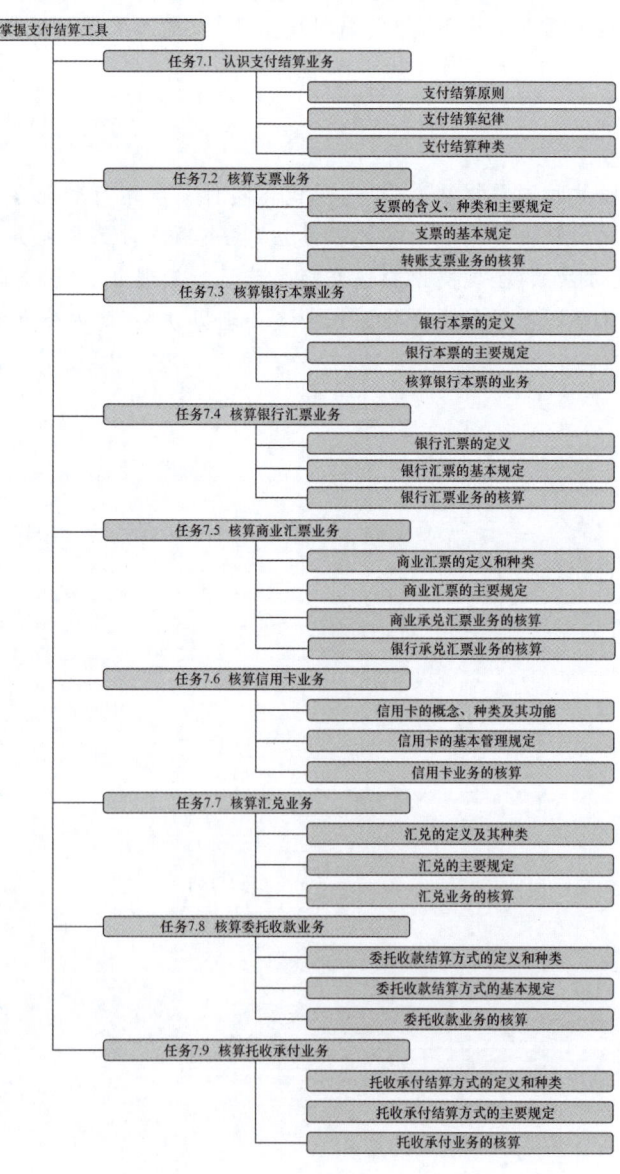

项目 7　掌握支付结算工具

素质目标

1. 培养学生风险防控意识,提高识别假票据的能力;
2. 培养学生服务意识,掌握各支付手段特点,为企业服务,提高资金利用率;
3. 培养学生严谨的作风,严格审核各种结算工具及相关凭证的要素;
4. 培养学生规范的职业道德,坚决执行支付结算的原则、纪律。

知识目标

1. 认识、了解支付结算的种类以及各结算工具的应用范围;
2. 掌握支票、本票及汇票的流程和核算;
3. 掌握汇兑、委托收款及托收承付的流程和核算;
4. 掌握信用卡的流程及核算。

技能目标

1. 熟记支付结算的原则、纪律;
2. 学会审核各种结算工具及相关凭证的要素;
3. 会办理各种结算业务,掌握其概念、业务流程及主要会计核算。

案例导入

小李大学毕业后刚刚分配到某公司做会计,许多业务还处于学习中。在处理大量的公司的结算业务中,发现所应用的结算工具一应俱全,如汇票、本票、支票、信用卡、汇兑、委托收款等,但对何种业务选择何种结算工具仍很困惑。于是,小李向公司老会计请教……

选择好支付结算工具对促进商品交易,加速资金周转,提高资金使用效率,保证资金安全具有重要意义。那么,企业应该如何选择支付结算工具呢?各支付结算工具又有何特点呢?

任务 7.1　认识支付结算业务

支付结算又称转账结算,是指单位或个人在社会经济活动中使用票据、信用卡以汇兑、托收承付、委托收款等结算方式进行货币给付及资金清算的行为。我国《支付结算办法》规定:"银行是支付结算和资金清算的中介机构,未经中国人民银行批准的非银行金融机构和其他单位不得作为中介机构经营支付结算业务。"

7.1.1　支付结算原则

1. 恪守信用,履约付款

信用是企业、单位生存发展的基础,也是商品交易和办理结算的前提条件。进行结算的企业、单位及其开户银行必须树立信用观念,讲信誉、重信用,按照协议、合约规定的付款金额和付款日期进行支付。

2. 谁的钱进谁的账,由谁支配

银行作为资金清算的中介机构,在办理支付结算时,必须遵循存款人的委托,将款项支付给其所指定的收款人;对存款人的存款,除国家法律另有规定外,必须由其自主支配,其他单位、个人以及银行都不得对其资金进行干预和侵犯。

3. 银行不垫款

银行在办理支付结算过程中,只负责将结算款项从付款单位账户划转到收款单位账户,而不承担垫付任何款项的责任,以防止客户占用银行资金。

7.1.2 支付结算纪律

1. 单位、个人应遵守的结算纪律

不准签发没有资金保证的票据或远期支票,套取银行信用;不准签发、取得和转让没有真实交易和债权债务的票据,套取银行和他人资金;不准无理拒绝付款,任意占用他人资金;不准违反规定开立和使用账户,利用多头开户逃废债务;不准签发与预留印鉴不符或支付密码不符的支票;不准擅自印制票据和结算凭证。

2. 银行应遵守的结算纪律

不准以任何理由压票、任意退票、截留挪用客户和他行资金;不准无理拒付应由银行支付的票据款项;不准违章签发、承兑、贴现票据,套取他人资金;不准签发空头银行汇票、银行本票和办理空头汇款;不准在支付结算制度之外规定附加条件,影响汇路畅通;不准违反规定为单位和个人开立账户;不准拒绝受理、代理他行正常结算业务;不准放弃对开户单位和个人违反结算纪律的制裁;不准逃避向人民银行转汇大额银行汇票资金。

7.1.3 支付结算种类

根据《支付结算办法》的规定,支付结算种类包括票据、信用卡、结算方式和国内信用证(即"三票一卡三方式一证"),具体如下:

1. 票据。具体包括支票、本票、汇票,其中汇票分为银行汇票和商业汇票。
2. 信用卡。
3. 结算方式。结算方式包括汇兑、委托收款、托收承付三种方式。
4. 国内信用证。

本项目主要介绍各种票据、信用卡、汇兑、委托收款及托收承付等常见支付结算业务的核算。

思考题

1. 什么是支付结算?
2. 支付结算的原则是什么?
3. 支付结算工具有哪些种类?

支票业务流程及核算

任务 7.2　核算支票业务

7.2.1 支票的含义、种类和主要规定

支票是出票人签发的,委托办理支票存款业务的银行在见票时无条件支付确定的金

额给收款人或者持票人的票据。

支票按用途分为现金支票、转账支票和普通支票三种。现金支票只能用于支取现金；转账支票只能用于转账；普通支票既可以用于支取现金，也可以用于转账。在实际工作中，还有一种划线支票，该种支票在普通支票左上角划有两条平行线，只能用于转账，不能用于支取现金。

7.2.2 支票的基本规定

1. 单位和个人在全国范围的各种款项结算均可使用支票。

2. 支票的出票人，是在经中国人民银行当地分支行批准办理支票业务的银行机构开立可以使用支票的存款账户的单位和个人。

3. 出票人签发的支票必须记载下列事项：
(1) 表明"支票"的字样；
(2) 无条件支付的委托；
(3) 确定的金额；
(4) 付款人的名称；
(5) 出票日期；
(6) 出票人签章。

缺乏记载上列事项之一的，支票无效。

签发支票应使用碳素墨水或墨汁填写。支票的填写必须做到标准化、规范化，要求要素齐全、数字正确、字迹清晰、不错漏、不潦草，不得对支票进行涂改。

4. 支票的付款人为支票上记载的出票人开户银行。

5. 转账支票允许连续背书转让，现金支票和普通支票不能背书转让。

6. 签发现金支票和用于支取现金的普通支票，必须符合国家现金管理规定。

7. 支票丢失后，失票人可以及时通知付款人挂失止付。但付款人或者代理付款人自收到挂失止付通知书之日起12日内没有收到人民法院的止付通知书的，自第13日起，持票人提示付款并依法向持票人付款的，不再承担责任。

8. 支票的金额、收款人名称可以由出票人授权补记。未补记前不得背书转让和提示付款。

9. 支票的提示付款期限为自出票日起10日内，但中国人民银行另有规定的除外。超过提示付款期限提示付款的，持票人开户银行不予受理，付款人不予付款。

10. 支票的出票人签发支票的金额不得超过付款时在付款人处实有的存款金额。禁止签发空头支票。

11. 支票出票人预留银行的签章是银行审核支票付款的依据。银行也可以与出票人约定使用支付密码，作为银行审核支付支票金额的条件。

12. 出票人签发空头支票、签章与预留银行签章不符的支票，或使用支付密码提取而支付密码错误的支票，银行应予以退票，并按票面金额对出票人处以5%但不低于1 000

元的罚款;持票人有权要求出票人赔偿支票金额2%的赔偿金。对屡次签发上述支票的,银行应停止其签发支票。

13.存款人领购支票,必须填写"票据和结算凭证领用单"并加盖预留银行印鉴。存款账户结清时,必须将全部剩余空白支票交回银行注销。

因现金支票结算业务已在项目三中作了讲述,所以本项目只介绍转账支票在同一票据交换区域的会计核算。

7.2.3 转账支票业务的核算

单位或个人需要使用转账支票时,可直接签发并转交给收款人,然后由收款人向开户银行办理转账(此为借记支票)。如果收款人和出票人在同一家银行开户,可当即办理转账;如不在同一家银行开户,则需要通过票据交换,即由收款人开户行将支票提出,再由出票人开户行将支票提入,然后划款。

使用转账支票也可由出票人持票委托其开户行将款项划转给收款人(此为贷记支票)。如果出票人和收款人在同一家银行开户,可当即办理转账;如不在同一家银行开户,则需要通过票据交换,由出票人开户行将进账单提出,再由收款人开户行将进账单提入,然后收款。

收款人持票办理结算的基本流程如图7-1所示,出票人持票委托开户行办理结算的基本流程如图7-2所示。

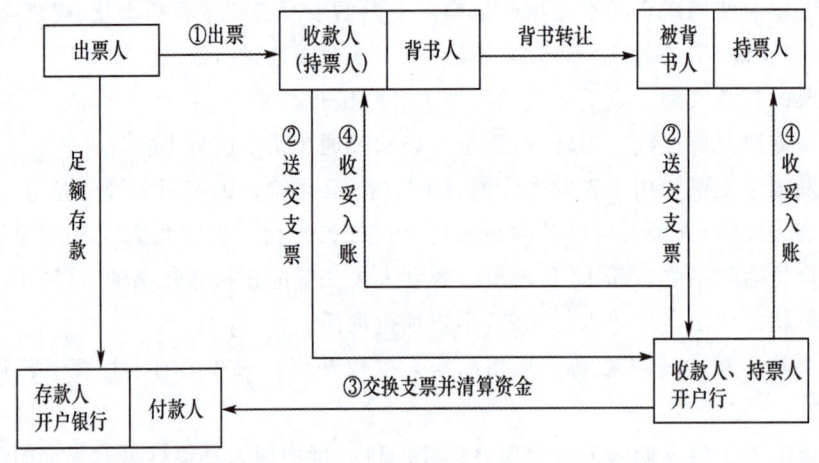

图 7-1 收款人持转账支票办理结算基本流程(借记支票流程)

1. 核算持票人(或收款人)与出票人在同一行处开户的业务

(1)银行受理持票人送交的转账支票

银行接到持票人交存的转账支票(正面及背面格式分别见表4-6、表7-1)和三联进账单(见表7-2)时,应进行严格的审查。银行审查无误后,将支票作为借方凭证,第一联进账单加盖业务公章,第三联进账单加盖转讫章作为收账通知一并交持票人,第二联进账单作为贷方凭证办理转账。会计分录为:

借:吸收存款——活期存款——出票人户
贷:吸收存款——活期存款——持票人户

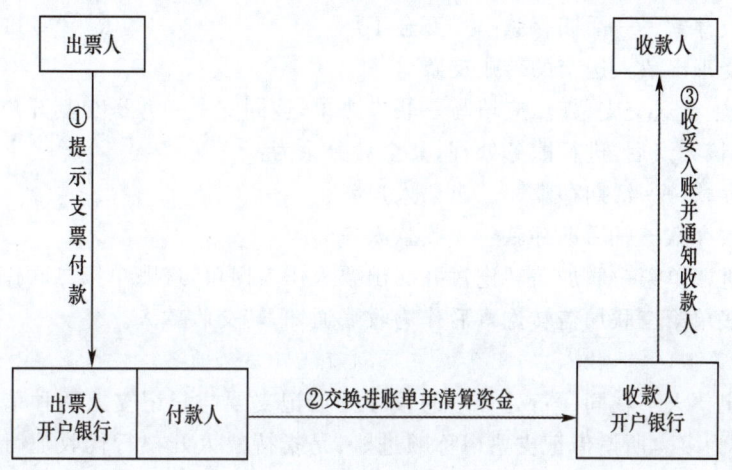

图 7-2 出票人持转账支票委托开户行将款项划转给收款人的结算流程(贷记支票流程)

表 7-1　　　　　　　　　转账支票背面格式(正联部分)

表 7-2

进账单格式

中国××银行进账单(回单)1

【例 7-1】 工商银行通江支行收到五金工厂交来的进账单和在本行开户的千禧商场签发的转账支票各一份,金额为 50 000 元,审核无误后,作分录如下:

借:吸收存款——活期存款——千禧商场　　　　　　　　50 000
　　贷:吸收存款——活期存款——五金工厂　　　　　　　　　　　50 000

(2)银行受理出票人送交的转账支票

出票人向银行送交支票时,应填写三联进账单,连同支票一并送交其开户银行。开户银行经认真审核无误后,进行账务处理,其会计分录为:

借:吸收存款——活期存款——出票人户
　　贷:吸收存款——活期存款——收款人户

转账后,进账单第一联加盖转讫章并交出票人作为回单,进账单第二联作为贷方凭证办理转账,进账单第三联加盖转讫章后作为收账通知,转交收款人。

2. 核算持票人(或收款人)与出票人在不同行处开户的业务

持票人、出票人不在同一行处开户的核算分借记支票与贷记支票两种情况。在实务中以借记支票为多。所谓借记支票俗称顺进账,是指持票人开户行代收他行的支票。所谓贷记支票,俗称倒进账,是指出票人开户行收到以自己作为付款人的支票。

(1)持票人(或收款人)开户银行受理持票人交存的支票(借记支票)

这部分内容分别从持票人开户行和出票人开户行两个方面阐述。

①持票人开户行的处理

持票人开户银行收到持票人交存的支票和三联进账单后,经审查无误,在三联进账单上加盖"收妥后入账"戳记,第一联作为回单给持票人,第二、三联进账单专夹保管,支票按同城票据交换的有关规定,及时提出交换,另编转账凭证办理转账,其会计分录为:

借:清算资金往来——同城票据清算
　　贷:其他应付款——××行户

如提出的支票在下一个交换场次后未退回,则可另编转账借方凭证,第二联进账单作贷方凭证办理转账。此时所作会计分录为:

借:其他应付款——××行户
　　贷:吸收存款——活期存款——持票人户

如提出的支票由于某种原因在下一个交换场次被退回,则另编转账凭证,其会计分录为:

借:其他应付款——××行户
　　贷:清算资金往来——同城票据清算

【例 7-2】 工商银行通江支行收到兴隆工厂交来的进账单和在农业银行江北支行开户的五金商场签发的转账支票各一份,金额为 70 000 元,审核无误。

票据交换后,收到同城票据交换资金清算凭证,作会计分录如下:

借:清算资金往来——同城票据清算　　　　　　　　　　70 000
　　贷:其他应付款——江北支行　　　　　　　　　　　　　　　　70 000

待退票时间过后,将兴隆工厂的进账单入账,作会计分录如下:

借:其他应付款——江北支行　　　　　　　　　　　　　70 000
　　贷:吸收存款——活期存款——兴隆工厂　　　　　　　　　　　70 000

②出票人开户行的处理

出票人开户银行收到交换提入的支票,对支票审查无误后,以支票作为凭证办理转账,会计分录为:

借:吸收存款——活期存款——出票人户
　　贷:清算资金往来——同城票据清算

若支票属退票范围,则出票人开户银行应及时使用"其他应收款"科目进行核算;此时需另编转账借方传票,专夹保管支票,待下次交换时退回。会计分录为:

借:其他应收款——××行户
　　贷:清算资金往来——同城票据清算

支票在下次交换退回时,应另编转账贷方传票办理转账。会计分录为:

借:清算资金往来——同城票据清算
　　贷:其他应收款——××行户

以上持票人、出票人不在同一行处开户,使得同城票据交换成为必要之举。同城票据交换是在中国人民银行主持下的票据交换场所进行的,一般情况下票据交换场所一日要进行两次交换,各商业银行需按时在这里交换票据。参加票据交换的各商业银行在会计处理上使用"清算资金往来——同城票据清算"科目进行核算,该科目属资产负债共同类,借方确认体现为资产的增加,贷方确认体现为负债的增加。当银行提出票据时,该行要借记"同城票据清算",贷记"吸收存款"等相关科目;当银行提入票据时,该行要贷记"同城票据清算",借记"吸收存款"等相关科目。

(2)出票人开户银行受理出票人送交的支票(贷记支票)

出票人开户银行接到出票人送交的支票和三联进账单,经审查无误后,以支票作借方凭证。其会计分录为:

借:吸收存款——活期存款——出票人户
　　贷:清算资金往来——同城票据清算

第一联进账单加盖转讫章作回单交给出票人,第二、三联进账单按照票据交换的规定及时提出交换。

持票人开户行收到交换提入的第二、三联进账单,经审查无误后,第二联进账单加盖转讫章作贷方凭证。其会计分录为:

借:清算资金往来——同城票据清算
　　贷:吸收存款——活期存款——持票人户

第三联进账单加盖转讫章作收账通知交给持票人。

思考题

1. 支票的种类有哪些?
2. 支票的主要规定有哪些?

任务 7.3 核算银行本票业务

7.3.1 银行本票的定义

银行本票是银行签发的,承诺自己在见票时无条件支付确定的金额给收款人或者持票人的票据。银行本票由银行签发,保证兑付,而且见票即付,信用高,支付功能强。

7.3.2 银行本票的主要规定

1. 单位和个人在同一票据交换区域需支付各种款项时,均可以使用银行本票。

2. 银行本票可用于转账,注明"现金"字样的银行本票可以用于支取现金。

3. 银行本票的出票人是经中国人民银行当地分支行批准办理银行本票业务的银行机构。

4. 银行本票的提示付款期限自出票日起最长不得超过 2 个月。持票人超过提示付款期限提示付款的,代理付款人不予受理。银行本票的代理付款人是代理出票银行审核支付银行本票款项的银行。

5. 银行本票允许背书转让,但填明"现金"字样的银行本票不得背书转让。如果填明"现金"字样的银行本票丢失,可以由失票人通知付款人或代理付款人挂失止付。

6. 签发银行本票必须记载下列事项:表明"银行本票"的字样;无条件支付的承诺;确定的金额;收款人名称;出票日期和出票人签章等。

7. 申请人使用银行本票应向银行填写"银行本票申请书",详细填写有关内容。申请人和收款人均为个人需要支取现金的,应在"支付金额"栏先填写"现金"字样,后填写支付金额。

8. 出票银行受理申请书,收妥款项后签发银行本票。用于转账的,在银行本票上划去"现金"字样;用于支取现金的,在银行本票上划去"转账"字样。申请人或收款人为单位的,银行不得为其签发现金银行本票。

9. 对于跨系统银行本票的兑付,持票人开户行可根据中国人民银行规定的金融机构同业往来利率向出票银行收取利息。

7.3.3 核算银行本票的业务

银行本票结算的会计处理分为出票、付款和结清三个阶段。银行本票结算的基本流程如图 7-3 所示。

1. 银行本票出票的处理

申请人需要使用银行本票,应向银行填写"银行本票申请书"。"银行本票申请书"一式三联,第一联回单,转账后退还申请人;第二联转账借方凭证;第三联转账贷方凭证。交现金办理银行本票的,第二联注销。银行受理"银行本票申请书"时,应审核其填写的内容是否齐全、清楚;申请书填明"现金"字样的,应审核申请人和收款人是否均为个人。审查无误后,办理转账。会计分录为:

借:库存现金(或吸收存款)——申请人户
  贷:开出本票

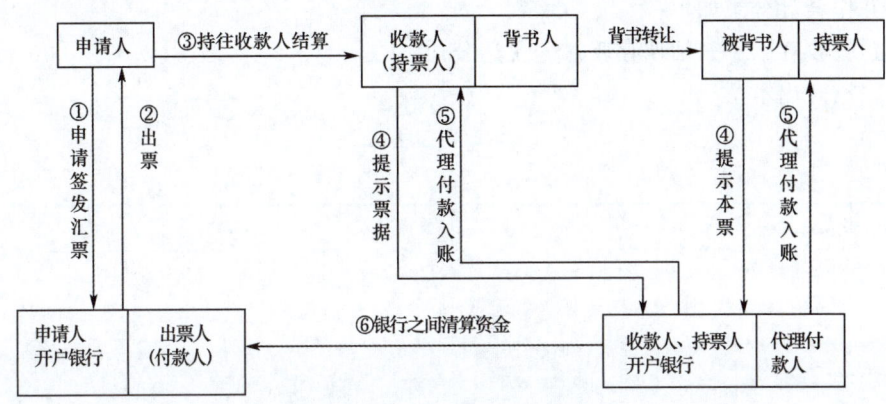

图 7-3 银行本票结算的基本流程

"开出本票"是负债类账户,用以核算银行签发本票所吸收的款项。银行签发本票时,记入贷方;银行兑付本票及向中央银行清算资金时,记入借方;期末余额在贷方,表示已签发尚未兑付的本票。

银行在办理转账或收妥现金后签发银行本票,银行本票一式两联,第一联卡片,第二联银行本票正本(正面及背面格式分别见表 7-3、表 7-4);同时登记"开出本票登记簿"、"重要空白凭证登记簿";另填制表外科目付出凭证,登记表外科目明细账。其会计分录为:

付出:重要空白凭证——银行本票在用户

表 7-3　　　　　　　　　　本票正面格式

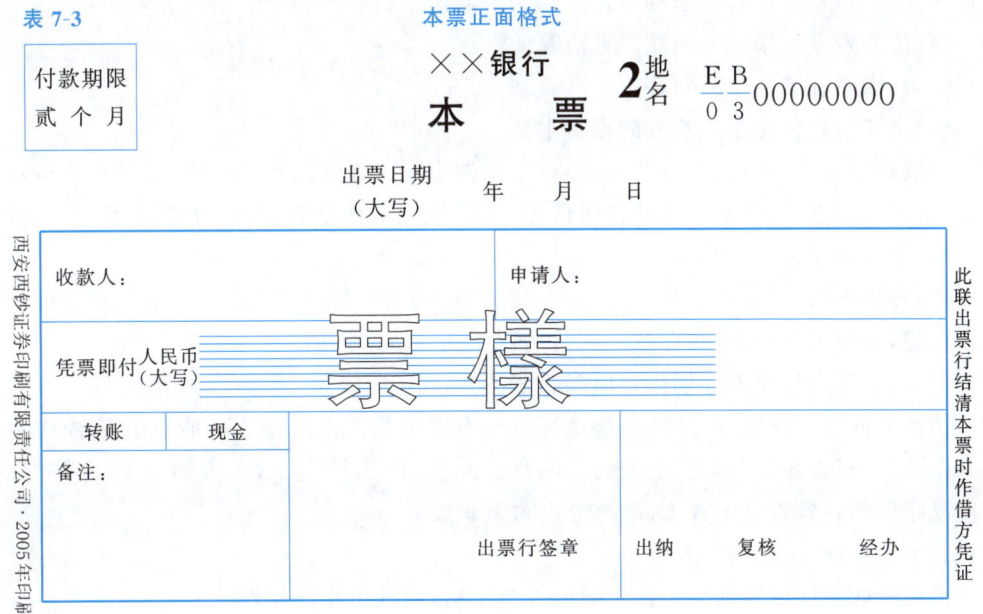

【例 7-3】 工商银行通江支行收到悦达公司交来银行本票申请书,申请签发银行本票 30 000 元。经审查无误后,当即签发银行本票 30 000 元,交付该公司,款项从其存款户收取,并作会计分录如下:

  借:吸收存款——活期存款——悦达公司   30 000
   贷:开出本票   30 000

表 7-4   本票背面格式

被背书人	被背书人
  背书人签章 年 月 日	 背书人签章 年 月 日
持票人向银行 提示付款签章:	身份证件名称: 发证机关: 号码

（贴粘单处）

2. 银行本票付款的处理

(1)代理付款行代理出票行付款

代理付款行接到本行开户单位的持票人交来的本票及三联进账单审核无误后,进账单第一联加盖业务公章交持票人作回单,第二联作贷方记账凭证,第三联加盖转讫章作收账通知交给持票人,银行本票则通过票据交换向出票行提出交换。会计分录为:

  借:清算资金往来——同城票据清算
   贷:吸收存款——活期存款——持票人户

(2)出票行兑付由本行签发的银行本票

出票行受理本行签发的本票及进账单,应抽出专夹保管的本票卡片,经与本票核对无误后,本票作借方凭证,本票卡片作附件,进账单第二联作贷方凭证,办理转账(即兑付加结清)。会计分录为:

  借:开出本票
   贷:库存现金(或吸收存款——活期存款——持票人户)

第一、三联交持票人分别作收票和收账通知。

持票人向银行兑取现金时,需要认真查验本票上填写的申请人和收款人是否均为个人身份证件、是否为收款人和被委托人的身份证件,并要求提交收款人和被委托人的身份证件复印件留存备查。审查无误后,办理付款手续。

3. 银行本票结清的处理

出票行收到同城票据交换提入的银行本票后,应抽出专夹保管的本票卡片,经与本票核对无误后,本票作借方凭证,本票卡片作附件,办理转账。会计分录为:

借:开出本票
　　贷:清算资金往来——同城票据清算

【例7-4】 工商银行通江支行从农业银行江北支行票据交换提入本票一张,金额40 000元,经审查无误后,作分录如下:
借:开出本票　　　　　　　　　　　　　　　　　　　　　40 000
　　贷:清算资金往来——同城票据清算　　　　　　　　　　　　40 000

思考题
1. 什么是银行本票?
2. 银行本票的核算环节有哪些?

任务7.4　核算银行汇票业务

银行汇票业务
流程及核算

7.4.1　银行汇票的定义

银行汇票是出票银行签发、由其在见票时按照实际结算金额无条件支付给收款人或者持票人的票据。银行汇票的出票人为经中国人民银行批准办理银行汇票业务的银行,银行汇票的出票银行即为银行汇票的付款人。

7.4.2　银行汇票的基本规定

1. 单位和个人的各种转账结算均可使用银行汇票。银行汇票可以用于转账,填明"现金"字样的银行汇票可以用于支取现金,但申请人和收款人必须均为个人,若申请人或者收款人为单位的,银行不得为其签发现金银行汇票。

2. 银行汇票的出票和付款,全国范围内仅限于中国人民银行和各商业银行参加"全国联行往来"的银行机构办理。跨系统银行签发的转账银行汇票的支付,应通过同城票据交换将银行汇票和解讫通知提交给同城有关银行支付后抵用。代理付款人不得受理未在本行开立存款账户的持票人为单位直接提交的银行汇票。

3. 银行汇票主要用于异地间的款项结算,如果同城使用银行汇票,则必须由另一家具备办理银行汇票资格的,与出票行同属一个系统的银行办理。

4. 收款人可以将银行汇票背书转让给被背书人。银行汇票的背书转让以不超过出票金额的实际结算金额为准。填明"现金"字样的银行汇票,不得背书转让。

5. 签发银行汇票必须记载下列事项:表明"银行汇票"的字样;无条件支付的承诺;出票金额;付款人名称;收款人名称;出票日期;出票人签章。欠缺上述事项之一,则银行汇票无效。

6. 银行汇票的提示付款期限为自出票日起一个月。持票人超过付款期限提示付款的,代理付款人不予受理。

7. 申请人使用银行汇票,应向出票银行填写"银行汇票申请书",详细说明有关内容并签章。申请人和收款人均为个人,需向代理付款人支取现金的,应在申请书上填明代理付款人名称,并在银行汇票金额栏先填写"现金"字样,后填写汇票金额。

8.申请人应将银行汇票和解讫通知一并交付给汇票上记明的收款人。其实际结算金额应在出票金额以内,不得更改,更改实际结算金额的银行汇票无效。

9.填明"现金"字样和代理付款人的银行汇票丢失后,失票人可以通知付款人或者代理付款人挂失止付。

10.持票人向银行提示付款的,必须同时提交银行汇票和解讫通知,并在汇票背面签章。持票人为未在银行开立账户的个人,应提交身份证并留下复印件备查。转账支付的,不得转入储蓄账户或信用卡账户。

11.未在银行开立存款账户的个人持票人,可以向选择的任何一家银行机构提示付款。提示付款时,应在汇票背面签章,并提交身份证件及其复印件备查。银行审查无误后,以持票人的姓名开立应解汇款账户,该账户只付不收,付完清户,不计付利息。

12.银行汇票的实际结算金额低于出票金额的,其多余金额由出票银行退交申请人。

13.持票人对填明"现金"字样的银行汇票,需委托他人向银行提示付款的,应在背书栏签章,记载"委托收款"字样,被委托人姓名,背书日期以及委托人身份证件的名称、号码、发证机关。

14.持票人或申请人因汇票超过付款提示期限或其他原因,要求付款或退款时,须在票据权利时效内,将汇票和解讫通知同时提交出票银行,并出具单位证明和个人身份证件,经审核无误后,方可办理。如缺乏解讫通知,出票银行应于汇票提示付款期满1个月后才能办理。

银行汇票的基本处理过程分为出票、兑付和结清三个阶段。银行汇票结算的基本流程如图7-4所示。

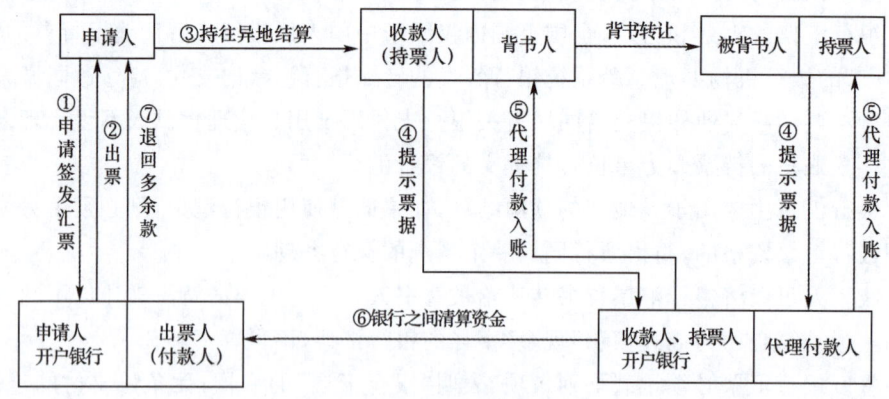

图7-4 银行汇票结算的基本流程

7.4.3 银行汇票业务的核算

1.银行汇票的出票

(1)银行受理申请书、转账收款的处理。申请人需要使用汇票时,应向银行填写银行汇票申请书一式三联,第一联存根,由申请人留存,第二、三联提交银行(交付现金办理的,

第二联注销)。银行审核无误后,以第二联作为转账借方凭证,第三联作为转账贷方凭证入账。会计分录为:

　　借:吸收存款——活期存款(或库存现金)——申请人户
　　　贷:汇出汇款

(2)签发银行汇票的处理。出票行在办好转账或收妥现金后,签发银行汇票。银行留下第一联卡片和第四联多余款收账通知,将第二联银行汇票(正面及背面格式见表7-5、表7-6)和第三联解讫通知一并交给申请人。同时登记"重要空白凭证登记簿"及"重要空白凭证使用情况登记簿",填制表外科目付出凭证,登记表外科目明细账:

　　付出:重要空白凭证——银行汇票在用户

在不能签发汇票的银行开户的申请人需要使用银行汇票时,应将款项转交附近能够签发汇票的银行办理,出票行不得拒绝受理。

表7-5　　　　　　　　　　银行汇票正面格式

| 付款期限 壹个月 | ××银行 银行汇票 | 2 | 地名 | $\frac{BA}{01}$ 00000000 |

(票样)

表7-6　　　　　　　　　　银行汇票背面格式

【例 7-5】 工商银行通江支行收到泰达公司交来银行汇票申请书一份,申请签发银行汇票 60 000 元。经审查无误后,款项从其存款账户收取,当即签发银行汇票一张,金额 60 000 元,交付该公司。作会计分录如下:

　　借:吸收存款——活期存款——泰达公司　　　　　　　　60 000
　　　贷:汇出汇款　　　　　　　　　　　　　　　　　　　　　　60 000

2. 银行汇票的兑付

(1)持票人在代理付款行开户的处理

代理付款行接到在本行开立账户的持票人直接交来的银行汇票(第二联)、解讫通知(第三联)和三联进账单。

经审核无误后,银行汇票第二联作借方凭证附件,进账单第二联作转账贷方凭证,办理转账。会计分录为(由于银行间进行结算方式和资金划拨清算的工具不同,涉及的会计科目就会不同,在此仅以手工联行为例):

　　借:清算资金往来——联行往账
　　　贷:吸收存款——活期存款——持票人户

转账后,将进账单第一联加盖业务公章作回单交给持票人;第三联加盖转讫章作收账通知交给持票人;解讫通知加盖转讫章随同联行借方报单寄给出票行。

【例 7-6】 工商银行杭州西湖支行收到本行开户的针织厂交来的进账单和由工商银行沈阳北城支行签发的银行汇票各一份,银行汇票出票金额为 50 000 元,进账单金额和银行汇票实际结算金额均为 48 000 元。经审查无误后,作会计分录如下:

　　借:清算资金往来——联行往账——沈阳北城支行　　　48 000
　　　贷:吸收存款——活期存款——针织厂　　　　　　　　　48 000

代理付款行如收到持票人交来跨系统银行签发的银行汇票和解讫通知及三联进账单,经审查无误后,应通过同城票据交换将银行汇票和解讫通知提交给同城有关的代理付款行审核支付后抵用。会计分录为:

　　借:清算资金往来——同城票据清算
　　　贷:吸收存款——活期存款——持票人户

(2)持票人未在代理付款行开户的处理

代理付款行收到未在本行开户的持票人为个人提交的银行汇票和解讫通知及三联进账单时,除按有关规定认真审查外,还应认真审查持票人的身份证件,经审查无误后,以持票人姓名开立应解汇款账户,以第二联进账单作转账贷方凭证,办理转账。其会计分录为:

　　借:清算资金往来——联行往账
　　　贷:应解汇款——持票人户

将进账单第一联加盖业务公章作回单交给持票人;第三联加盖转讫章作收账通知交给持票人;解讫通知加盖转讫章随同联行借方报单寄给出票行。

开户后,原持票人可将汇款一次或分次支取。原持票人若需支取现金的,代理付款行经审查汇票上填写的申请人和收款人确为个人,并按规定填明了"现金"字样,以及填写的代理付款行名称确为本行的,可以办理现金支付手续。其会计分录为:

借:应解汇款——持票人户
　　贷:库存现金

原持票人如需一次或分次办理转账支付的,应由其填制支付凭证,并向银行交验本人的身份证件。经审查无误后,办理转账。其会计分录为:

借:应解汇款——持票人户
　　贷:吸收存款——活期存款——××户
　　　(或清算资金往来——同城票据清算)
　　　(或清算资金往来——联行往账)
　　　(或汇出汇款)

【例 7-7】 工商银行杭州西湖支行收到王明先生交来的进账单和由工商银行石家庄城北支行签发的银行汇票各一份,银行汇票出票金额为 20 000 元,进账单金额和银行汇票实际结算金额也为 20 000 元。经审查无误后,作分录如下:

借:清算资金往来——联行往账——石家庄城北支行　　20 000
　　贷:应解汇款——王明　　　　　　　　　　　　　　　　20 000

"应解汇款"是负债类账户,用以核算银行汇款业务收到的待解付的款项,以及异地采购单位或个人的临时性存款款项或其他临时性存款。异地汇入待解付款项或临时性存入款项时,记入贷方;将汇入款项解付收款人,或应收款人要求将款项退汇或转汇时,记入借方;余额在贷方,表示尚待解付的款项。该账户应按收款单位和个人进行明细分类核算。

3. 银行汇票的结清

出票行接到代理付款行寄来的联行借方报单以及解讫通知联时,抽出专夹保管的银行汇票第一联,经核对确属本行签发的汇票,借方报单与实际结算金额相符,多余款结计正确无误后,分别作如下处理:

(1)银行汇票全额结清

汇票全额付款的,应在汇票第一联卡片上的实际结算金额栏填入全部金额,在汇票第四联多余款收账通知上的多余金额栏填写"—0—",第一联作转账借方凭证,第三联解讫通知和第四联多余款收账通知作借方凭证附件。会计分录为:

借:汇出汇款
　　贷:清算资金往来——联行来账

"汇出汇款"是负债类账户,用以核算银行受单位或个人的委托汇往异地的款项。银行受理委托人的汇出款项时,记入贷方;汇入银行将款项已经解付,将汇票划回时,记入借方;余额在贷方,表示尚未划回汇票的数额。该账户应按汇款单位和个人进行明细分类核算。

(2)银行汇票非全额结清

①银行汇票有多余款并且原申请人在本行开户的,应在第一联卡片和第四联多余款

收账通知上填写实际结算金额,第四联多余金额栏内填写多余金额。第一联卡片作转账借方凭证,第三联解讫通知作转账贷方凭证,办理转账。其会计分录为:

  借:汇出汇款
    贷:清算资金往来——联行来账
      吸收存款——活期存款——申请人户

转账后,在第四联多余款收账通知上加盖转讫章,退给申请人。

【例 7-8】 工商银行杭州西湖支行收到工商银行石家庄城北支行寄来联行借方报单、银行汇票解讫通知和多余款收账通知,填列汇票金额 50 000 元,实际结算金额 48 000 元,多余金额 2 000 元。经审查无误后,将多余金额退回泰达公司,作会计分录如下:

  借:汇出汇款——泰达公司   50 000
    贷:清算资金往来——联行来账——石家庄城北支行 48 000
      吸收存款——活期存款——泰达公司   2 000

②银行汇票有多余款且原申请人不在本行开户的,各联凭证的填写同上,以第一联卡片作转账借方凭证,第三联解讫通知作转账贷方凭证,将多余金额先转入其他应付款科目。其会计分录为:

  借:汇出汇款
    贷:清算资金往来——联行来账
      其他应付款——申请人户

转账后通知申请人持银行汇票申请书及本人身份证件来行办理取款手续。申请人取款时,以第四联多余款收账通知作转账借方凭证,办理转账。会计分录为:

  借:其他应付款——申请人户
    贷:库存现金

思考题

1. 什么是银行汇票?
2. 银行汇票的主要规定有哪些?
3. 银行汇票的核算环节有哪些?

任务 7.5 核算商业汇票业务

7.5.1 商业汇票的定义和种类

商业汇票是指出票人签发的,委托付款人在指定日期无条件支付确定的金额给收款人或者持票人的票据。

商业汇票按承兑人不同,分为商业承兑汇票和银行承兑汇票。商业承兑汇票的承兑人为银行以外的付款人,银行承兑汇票的承兑人为银行。商业汇票的付款人即为承兑人。

7.5.2 商业汇票的主要规定

1. 凡在银行开立存款账户的法人以及其他经济组织之间,必须具有真实的交易关系或债权债务关系,才能使用商业汇票。商业汇票同城和异地均可使用,企业持未到期的商业汇票可向开户银行申请贴现。

2. 商业承兑汇票的出票人,为在银行开立账户的法人以及其他组织,与付款人具有真实的委托付款关系,具有支付汇票金额的可靠资金来源。

3. 银行承兑汇票的出票人必须具备三个条件:在承兑行开立存款账户的法人以及其他经济组织;与承兑银行具有真实的委托付款关系;资信状况良好,具有支付汇票金额的可靠资金来源。

4. 出票人不得签发无对价的商业汇票用于骗取银行或者其他票据当事人的资金。

5. 签发商业汇票必须记载的事项有:表明"商业承兑汇票"或"银行承兑汇票"的字样;无条件支付的委托;确定的金额;付款人名称;收款人名称;出票日期;出票人签章。

6. 商业承兑汇票可以由付款人签发并承兑,也可以由收款人签发交由付款人承兑。银行承兑汇票应由在承兑银行开立存款账户的存款人签发。

7. 银行承兑汇票的承兑银行,应按票面金额向出票人收取5‰的手续费。

8. 商业汇票的承兑银行,必须具备下列条件:与出票人具有真实的委托付款关系;具有支付汇票金额的可靠资金;内部管理完善,经其法人授权的银行审定。

9. 已承兑的商业汇票丢失后,失票人可以通知付款人挂失止付。

10. 商业汇票在出票后即可交付使用和背书转让,并在到期日前向付款人提示承兑;也可以在签发并经付款人承兑后使用。

11. 商业汇票的付款期限最长不得超过6个月。

12. 商业汇票的提示付款期限为自汇票到期日起10日内。持票人超过提示付款期限提示付款的,持票人开户银行不予受理。

13. 商业承兑汇票的付款人应在收到开户银行付款通知的当日通知银行付款。付款人在接到通知的次日起3日内(遇法定休假日顺延)未通知银行付款的,视同付款人承诺付款,银行应于付款人接到通知日的次日起4日内(遇法定休假日顺延)上午开始营业时,将票款划给持票人。

14. 银行承兑汇票的出票人于汇票到期前将票款足额交存其开户银行。承兑银行应在汇票到期日或到期日后的见票当日支付票款。

15. 银行承兑汇票的出票人于汇票到期日未能足额交存票款时,承兑银行除凭票向持票人无条件付款外,对出票人尚未支付的汇票金额按照每天万分之五计收利息。

16. 商业汇票的承兑人存在合法抗辩事由拒绝支付的,应自接到汇票的次日起3日内,做成拒绝付款证明,连同汇票退持票开户行转交持票人。

7.5.3 商业承兑汇票业务的核算

商业承兑汇票是交易双方按照合同规定,由收款人或付款人出票,由银行以外的付款人承兑的票据。该票据一式三联,第一联卡片,由承兑人留存;第二联商业承兑汇票正本(正面及背面格式分别见表7-7、表7-8),由持票人作委托收款依据;第三联存根,由出票人存查。由于商业汇票是一种同城、异地均可使用的结算方式,同城的账务处理参见同城票据清算,现仅介绍异地的账务处理。商业承兑汇票结算的基本流程如图7-5所示。

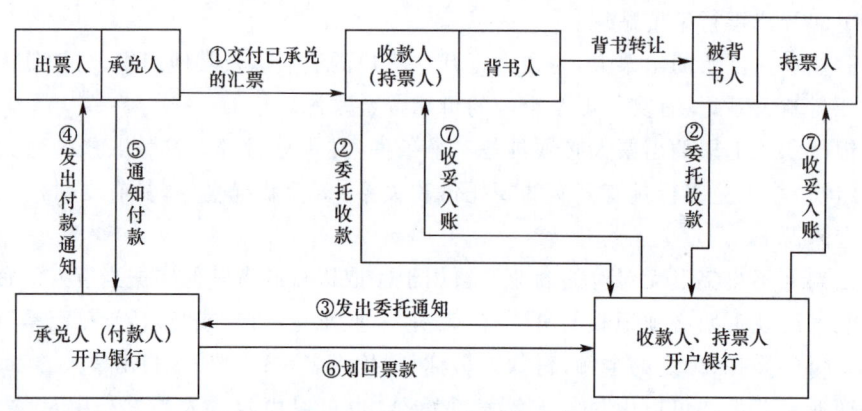

图7-5 商业承兑汇票结算的流程

表7-7　　　　　　　　　　商业承兑汇票正面格式

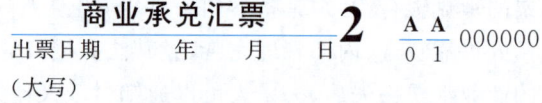

表 7-8　　　　　　　　　　　　商业承兑汇票背面格式

被背书人	被背书人	
    背书人签章 年　月　日	 背书人签章 年　月　日	（贴粘单处）

1. 处理持票人开户行受理汇票的业务

持票人凭商业承兑汇票委托开户行收款时，应填制托收凭证，在"托收凭证名称"栏注明"商业承兑汇票"及其号码，商业承兑汇票附后，作为收款凭据，一并交开户银行。开户银行受理后，应按有关规定进行审核，审核无误后，在托收凭证各联上加盖"商业承兑汇票"戳记，将第一联托收凭证加盖业务公章作为回单交给持票人，并根据第二联托收凭证登记"发出委托收款结算凭证登记簿"后，专夹保管，同时将托收凭证第三联加盖带有联行行号的结算专用章，连同第四、五联托收凭证与银行承兑汇票一并寄交付款人开户行。

2. 处理付款人开户行收到汇票的业务

付款人开户银行接到持票人开户行寄来的托收凭证及汇票时，应按有关规定认真审核，审核无误后，将托收凭证第五联交付款人签收，通知其付款。

付款人开户行接到付款人的付款通知或在付款人接到开户行的付款通知次日起三日内仍未接到付款人的付款通知的，应按照支付结算办法规定的划款日期分别处理。

(1)付款人的银行账户内有足够的资金用以支付汇票款，开户行应于第四日起开始向持票人开户行划款，划款时以第三联托收凭证作为借方凭证，汇票加盖转账付讫章作附件；第四联托收凭证加盖业务公章随联行邮划贷方报单寄收款人开户行。会计分录为：

借：吸收存款——活期存款——付款人户
　　贷：清算资金往来——联行往账

【例 7-9】　工商银行杭州西湖支行收到工商银行石家庄城北支行寄来托收凭证及商业承兑汇票各一份，系杭州丝绸厂支付石家庄机械厂的货款 30 000 元。经审查无误后，予以支付，作会计分录如下：

借：吸收存款——活期存款——杭州丝绸厂　　　　　　30 000
　　贷：清算资金往来——联行往账——石家庄城北支行　　30 000

(2)付款人银行账户内余额不足支付的，付款人开户行应填制"付款人未付票款通知书"，在托收凭证和"收到委托收款结算凭证登记簿"上注明退回日期和"无款支付"字样，按照委托收款无款支付处理。

银行在付款人接到通知的次日起三日内，收到付款人的拒绝付款证明时，按照委托收款拒绝付款的手续处理，将商业承兑汇票退回。

3. 处理持票人开户行收到划回的票款或退回凭证的业务

(1)持票人开户行收到付款人开户行寄来的联行报单和第四联托收凭证时,经与留存的第二联托收凭证核对无误,以托收凭证第二联作转账贷方凭证,办理转账。会计分录为:

借:清算资金往来——联行来账
  贷:吸收存款——活期存款——持票人户

转账后,在托收凭证第四联上加盖"转账收讫章"交持票人作收账通知。

【例 7-10】 工商银行石家庄城北支行收到工商银行杭州西湖支行寄来托收凭证第四联收账通知及联行邮划贷方报单各一份,系石家庄机械厂托收的货款 30 000 元。经审查无误后,予以入账,作分录如下:

借:清算资金往来——联行来账——杭州西湖支行   30 000
  贷:吸收存款——活期存款——石家庄机械厂   30 000

(2)持票人开户行如收到付款人开户行寄来的"未付款通知书"或"拒付理由书"及汇票、托收凭证时,按照委托收款方式退票,将托收凭证、未付款通知书及汇票退交持票人,由持票人签收并与付款人自行交涉解决,同时销记"发出委托收款凭证登记簿"。

7.5.4 银行承兑汇票业务的核算

银行承兑汇票是由在承兑银行开立存款账户的承兑申请人签发,由银行审查同意承兑的票据。其基本流程如图 7-6 所示。

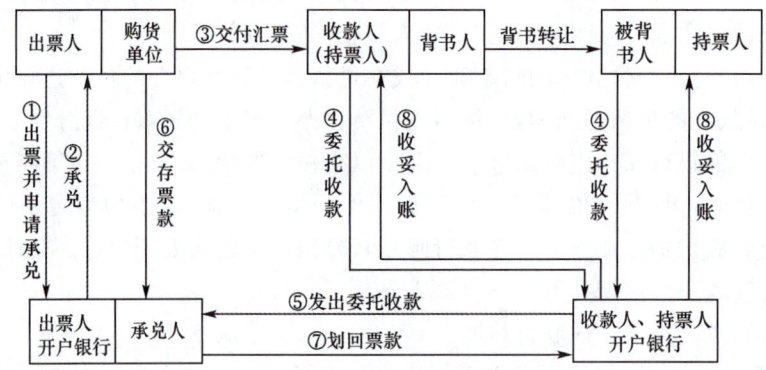

图 7-6 银行承兑汇票结算基本流程

1. 处理承兑申请的业务

银行承兑汇票一式三联:第一联卡片,由承兑人留存备查,到期支付票据时作借方凭证附件;第二联银行承兑汇票(正面及背面格式分别见表 7-9、7-10),由收款人开户行随托收凭证寄付款人开户行作借方凭证附件;第三联存根,由出票人留存。银行承兑汇票签发后,由出票人或持票人持其向汇票上记载的付款银行申请或提示承兑时,承兑银行的信贷部门审查同意后即可与之签署一式三联的银行承兑协议,第一联留存,第二联与第三联副本和第一、二联汇票一并交本行会计部门。

表 7-9　　　　　　　　　　　银行承兑汇票正面格式

[银行承兑汇票样式，包含出票日期、出票人全称、出票人账号、付款行全称、收款人全称/账号/开户银行、出票金额（人民币大写，亿千百十万千百十元角分）、汇票到期日、承兑协议编号、付款行行号/地址、本汇票已经承兑到期无条件支付票款、本汇票已经承兑到期日由本行付款、承兑行签章、承兑日期、出票人签章、备注、复核、记账等栏目。右侧为"此联收款人开户行随托收凭证寄付款行作借方凭证附件"。左侧为"上海证券印制有限公司·2005年印制"。右上角标注"2 CA/01 000000"]

表 7-10　　　　　　　　　　　银行承兑汇票背面格式

[银行承兑汇票背面样式，包含两个"被背书人"栏和"背书人签章 年 月 日"栏，右侧为"（贴粘单处）"]

会计部门接到汇票应审查汇票和承兑协议是否符合规定，出票人的签章是否符合规定，出票人是否在本行开立存款账户，汇票上记载的出票人名称、账号是否相符，汇票是否是按统一规定印制的凭证。审核无误后，在第一、二联汇票上注明承兑协议编号，并在第二联汇票"承兑签章"处加盖汇票专用章并由授权的经办人签名或盖章。由出票人申请承兑的，将第二联汇票连同一联承兑协议交给持票人；由持票人提示承兑的，将第二联汇票交给持票人，一联承兑协议交给出票人。同时按承兑金额的万分之五向出票人收取承兑手续费，会计分录为：

借：吸收存款——活期存款——出票人户
　　贷：手续费及佣金收入

然后根据第一联汇票填制"银行承兑汇票"表外科目收入传票,登记表外科目登记簿,并将第一联汇票卡片和承兑协议副本专夹保管。会计分录为:

收入:银行承兑汇票

承兑银行对银行承兑汇票登记簿的余额要经常与保存的第一联汇票卡进行核对,以保证金额相符。

2. 处理持票人开户行受理汇票的业务

持票人凭汇票委托开户行向承兑银行收取票款时应填制托收凭证,"托收凭据名称"栏注明"银行承兑汇票"及其汇票号码,连同汇票一并送交开户行,银行受理审查后,在托收凭证各联上加盖"银行承兑汇票"戳记。将第一联托收凭证加盖业务公章作回单交给持票人,并根据第二联托收凭证登记"发出委托收款结算凭证登记簿"后,专夹保管,同时将托收凭证第三联加盖带有联行行号的结算专用章,连同第四、五联托收凭证与银行承兑汇票一并寄交承兑银行。

3. 处理承兑银行对汇票到期收取票款的业务

(1)正常付款。承兑银行应每天查看汇票到期情况,对到期的汇票应于到期日(法定休假日顺延)向承兑申请人收取票款,专户存储。填制两联特种转账借方凭证,一联特种转账贷方凭证,并在转账原因栏注明"根据××号汇票划转票款"字样。其会计分录为:

借:吸收存款——活期存款——出票人户

　　贷:应解汇款——出票人户

一联特种转账借方凭证加盖转讫章作支款通知交给出票人。

【例 7-11】 工商银行杭州西湖支行一个月前为出票人杭州刺绣厂承兑银行承兑汇票一张,金额 100 000 元,已经到期,向出票人收取票款,并作会计分录如下:

借:吸收存款——活期存款——杭州刺绣厂　　　　　　　　　100 000

　　贷:应解汇款——杭州刺绣厂　　　　　　　　　　　　　　　　100 000

(2)非正常付款。于汇票到期日,如果出票人账户无款或不足支付时,应转入该出票人的逾期贷款户,每日按万分之五计收利息。

账户无款支付的,应填制两联特种转账借方凭证,一联特种转账贷方凭证,并在"转账原因"栏注明"××号汇票无款支付转入逾期贷款户"。其会计分录为:

借:贷款——出票人逾期贷款户

　　贷:应解汇款——出票人户

账户不足支付的,应填制四联特种转账借方凭证,一联特种转账贷方凭证,并在"转账原因"栏注明"××号汇票划转部分票款"。其会计分录为:

借:吸收存款——活期存款——出票人户

　　贷款——出票人逾期贷款户

　　贷:应解汇款——出票人户

【例 7-12】 工商银行通江支行三个月前为出票人千禧商厦承兑的银行承兑汇票一张,金额 80 000 元,已经到期。千禧商厦账户余额为 60 000 元,予以收取,不足款项转入逾期贷款户,作会计分录如下:

借:吸收存款——活期存款——千禧商厦　　　　　　　　60 000
　　贷款——千禧商厦逾期贷款户　　　　　　　　　　20 000
　贷:应解汇款——千禧商厦　　　　　　　　　　　　　　80 000

4. 处理承兑银行支付汇票款的业务

承兑银行收到持票人开户行寄来的托收凭证及汇票,抽出专夹保管的汇票卡片和承兑协议副本,按照有关规定认真审核以下内容:该汇票是否为本行承兑,是否与汇票卡片的号码和记载事项相符;是否作委托收款背书,背书是否符合规定;托收凭证的记载事项是否与汇票记载的事项相符。

经审查无误,应于汇票到期日或到期日之后的见票当日,以第三联托收凭证作借方凭证,办理转账。其会计分录为:

借:应解汇款——出票人户
　贷:清算资金往来——联行往账

另填制银行承兑汇票表外科目付出传票,销记"表外科目登记簿"。其会计分录为:

付出:银行承兑汇票

第四联托收凭证填注支付日期后,作联行报单的附件寄交持票人开户银行。

【例 7-13】 工商银行杭州西湖支行收到工商银行哈尔滨顺通支行寄来的托收凭证及本行承兑的银行承兑汇票各一份,系杭州刺绣厂支付哈尔滨五金厂的货款 100 000 元,经审查无误后,予以支付,作会计分录如下:

借:应解汇款——杭州刺绣厂　　　　　　　　　　　　100 000
　贷:清算资金往来——联行往账——哈尔滨顺通支行　100 000

5. 处理持票人开户行收到汇票款项的业务

持票人开户行接到承兑银行寄来的联行报单和托收凭证,抽出专夹保管的第二联托收凭证核对无误后,销记登记簿,在第二联托收凭证注明转账日期作贷方凭证,在第四联托收凭证上加盖转讫章作收账通知交给持票人。其会计分录为:

借:清算资金往来——联行来账
　贷:吸收存款——活期存款——持票人户

思考题

1. 什么是商业承兑汇票?
2. 什么是银行承兑汇票?

任务 7.6　核算信用卡业务

7.6.1　信用卡的概念、种类及其功能

信用卡是指银行或信用卡公司向个人或单位发行的,凭以向特约单位(如商店、旅店、娱乐场所、饭店等)购物、消费或向银行办理存取现金,且具有消费信用的特制载体卡片。发卡银行将给予持卡人一定的信用额度,持卡人可在信用额度内先消费后还款,或者先按发卡银行的要求交存一定的备用金,当备用金余额不足支付时,可在发卡银行规定的信用

额度内透支。

信用卡按发卡对象不同分为单位卡和个人卡;按持卡人的信誉、资信情况不同分为金卡、银卡和普通卡;按币种不同分为人民币卡和外币卡;按信息载体不同分为磁条卡和芯片(IC)卡;按是否向发卡银行交存备用金分为贷记卡和准贷记卡。

信用卡的外观是带有卡名、卡号、持卡人姓名、有效期、信息磁条、防伪等内容的卡片。它广泛运用于商品经济的支付与结算,具有"电子货币"功能。

7.6.2 信用卡的基本管理规定

1. 商业银行(含邮政金融机构)未经中国人民银行批准不得发行信用卡。外资金融机构经营信用卡收单业务须报总行批准。

2. 凡在中国境内金融机构开立基本账户的单位可申领单位卡。其资金一律从基本存款账户转入,不得交存现金,不得将销货收入的款项存入其信用卡账户。个人卡账户的资金以其持有的现金存入,或以其工资性款项及属于个人的劳务报酬收入转账存入。严禁将单位的款项存入个人卡账户。

3. 单位卡一律不得支取现金,不得用于 10 万元以上的商品交易、劳务供应款项的结算。

4. 发卡银行对准贷记卡账户内的存款,按中国人民银行规定的同档次利率及计息办法计息。

5. 贷记卡持卡人非现金交易可享受最低还款额待遇及免息还款期待遇,免息还款期最长为 60 天。

6. 持卡人使用贷记卡支取现金或使用准贷记卡透支则不享受免息还款期和最低还款额待遇,应当支付现金交易额或透支额自银行记账日起按规定利率计算的透支利息。

7. 贷记卡透支按月计收复利,准贷记卡透支按月计收单利,透支利率为日利率万分之五,并根据中国人民银行的此项利率调整而调整。

8. 信用卡仅限于合法持卡人本人使用,不得出租或转借。如信用卡丢失,持卡人应立即持有关证件向发卡银行或代办银行申请挂失。

7.6.3 信用卡业务的核算

信用卡的核算包括发卡行发卡、购物消费、持卡人支取现金及注销的处理。信用卡结算的基本流程如图 7-7 所示。

1. 处理信用卡发卡的业务

申请人申请银行卡时,应向发卡行提交申请表,发卡行审查同意后,通知申请人办理领卡手续。

(1)单位卡

发卡行接到申请单位送交的支票及三联进账单,审核无误后,按规定收取手续费,另编制特种转账贷方凭证作收取手续费的凭证。会计分录为:

借：吸收存款——活期存款——申请人户
　　（或清算资金往来——同城票据清算）
　贷：吸收存款——信用卡存款——申请人户
　　　手续费及佣金收入

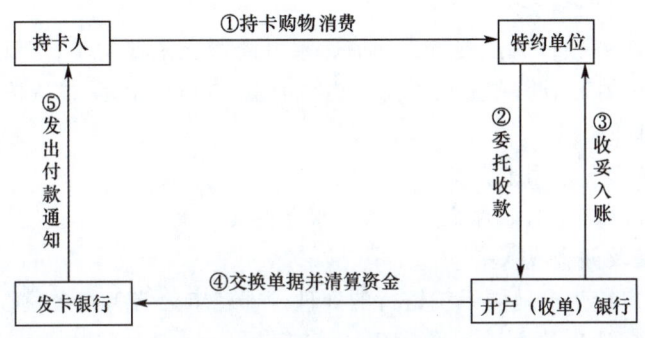

图 7-7　信用卡结算基本流程

【例 7-14】　工商银行通江支行收到新华工厂交来的进账单和转账支票各一份，进账单金额为 20 000 元，转账支票金额为 20 020 元，其中：20 000 元为交存备用金，20 元为手续费。经审查无误后，发给信用卡，作会计分录如下：

借：吸收存款——活期存款——新华工厂　　　　　　　　　　20 020
　贷：吸收存款——信用卡存款——新华工厂　　　　　　　　　20 000
　　　手续费及佣金收入　　　　　　　　　　　　　　　　　　　 20

(2) 个人卡

个人申请信用卡时，按规定银行要收取备用金和手续费，备用金的收取可以是现金，也可以转账。个人申请人交存现金的，会计分录为：

借：库存现金
　贷：吸收存款——信用卡存款——申请人户
　　　手续费及佣金收入

"吸收存款——信用卡存款"是负债类账户，用以核算银行吸收的企事业单位和居民个人的信用卡存款。银行吸收信用卡存款时，记入贷方；银行收到特约单位交来持卡人签名的签购单、持卡人的取现单时，记入借方；余额在贷方，表示银行结余的信用卡存款的数额。该账户应按单位卡备用金和个人卡备用金进行明细分类核算。

2. 核算信用卡购物消费的业务

(1) 核算特约单位开户行的业务

信用卡持卡人在特约单位购物消费，应在四联签购单上签名确认（凭密码支取的则需输入密码），特约单位审查无误后，将签购单回单联连同信用卡交还持卡人。每日营业终了，特约单位根据签购单汇总表填制汇计单，计算手续费和净计金额，连同签购单、进账单一并送交开户行办理转账。特约单位开户行收到特约单位送交的三联进账单、三联汇计单和两联签购单，经审查无误后，将签购单等有关凭证寄持卡人开户行，收取持卡人应付的款项。银行应分别根据不同情况进行会计处理。

①持卡人开户行为本行的处理。即持卡人与特约单位在同一城市的同一银行开户。其会计分录为：

借：吸收存款——信用卡存款——持卡人户
　　贷：吸收存款——活期存款——特约单位户
　　　　手续费及佣金收入

【例7-15】 工商银行通江支行收到信达家电商厦交来签购单、汇计单和进账单各一份，列明本行开户的王国华先生在该商厦购物消费10 000元，手续费按3‰计算，经审核无误后，作分录如下：

借：吸收存款——信用卡存款——王国华　　　　　　　　　　　　10 000
　　贷：吸收存款——活期存款——信达家电商厦　　　　　　　　　9 970
　　　　手续费及佣金收入　　　　　　　　　　　　　　　　　　　　30

②持卡人开户行为异地同系统银行的处理。即持卡人与特约单位在异地的同系统银行分别开户。其会计分录为：

借：清算资金往来——联行往账
　　贷：吸收存款——活期存款——特约单位户
　　　　手续费及佣金收入

③持卡人开户行为同城跨系统银行的处理。即持卡人与特约单位在同一城市的不同银行开户。其会计分录为：

借：清算资金往来——同城票据清算
　　贷：吸收存款——活期存款——特约单位户
　　　　手续费及佣金收入

(2) 核算持卡人开户行的业务

持卡人开户行收到特约单位开户行同城交换来的或寄来的有关单证时，应认真审查。审查无误后根据不同情况分别办理转账。

①持卡人开户行收到异地同系统银行发来的信用卡签购单等单据的处理。其会计分录为：

借：吸收存款——信用卡存款——持卡人户
　　贷：清算资金往来——联行来账

②持卡人开户行从票据交换所提回信用卡签购单等单据的处理。其会计分录为：

借：吸收存款——信用卡存款——持卡人户
　　贷：清算资金往来——同城票据清算

如果持卡人信用卡账户不足支付的，其不足部分纳入"贷款——短期贷款"科目核算，并按规定计算透支利息并向持卡人收取。

【例7-16】 工商银行通江支行从工商银行和平支行同城交换提入汇计单和本行持卡人兴旺公司的签购单各一张，金额均为15 000元，经审核无误后，作会计分录如下：

借：吸收存款——信用卡存款——兴旺公司　　　　　　　　　　　15 000
　　贷：清算资金往来——同城票据清算　　　　　　　　　　　　　15 000

3. 处理信用卡支取现金的业务

个人持卡人在银行柜台办理信用卡支取现金业务时,应填制四联取现单,连同信用卡和身份证件一并交发卡银行或代理银行。银行经审查无误后,由持卡人在取现单上签名确认,然后将取现单回单联加盖现金付讫章连同信用卡、身份证件交还持卡人,并办理支款手续。

(1) 对本行发行的信用卡支取现金的,其会计分录为:

借:吸收存款——信用卡存款——持卡人户
  贷:库存现金

(2) 对同一票据交换区域其他银行机构发行的信用卡支取现金的,经审查无误,应向持卡人开户行提出票据交换,其会计分录为:

借:清算资金往来——同城票据清算
  贷:应解汇款——持卡人户

待退票时间过后无退票的即支付现金,会计分录为:

借:应解汇款——持卡人户
  贷:库存现金

持卡人开户行收到从票据交换所提回的凭证。作如下会计分录:

借:吸收存款——信用卡存款——持卡人户
  贷:清算资金往来——同城票据清算

(3) 对异地同系统银行发行的信用卡支取现金的,应向持卡人开户行办理联行划款手续,即将第二联取现单随联行借方报单寄持卡人开户行。会计分录为:

借:清算资金往来——联行往账
  贷:应解汇款——持卡人户

同时按取现金额的1%收取手续费后,支付现金。会计分录为:

借:应解汇款——持卡人户
  贷:库存现金
    手续费及佣金收入

持卡人开户行收到联行报单等凭证,复核无误后办理转账。会计分录为:

借:吸收存款——信用卡存款——持卡人户
  贷:清算资金往来——联行来账

(4) 对联网的信用卡的处理。受理持卡人交来的信用卡和身份证件后,审核无误,打印一式两联取现单,交持卡人签字并核对无误后,支付现金。会计分录为:

借:其他应收款
  贷:库存现金

持卡人开户行收到交易信息,实时作账务处理。会计分录为:

借:吸收存款——信用卡存款——持卡人户
  贷:其他应付款

4. 处理信用卡注销的业务

持卡人不需要继续使用信用卡时,应持卡主动到发卡银行办理销户手续。银行核对有关账务并确认无误后,分情况处理。

(1)单位卡注销时,会计分录为:

借:吸收存款——信用卡存款——持卡人户
　　利息支出——信用卡利息支出户
　贷:吸收存款——活期存款——持卡人基本存款户

(2)个人卡注销时,会计分录为:

借:吸收存款——信用卡存款——持卡人户
　　利息支出——信用卡利息支出户
　贷:库存现金(或有关科目)

思考题

1. 信用卡的概念是什么?
2. 信用卡的种类有哪些?

任务 7.7　核算汇兑业务

7.7.1　汇兑的定义及其种类

汇兑是汇款人委托银行将其款项支付给收款人的结算方式,适用于异地各单位和个人之间各种款项的结算。汇兑按其凭证传递方式不同,分为信汇和电汇两种。汇兑结算的基本流程如图 7-8 所示。

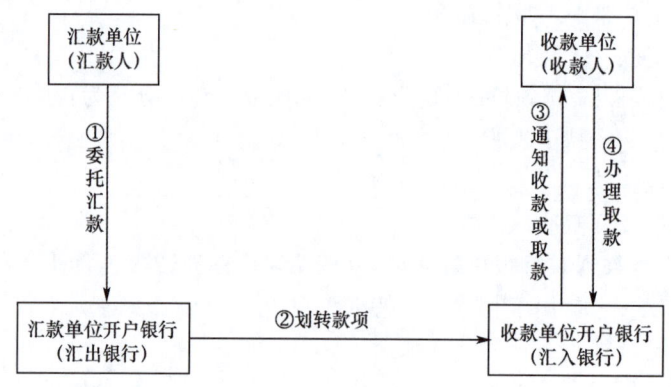

图 7-8　汇兑结算的基本流程

7.7.2　汇兑的主要规定

1. 汇兑凭证必须记载的事项:表明"信汇"或"电汇"的字样;无条件支付的委托;确定的金额;收款人名称;汇款人名称;汇入地点、汇入行名称;汇出地点、汇出行名称;委托日期和汇款人签章等。

2. 汇款人和收款人均为个人,需要在汇入银行支取现金的,应在信汇、电汇凭证的"汇款金额"大写栏先填写"现金"字样,后填写汇款金额。

3. 汇款回单只能作为汇出银行受理汇款的依据,不能作为该笔汇款转入收款人账户的证明。

4. 汇兑按解付方式不同,分为直接入账和不直接入账两种。不直接入账的款项应先贷记"应解汇款"科目,然后按收款人的意见办理解付,但严禁转入储蓄和信用卡账户。

5. 对于收款人要求分次支付的汇款,应开立临时存款户,该户只付不收,付完清户,不计利息。

6. 汇入银行对于收款人拒收汇款或经过两个月无法交付的汇款,应主动办理退汇。

7.7.3 汇兑业务的核算

本部分核算以信汇业务为例,汇出行与汇入行为同一系统行。信汇是指由汇款人将款项委托银行以邮寄的方式汇给收款人所在地的银行,由银行解付汇款的结算方式。汇款人委托银行办理信汇时,应向银行提交一式四联信汇凭证(格式见表7-11),第一联回单,第二联借方凭证,第三联贷方凭证,第四联收账通知。

表7-11　　　　　　　××银行信汇凭证(借方)2

汇款人	全称		收款人	全称	
	账号			账号	
	付出地点	省　市/县		汇入地点	省　市/县
金额	人民币(大写)			千百十万千百十元角分	
此汇款支付给收款人。			支付密码		
			附加信息及用途:		
		汇款人签章		复核　　记账	

1. 汇出行的处理

汇出行受理信汇凭证时,应认真审核。审核无误后,将第一联信汇凭证加盖转账付讫章退给汇款人,办理转账。

汇款人转账交付的,第二联信汇凭证作借方凭证,会计分录为:

借:吸收存款——活期存款——汇款人户
　贷:清算资金往来——联行往账

【例7-17】 工商银行哈尔滨江南支行收到在本行开户的旺达公司交来的信汇凭证一份,要求将30 000元货款汇给在工商银行青岛红旗支行开户的橡胶厂。经审核无误后,汇款从其存款户中扣除,作会计分录如下:

借:吸收存款——活期存款——旺达公司　　　　　　　　　30 000
　　贷:清算资金往来——联行往账　　　　　　　　　　　　　　30 000

汇款人交付现金的,银行另填一张特种转账贷方凭证,以第二联信汇凭证作借方凭证办理转账。会计分录为:

借:库存现金
　　贷:应解汇款
借:应解汇款
　　贷:清算资金往来——联行往账

转账后将第三联信汇凭证加盖联行专用章,与第四联随同联行报单一并寄往汇入行。

2. 汇入行的处理

汇入行收到汇出行寄来的联行邮划贷方报单和信汇凭证第三、四联,应审查第三联信汇凭证上的联行专用章与联行报单上印章是否一致,经审核无误后,区别情况处理。

(1)直接入账的。即收款人在汇入行开立存款账户,可将汇入款项直接转入收款人账户,以第三联信汇凭证作贷方传票办理。会计分录为:

借:清算资金往来——联行来账
　　贷:吸收存款——活期存款——收款人户

转账后,第四联信汇凭证加盖转账收讫章交收款人作收账通知。

【例7-18】 工商银行青岛红旗支行收到工商银行哈尔滨江南支行寄来的邮划给橡胶厂货款的信汇凭证一份,金额30 000元,经审查无误后,予以入账,作分录如下:

借:清算资金往来——联行来账　　　　　　　　　　　　　30 000
　　贷:吸收存款——活期存款——橡胶厂　　　　　　　　　　　30 000

(2)不直接入账的。即收款人未在银行开立存款账户,银行应以第三联信汇凭证作为贷方凭证,将款项转入"应解汇款"账户。会计分录为:

借:清算资金往来——联行来账
　　贷:应解汇款——收款人户

收款人取款时,应交验本人身份证件,并严格进行审查。审查无误后可以一次或分次支付现金,或根据取款人的要求办理转汇。会计分录为:

借:应解汇款——收款人户
　　贷:库存现金

3. 退汇的处理

退汇是指将已经汇出、但尚未解付的汇款退回给汇款人。退汇包括汇款人申请退汇和汇入行主动退汇两种。不管是哪种情况,退汇仅限于不直接入账的汇款。对直接入账的,银行不受理退汇,由汇款人与收款人自行联系退汇。

(1)汇款人要求退汇

汇款人申请退汇时,对于收款人在汇入行开立账户的,由汇款人与收款人自行联系退汇;对收款人未在汇入行开立账户的,应由汇款人备函或出具本人身份证件,连同原信、电汇回单,一并交汇出行办理退汇。

①汇出行受理退汇业务的处理。应填制一式四联"退汇通知书",第一联交原汇款人,

第二、三联寄交汇入行,第四联与函件和回单联一起保管。

②汇入行接到退汇通知书后的处理。应区别以下两种情况处理:

经查该笔汇款如果尚未解付,应向收款人索回取款凭条,并以第二联退汇通知书代借方凭证,第四联汇款凭证为附件办理转账。会计分录为:

借:应解汇款——收款人户

 贷:清算资金往来——联行往账

转账后,第三联退汇通知书随同贷方报单寄回原汇出行。

经查该笔汇款如果已经解付,应在第二、三联退汇通知书上注明解付情况及解付日期,留存第二联退汇通知书,以第三联退汇通知书通知原汇出行。

③汇出行收到退汇的处理。汇出行收到汇入行寄来的邮划贷方报单及第三联退汇通知书时,以第三联退汇通知书代贷方凭证办理转账。

原汇款人在汇出行开立存款账户的,其会计分录为:

借:清算资金往来——联行来账

 贷:吸收存款——活期存款——原汇款人户

原汇款人未在汇出行开立存款账户的,其会计分录为:

借:清算资金往来——联行来账

 贷:其他应付款——原汇款人户

借:其他应付款——原汇款人户

 贷:库存现金

(2)汇入行主动退汇

对于收款人拒绝接受的汇款或超期两个月仍未领取的汇款,汇入行应主动办理退汇。

①汇入行的处理。汇入行办理退汇时,应填制一联特种转账借方凭证和两联特种转账贷方凭证,并在凭证上注明"退汇"字样,将第四联汇款凭证作附件。会计分录为:

借:应解汇款——原收款人户

 贷:清算资金往来——联行往账

两联特种转账贷方凭证连同联行报单寄原汇出行,同时销记应解汇款登记簿。

②原汇出行收到退汇的处理。汇出行收到有关凭证后,以一联特种转账贷方凭证作贷方传票。会计分录为:

借:清算资金往来——联行来账

 贷:吸收存款——活期存款——原汇款人户

另一联特种转账贷方凭证加盖转讫章作收账通知交给原汇款人。

如汇款人未在汇出行开立存款账户的,则通过"其他应付款"科目过渡,再通知原汇款人来行办理取款手续。

思考题

1. 汇兑的概念是什么?
2. 汇兑的种类有哪些?

任务 7.8　核算委托收款业务

7.8.1　委托收款结算方式的定义和种类

委托收款是收款人委托银行向付款人收取款项的结算方式。委托收款结算的划款方式有邮划和电划两种,由收款人选用。

7.8.2　委托收款结算方式的基本规定

1. 单位和个人凭已承兑商业汇票、债券、存单等付款人债务证明到银行办理款项结算,均可使用委托收款结算方式。

2. 委托收款在同城、异地均可以使用。

3. 委托收款凭证必须记载规定的事项为:表明"委托收款"的字样;确定的金额;付款人名称;收款人名称;委托收款凭证名称及附寄单证张数;委托日期;收款人签章。欠缺其中之一,银行不予受理。

4. 委托收款以银行以外的单位为付款人的,委托收款凭证必须记载付款人开户银行名称;以银行以外的单位或在银行开立存款账户的个人为收款人的,委托收款凭证必须记载收款人开户银行名称;以未在银行开立存款账户的个人为收款人的,委托收款凭证必须记载被委托银行名称。欠缺记载的,银行不予受理。

5. 委托收款以银行为付款人的,银行应当在当日将款项主动支付给收款人;以单位为付款人的,银行应及时通知付款人,付款人应于接到通知的当日书面通知银行付款。付款人在接到通知的次日起 3 日内(遇法定休假日顺延)未通知银行付款,视同付款人同意付款,并于付款期满次日上午营业时,将款项划给付款人。

6. 在同城范围内,收款人收取公用事业费可根据国务院的规定,使用同城特约委托收款。

7. 根据付款情况的不同,委托收款可以分为按期支付、无款支付和拒绝支付三种情况。

7.8.3　委托收款业务的核算

委托收款结算的基本流程如图 7-9 所示。

1. 处理收款人开户行受理委托收款的业务

收款人委托其开户银行收款时,应提交一式五联托收凭证(格式见表 7-12),选择邮划或电划的方式。第一联为回单,第二联作贷方凭证,第三联作借方凭证,第四联作收账通知,第五联作付款通知。收款人在第二联凭证上签章后,将有关托收凭证和债务证明提交开户银行。

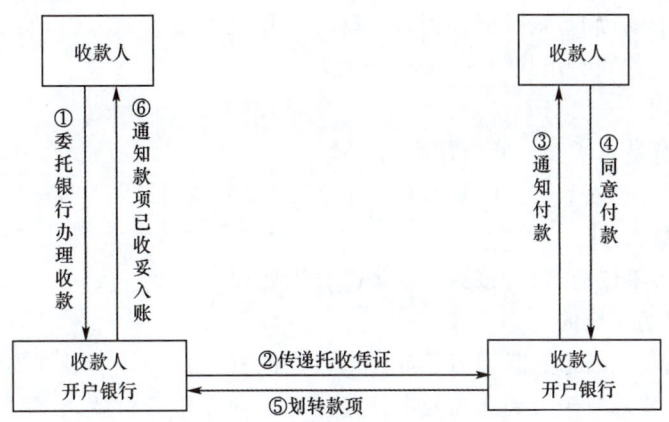

图 7-9 委托收款结算的基本流程

表 7-12

托收凭证 （贷方凭证）2

委托日期　年　月　日

业务类型		委托收款（□邮划、□电划）		托收承付（□邮划、□电划）			
付款人	全　称			收款人	全　称		
	账　号				账　号		
	地　址	省　　　　市县　　　　开户行			地　址	省　　　　市县　　　　开户行	
金额	人民币（大写）				亿千百十万千百十元角分		
款项内容			托收凭据名　称			附寄单证张数	
商品发运情况			合同名称号码				
备注		上列款项随附有关债务证明，请予办理。					
收款人开户银行收到日期　年　月　日			收款人签章		复核		记账

此联收款人开户银行作贷方凭证

10×17.5 cm（白纸红油墨）

收款人开户行收到托收凭证后，应认真审核，审核无误后，第一联托收凭证加盖业务公章退给收款人，第二联收款凭证登记"发出委托收款结算凭证登记簿"后专夹保管，第三联凭证加盖联行专用章连同第四、五联凭证及有关债务证明，一并送交付款人开户行。

2. 处理付款人开户行的业务

付款人开户行接到收款人开户行寄来的邮划或电划第三、四、五联托收凭证及有关债务证明，审查是否属于本行受理的凭证。审查无误后，在凭证上注明收到日期，根据第三、四联凭证逐笔登记"收到委托收款结算凭证登记簿"后专夹保管，分情况进行处理。

(1)付款人为银行的,银行应在当日主动将款项支付给收款人,以第三联托收凭证作借方凭证,有关债务证明作其附件,会计分录为:

借:应解汇款——出票人户
　　贷:清算资金往来——联行往账

转账后,银行在"收到委托收款结算凭证登记簿"上填明转账日期,并以第四联凭证作资金汇划发报凭证。

(2)付款人为单位的,银行根据不同情况分别处理。

①付款人按期支付的

银行应将托收凭证第五联加盖业务公章后连同有关债务证明及时交给付款人,并由付款人签收。付款人应于接到通知的次日起3日内通知银行付款,若银行在付款期内未接到付款人的付款通知,则视为同意付款。银行应于付款期满次日上午营业时将款项划给收款人,以第三联凭证作借方凭证;留存债务证明的,以债务证明及第五联付款通知书作附件,办理转账。会计分录为:

借:吸收存款——活期存款——付款人户
　　贷:清算资金往来——联行往账

其余手续的处理与付款人为银行时相同。

②付款人无款支付或拒绝支付的

银行在付款人签收日起3日内,付款人账户不足支付全部款项,或收到付款人填制的四联"拒付理由书"及付款人持有的债务证明和五联托收凭证时,核对无误后,将第三、四联"拒付理由书"连同债务证明和第四、五联托收凭证一并寄收款人开户行。

3. 处理收款人开户行的业务

(1)款项划回

收款人开户行收到付款人开户行寄来的联行贷方报单及所附的第四联托收凭证时,应将留存的第二联凭证抽出,核对无误后,在两联凭证上填注转账日期,应以第二联托收凭证作转账贷方凭证,办理转账。会计分录为:

借:清算资金往来——联行来账
　　贷:吸收存款——活期存款——收款人户

转账后,将第四联托收凭证加盖转账收讫章作收账通知送交收款人。

(2)付款人无款支付或拒绝支付

收款人开户行接到第四联托收凭证,第三、四联付款人"未付款通知书"或第三、四联"拒付理由书"以及债务证明时,核对无误后,将第四联托收凭证、一联"未付款通知书"或第四联"拒付理由书"以及债务证明退给收款人。收款人在"未付款通知书"或"拒付理由书"上签收后,收款人开户行将第一联"未付款通知书"或第三联"拒付理由书"连同第二联托收凭证一并保管备查。

思考题

1. 什么是委托收款?
2. 委托收款业务适用的范围有哪些?

任务7.9 核算托收承付业务

托收承付业务流程及核算

7.9.1 托收承付结算方式的定义和种类

托收承付也称异地托收承付,是指收款人根据购销合同发货后,委托银行向异地付款人收取款项,并由收款人向银行承认付款的结算方式。托收承付结算款项的划款方式有邮划和电划两种,由收款人选用。

7.9.2 托收承付结算方式的主要规定

1. 使用托收承付结算方式的收款单位和付款单位,必须是国有企业、供销合作社以及经营管理较好并经开户银行审查同意的城乡集体所有制工业企业。

2. 办理托收承付结算的款项,必须是商品交易,以及因商品交易而产生的劳务供应的款项。代销、寄销、赊销商品的款项,不得办理托收承付结算。

3. 收付双方使用托收承付结算必须签有符合《中华人民共和国经济合同法》的供销合同,并在合同上订明使用托收承付结算方式。

4. 收付双方办理托收承付结算,必须重合同、守信用。收款人对同一付款人发货托收累计三次收不回货款的,收款人开户行应暂停收款人向该付款人办理托收;付款人累计三次提出无理拒付的,付款人开户行应暂停付款人向外办理托收。

5. 收款人办理托收,除另有规定外,必须具有商品确已发运的证件(包括铁路、航运、公路等运输部门签发的运单、运单副本和邮局包裹回执)。

6. 托收承付结算每笔的金额起点为10 000元。新华书店系统每笔的金额起点为1 000元。

7. 签发托收承付凭证必须记载要素事项。欠缺要素事项之一的,银行不予受理。

8. 付款人货款的承付方式有验单付款和验货付款两种,由收付款双方协商选用,并在合同中明确规定。验单付款的承付期为3天,从付款人开户银行发出承付通知书的次日算起(承付期内遇法定休假日、休息日顺延)。验货付款的承付期为10天,从运输部门向付款人发出提货通知书的次日算起。

9. 付款人在承付期内,未向银行表示拒绝付款,银行即视作承付,并在承付期满的次日(法定休假日、休息日顺延)上午银行开始营业时,将款项主动从付款人的账户内付出,按照收款人指定的划款方式,划给收款人。

10. 付款人在承付期满日银行营业终了时,如无足够资金支付货款,其不足部分即为逾期未付款项,按逾期付款处理。付款人开户行对付款人逾期支付的款项,应当根据逾期付款金额和逾期天数,按每天万分之五计算逾期付款赔偿金。

11. 付款人开户银行对逾期未付的托收凭证,负责进行扣款的期限为3个月(从承付期满日算起)。期满时,付款人仍无足够资金支付该笔尚未付清的欠款,银行应于次日通知付款人将有关交易单证(单证已作账务处理或已部分支付的,可以填制"应付款项证明单")在2日内退回银行。对付款人逾期不退回单证的,开户银行应当自发出退证通知的第 3 日起,按照该笔尚未付清欠款的金额,每天处以万分之五但不低于 50 元的罚款,并暂停付款人对外办理结算业务,直到退回单证时止。

12. 根据付款的情况不同,托收承付可以分为按期承付、提前承付、多承付、逾期付款、部分付款和拒绝付款等多种情况。

7.9.3 托收承付业务的核算

托收承付结算方式的基本流程如图 7-10 所示。

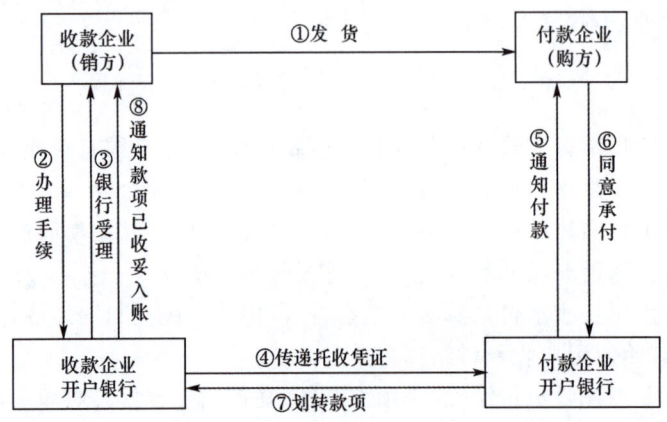

图 7-10 托收承付结算的基本流程

1. 处理收款人开户银行的业务

收款人办理托收时,应填制一式五联的托收凭证(其格式见表 7-13)。收款人在第二联托收凭证上签章后,将托收凭证和有关单证提交开户行。收款人开户行收到上述凭证后,应认真审查有关内容,无误后,根据第二联托收凭证登记"发出托收结算凭证登记簿",其余处理手续与收款人开户行受理委托收款的处理手续基本相同。

2. 处理付款人开户行的业务

付款人开户行接到收款人开户行寄来的托收凭证及交易单证时,应审查付款人是否在本行开户,所附单证的张数与凭证的记载是否相符。审查无误后,在凭证上填注收到日期和承付期,并及时通知付款人。

(1)全额付款的处理

付款人在承付期满日开户行营业终了前,账户有足够资金支付全部款项的,付款人开户行应在次日上午开始营业时办理划款手续。此时收款人开户行的处理手续与委托收款时付款人为单位的处理手续基本相同。

(2)逾期付款的处理

付款人在承付期满日开户行营业终了前,账户无款支付的,付款人开户行应在托收凭证和登记簿备注栏注明"逾期付款"字样,并填制三联"托收承付结算到期未收款通知书"。待付款人账户有款可一次或分次扣收款时,比照付款的有关手续处理,将逾期付款的款项和赔偿金一并划给收款人。

赔偿金的计算公式为

$$赔偿金金额 = 逾期付款金额 \times 逾期天数 \times 0.5‰$$

赔偿金实行定期扣付,每月计算一次,于次月3日单独划给收款人。在月内有部分付款的,其赔偿金随同部分支付的款项划给收款人;对尚未支付的款项,月终再计算赔偿金,于次月3日划给收款人。

(3)全部拒绝付款或部分拒绝付款的处理

付款人在承付期内,如有正当理由,可以向银行提出全部或部分拒绝付款。

付款人在承付期内提出拒绝付款时,应填具四联"拒绝付款理由书",连同有关拒付证明、托收凭证和单证送交开户行。银行审查后不同意拒付的,应实行强制扣款;对无理拒付而增加银行审查时间的,银行应按规定扣收赔偿金。然后银行将"拒绝付款理由书"和第四、五联托收凭证及有关单证一并寄收款人开户行。

3. 处理收款人开户行办理托收款划回的业务

收款人开户行托收款项划回的处理比照委托收款款项划回的处理。

思考题

1. 什么是托收承付?
2. 托收承付结算款项的划款方式分为哪几种?

● 项目结论

支付结算业务是银行会计的一项基础工作。要想做好它,必须坚持支付结算原则,严格遵守支付结算纪律,熟练掌握各种支付结算工具的规定,熟悉各种票据及凭证,知晓每一结算工具的流程及核算。

● 项目训练

一、单项选择题

1. 银行承兑汇票到期,承兑申请人如无款支付,承兑银行应(   )。

A. 待承兑申请人账户有款后再行支付

B. 代付票款,对承兑申请人应收取的款项按逾期贷款处理

C. 退回单证,由收付款双方自行解决

D. 进行经济诉讼

2. 银行汇票的出票人是(   )。

A. 收款人   B. 付款人

C. 银行   D. 收款人或付款人

3. 票据交换后提入转账支票一张,系本行开户单位轴承厂签发,面额8 000元,经审查,该支票印鉴与预留印鉴不符,银行应(   )。

A. 进行账务处理   B. 退票并收取罚金300元

C. 退票并收取罚金1 000元   D. 退票并收取罚金1 200元

4. 托收承付结算方式验货付款的承付期是（　　）。
   A. 10 天　　　　B. 5 天　　　　C. 3 天　　　　D. 2 天
5. 银行汇票的签发人是（　　）。
   A. 付款人　　　B. 收款人　　　C. 付款人开户行　　D. 收款人开户行
6. 下列付款期限最长可达 6 个月的票据是（　　）。
   A. 支票　　　　B. 银行本票　　C. 银行汇票　　D. 商业汇票
7. 由出票银行签发，由其在见票时按照实际结算金额无条件支付给收款人或者持票人的票据是（　　）。
   A. 支票　　　　B. 银行本票　　C. 银行汇票　　D. 商业汇票
8. 银行承兑汇票的有效提示付款期限为（　　）。
   A. 自汇票到期日起 10 日　　　　B. 自汇票到期日起 2 个月
   C. 自汇票签发日起 10 日　　　　D. 自汇票签发日起 2 个月
9. 提示付款期限自出票日起是十天的票据为（　　）。
   A. 支票　　　　B. 商业承兑汇票　C. 银行本票　　D. 银行汇票
10. 银行本票的付款期限是（　　）。
    A. 一个月　　　B. 两个月　　　C. 六个月　　　D. 90 天

二、多项选择题

1. 支付结算原则包括（　　）。
   A. 谁的钱进谁的账，由谁支配　　B. 银行不予垫款
   C. 遵守结算纪律　　　　　　　　D. 恪守信用、履约付款
2. 下列结算方式中，可用于异地结算的是（　　）。
   A. 转账支票　　B. 银行本票　　C. 委托收款　　D. 银行汇票
3. 银行承兑汇票到期日承兑银行的会计处理可能会涉及的会计科目有（　　）。
   A. 活期存款　　　　　　　　　　B. 逾期贷款
   C. 应解汇款　　　　　　　　　　D. 清算资金往来
4. 以下支付结算业务中，使用到委托收款结算凭证的是（　　）。
   A. 支票　　　　B. 银行汇票　　C. 银行承兑汇票　D. 商业承兑汇票
5. 下列支付结算方式中，同城异地均可使用的有（　　）。
   A. 银行本票　　B. 现金支票　　C. 委托收款　　D. 商业汇票

三、判断题

1. 填明"现金"字样的银行本票不得背书转让。（　　）
2. 托收承付结算方式不受金额起点的限制，适用于同城和异地结算。（　　）
3. 出票行签发汇票后，不是直接通过联行往来科目核算，而是通过汇出汇款科目核算。（　　）
4. 在银行本票付款环节，如果本票系同城他行签发，则要等到同城票据交换并不予退票的情况下，方能为持票人入账该笔款项。（　　）
5. 某单位签发密码与预留印鉴不符的支票，出票金额为 30 000 元，按规定银行应计收 2 000 元罚款，并不予受理该笔转账业务。（　　）

6. 银行汇票实际结算金额低于出票金额的，其多余金额由出票银行退交持票人。
（　　）

7. 转账支票是付款人签发的，委托银行将款项支付给收款人或持票人的票据。
（　　）

8. 银行本票在同城和异地均可使用。（　　）

9. 支票的持票人、出票人不在同一银行开户，持票人开户行受理收款人送交支票并经审查无误后，即可将款项转入持票人账户。（　　）

10. 银行在办理结算业务中可以适当为客户垫款。（　　）

四、业务练习

以下业务均由工商银行通江支行办理，请根据要求作出相应的会计分录。

1. 木器厂将他行开户的建筑公司开出的转账支票及进账单提交银行收款，金额 30 000 元，参加票据交换后无退票。作出银行为持票人入账的会计分录。

2. 绿岛公司开户行提交银行本票申请书一式三联，金额为 8 000 元，要求签发银行本票。作出银行签发银行本票的会计分录。

3. 省纺织进出口公司持银行本票及三联进账单来行办理兑付，金额 35 000 元，经审核该本票为本行签发。作出银行付款的分录。

4. 建筑公司提交汇票委托书一份，申请签发银行汇票，金额 30 000 元，准备持往异地采购原材料。作出银行签发银行汇票的会计分录。

5. 收到开户单位手表厂提交的银行汇票二、三联及进账单，汇票金额 60 000 元，实际结算金额 59 700 元，该汇票系异地工行签发。作出银行办理付款的分录。

6. 接到异地工行寄来的邮划借方报单及解讫通知，金额 24 000 元，原汇票金额 25 000 元，原汇款单位是本行开户单位轴承厂。作出银行结清汇票款的分录。

7. 食品公司承兑的一笔汇票本日到期，汇票金额 20 000 元，该公司存款账户有足够款项支付，收款人为异地面粉厂。作出银行办理划款的会计分录。

8. 收到异地工行寄来的邮划贷方报单及托收凭证，金额 56 000 元，收款人为本行开户单位饲料公司，收取的银行承兑汇票款经审核无误，予以收账。

9. 本行开户单位织布厂提交信汇凭证一份，委托银行将款项汇往异地工行，收款人是四合商场，金额 12 000 元。作出银行受理该笔汇款的会计分录。

10. 收到异地工行寄来的邮划贷方报单及信汇凭证一份，金额 8 000 元，收款人是本行开户单位五金厂，审核无误，予以收账。

● 项目延伸

《中华人民共和国票据法》、《支付结算办法》、《中华人民共和国会计法》、《企业会计准则》、《金融企业财务规则》等。

项目 8

学习买卖与收付外汇业务

● 知识结构图

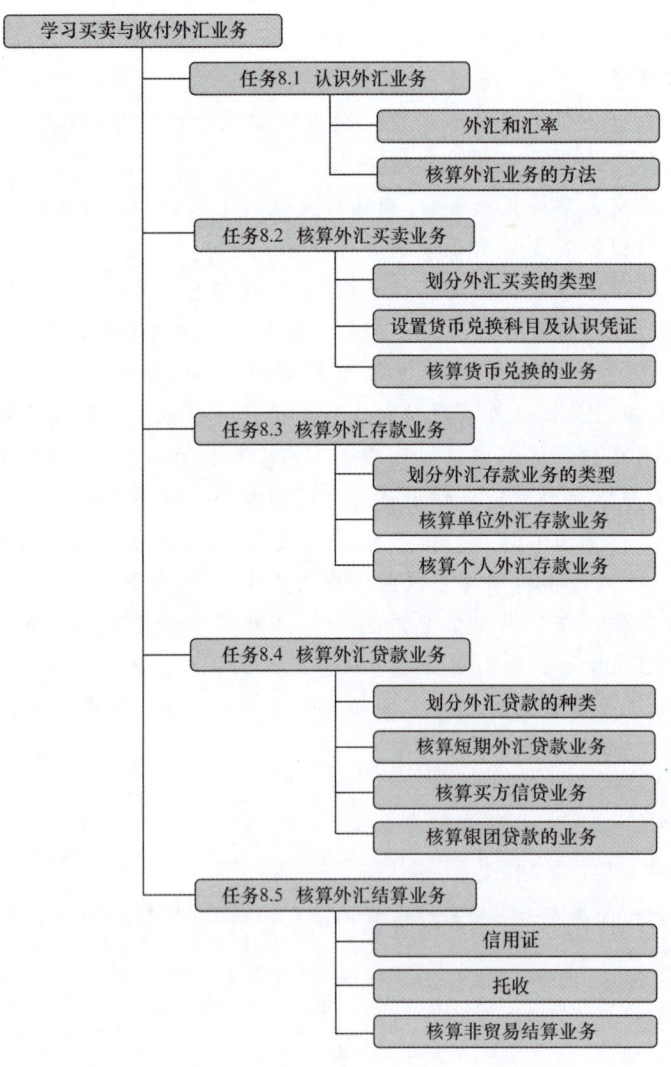

● 素质目标

1. 培养学生国际视野与民族自信;
2. 培养学生正确理解金融全球化,坚持四个自信,增强爱国情怀;
3. 培养学生法制观念和风险意识;
4. 培养学生大局观和严谨的工作态度。

● 知识目标

1. 了解外汇的概念,外汇基本知识内容和核算方法;
2. 掌握外汇买卖业务的核算;
3. 掌握外汇存贷款业务的核算;
4. 熟练掌握国际贸易与非贸易业务的核算。

● 技能目标

1. 知悉银行外汇业务的主要类型和业务流程;
2. 会进行外汇买卖、外汇存贷款的核算;
3. 熟知国际信用证进出口业务的流程和核算方法。

● 案例导入

交通银行宜洲支行贸易融资重点客户 C 进出口公司向交行申请开立金额为 800 万美元、期限为提单后 100 天的承兑信用证,用于从新加坡进口汽车配件。银行按照外贸政策对该公司提供的开证申请书、进出口合同、进口付汇备案表、机电产品登记证明等进行政策审查。由于该公司系银行贸易融资重点客户,该行为其核有 1 500 万美元的进口开证客户授信额度,开立了信用证。出口商单据到达后,该行对单据进行审查,在单据符合规定的情况下,银行向对方银行发出承兑电函,并按期在提单后 100 天对外付款。

银行的外汇业务主要包括外汇的存贷、外汇的兑换及国际结算、票据贴现、国际融资等衍生产品等一些新的服务品种,不断满足客户现代外汇业务需求多样化的要求。

请思考:银行在办理国际贸易结算时应注意哪些问题?

任务 8.1　认识外汇业务

外汇业务是商业银行业务的重要组成部分,商业银行通过外汇业务的开办可以扩大国际交往,促进国际贸易的发展,有利于引进外资,增强与国际银行竞争的能力,同时还可以扩大银行的业务范围和客户,提供更全面的金融服务,对银行具有很重要的意义。

8.1.1　外汇和汇率

1. 外汇

外汇是国际汇兑这一名词的简称,它是指以国际货币表示的用于国际上的支付手段。

《中华人民共和国外汇管理条例》第三条规定:外汇是指下列以外币表示的可以用作国际清偿的支付手段和资产:外国货币,包括纸币、铸币;外币支付凭证,包括票据、银行存款凭证、邮政储蓄凭证等;外币有价证券,包括政府债券、公司债券、股票等;特别提款权、欧洲货币单位;其他外汇资产。

由此可以看到外币和外汇是两个不同的概念,作为外汇需要具备两个条件:一是以外国货币表示;二是可以自由兑换。根据国际货币基金组织提供的资料,目前全世界有45个国家和地区的货币是可自由兑换货币,但是主要的可自由兑换货币是美元、英镑、日元、瑞士法郎、德国马克、法国法郎、加拿大元、港元等。从2002年2月起欧元取代瑞士法郎、德国马克和法国法郎。

2. 汇率

汇率又称汇价,是指一个国家货币折算成另一个国家货币的比率,即两国货币交换时量的比例关系,或者说两个国家货币进行买卖的比价。它反映一国货币的对外价值。折算两种货币的比率,首先要确定以哪国货币作为标准,这就是外汇的标价方法。通常外汇汇率有两种标价方法,即直接标价法和间接标价法。

直接标价法又称应付标价法,是以一定单位的外国货币为标准来折算本国货币的标价方法。间接标价法又称应收标价法,是以一定单位的本国货币为标准来折算外国货币的标价方法,除了英国和美国使用间接标价法以外,世界上绝大多数国家都采用直接标价法。我国人民币汇率也采用直接标价法。

汇率的种类可分为即期汇率和远期汇率、现钞价和现汇价、买入价和卖出价。

(1)即期汇率和远期汇率

按外汇买卖的交割期限来划分,汇率可以分为即期汇率和远期汇率。所谓交割,是指买卖双方履行交易契约,进行钱货两清的授受行为。外汇买卖的交割是指购买外汇者付出本国货币、出售外汇者付出外汇的行为。由于交割日期不同,汇率就会有差异,即期汇率又称为现汇汇率,是买卖双方成交后在两个营业日办理交割时采用的汇率。远期汇率又称为期汇汇率,是买卖双方事先约定的,据以在未来的一定日期进行交割的汇率。

(2)现钞价和现汇价

现汇是指由港、澳、台地区或者境外汇入外汇,以及外币汇票、本票、旅行支票等国际结算凭证转存账户。现钞指国内居民手持的外汇钞票。现汇价是银行买卖现汇时的牌价,现钞价是外汇银行买卖现钞时使用的价格。

(3)买入价和卖出价

买入价是指外汇银行买入外汇时使用的汇率,卖出价是外汇银行卖出外汇时使用的汇率,两者的平均价格称为中间价。现在国际上大多数国家的外汇汇价采取两档汇价制,即买入价和卖出价,买卖间的差价一般为5‰。

3. 我国人民币外汇制度

1994年前我国先后经历了固定汇率制度和双轨汇率制度。1994年汇率并轨后,我国实行以市场供求为基础的、有管理的浮动汇率制度。1996年12月1日起实现了人民币经常项目下的可兑换。2005年我国汇率形成机制进行了重大改革,7月21日起开始实行以市场供求为基础、参考一篮子货币进行调节、有管理的浮动汇率制度。改革后,人民币不再盯住单一美元,形成更富弹性的人民币汇率机制。

8.1.2 核算外汇业务的方法

外汇业务涉及人民币和多种货币,为了记录和反映人民币资金和外汇资金的收付,使人民币和外币之间、外币和外币之间的核算更科学合理,必须采用专门的核算方法。外汇的核算方法有外汇分账制和外汇统账制两种,目前各家商业银行采用外汇分账制。

外汇分账制也叫原币记账制,是经营外汇业务的银行对外汇与本币实行分账核算的一种记账方法,即直接以各种原币为记账单位,而不折算成本币进行记账的方法。外汇分账制的主要内容包括以下三点:

1. 人民币和外币分账。在外汇分账制下,平时对每一项经济活动,都要按照业务的计价货币填制会计凭证、登记账簿和编制会计报表。各货币的账务要自成体系,自求平衡,使各种货币分账核算,账务互不混淆。这样处理,银行能够全面了解各种外币资金活动情况和寸头的多缺,便于银行更好地调拨和运用有关外汇资金。

2. 专门设置货币兑换科目,起到桥梁和平衡作用。货币兑换科目是外汇分账制下专用科目,在外汇分账制的要求下,各种货币分别核算,以反映各种货币资金活动情况及其结果,同时也要将此用人民币反映出来,为此,设置货币兑换科目在外币账和人民币账上同时等值反映,这样就使人民币和外币都符合复式记账原理,使外币和人民币资金占用情况有机联系起来。

3. 年终并表,以本币统一反映经营状况和成果。年终结算时各种外币业务除了编制原币的会计报表外,还要按照规定的汇率折合成本币并与本币报表合并,编制各货币汇总折合成本币的会计报表,以便于总括反映资产、负债、所有者权益,以及收入、支出和利润的情况。

思考题
1. 简述外汇分账制的特点和基本内容。
2. 汇率有哪些分类方法?

任务 8.2 核算外汇买卖业务

银行在办理外汇业务过程中,特别是国际结算,由于进出口双方不在同一国家和地区,使用的货币币种也不相同,需要将一种货币兑换成另一种货币才能了结双方的债权债务,这种按照一定汇率卖出一种货币或买入一种货币的行为称为外汇买卖。

8.2.1 划分外汇买卖的类型

外汇买卖的基本功能是回避风险和增值获利,通过外汇买卖将手中的外币换成其他外币,一方面可以避免因汇市波动带来的贬值风险,同时也可以利用外汇买卖的套利将持有较低利率的外币兑换成另一种较高利率的外币以获得更高利润。

1. 按照外汇买卖的目的,外汇买卖可以分为结汇、售汇和套汇

结汇是指境内企事业单位、机关和社会团体按照国家外汇管理政策的规定,将各种外汇收入按银行挂牌汇率结售给外汇指定银行,外汇指定银行付给相应的人民币。售汇是指境内企事业单位、机关和社会团体的正常对外支付外汇,持有关有效凭证,用人民币到外汇指定银行办理兑付,外汇指定银行收进人民币,付给等值外汇。套汇是银行根据客户要求,将一种外汇换成另一种外汇的外汇买卖业务,银行办理的套汇业务有两种类型:一是同一货币之间的现钞和现汇的互换,如钞买汇卖;二是不同币别的外汇套汇,将一种外币兑换成另一种外币,比如美元兑换成欧元。

2. 按照外汇买卖的主体不同,分为自营外汇买卖和代客外汇买卖

自营外汇买卖是指银行按照自己确定的外汇买卖价格,用自己拥有的人民币资产购入外汇,或将自己拥有的外汇出售,收到人民币资金或是另外一种外汇的买卖行为。代客外汇买卖,是指银行接受客户委托,按照与客户约定的价格买入或卖出外汇的行为。

3. 按照外汇买卖的交割时间不同分为即期、远期和调期外汇买卖

即期外汇买卖是指买卖双方按当天外汇市场即期汇率成交,并在当天或第二个工作日进行交割的外汇交易。远期外汇买卖是指买卖外汇的双方根据外汇买卖合同在约定的日期按约定的汇率进行交割的外汇交易。调期外汇买卖是指在买进或是卖出即期外汇或远期外汇的同时,卖出或买进远期外汇,其目的是避免外汇汇率变动带来的风险,常被用来作为外汇保值的手段。

8.2.2 设置货币兑换科目及认识凭证

1. 设置货币兑换科目

"货币兑换"科目是实行外汇分账制的一个特定科目,通过这个科目将人民币和外币联系起来,使全部外汇交易汇总在货币兑换账簿上,既有利于保持人民币和外币金额的平衡性,又有利于考察各种外汇资金增减变化和余缺的情况。

"货币兑换"科目是资产负债共同性质科目,当买入外汇时,银行借记有关科目(人民币),贷记"货币兑换"科目(外币),相应付出人民币,借记"货币兑换"科目(人民币),贷记有关科目(人民币);卖出外汇时,借记"货币兑换"科目(外币),贷记有关科目(外币),相应收入人民币,借记有关科目(人民币),贷记"货币兑换"科目(人民币)。年末本科目外币余额按照决算牌价折成人民币,与本科目人民币余额的差额即为货币兑换损益,按此差额,借记本科目(人民币),贷记"汇兑损益"科目,或借记"汇兑损益"科目,贷记本科目(人民币)。

2. 认识会计凭证

货币兑换凭证分为货币兑换借方传票和货币兑换贷方传票两种,每种均由两联套写传票构成(一般加一联外汇兑换水单和一联货币兑换统计卡),其中一联为外部货币兑换传票,另一联为人民币外汇传票。格式见表2-12~表2-15。

银行买入外汇（结汇和兑入外币）时，使用货币兑换贷方传票（一式三联）；银行卖出外汇（售汇和兑出外币）时，使用货币兑换借方传票（一式三联）。货币兑换传票的外币金额、人民币金额和外汇牌价，必须同时填列，以反映一笔货币兑换业务的全貌。货币兑换传票必须同时与对方有关科目转账，不得只转一方。货币兑换外币一联传票应与对应的外币传票自动平衡，货币兑换人民币一联传票应与人民币传票自动平衡。

3. 开设货币兑换分户账

货币兑换分户账（见表8-1），以各分账货币立账。人民币不设货币兑换分户账，它的格式比较特殊，将本币、外币分户账结合在一起，外汇银行结汇时，外币反映在贷方，人民币反映在借方，两者都应记入买入栏；外汇银行售汇时，外币反映在借方，人民币反映在贷方，两者都应记入卖出栏。对于套汇业务，如是不同种类货币套汇，则应分别在各自货币兑换分户账上登记，如是同一种货币套汇，则在同一种货币账户中平行登记。货币兑换分户账的结余数以外币和人民币分别结计，同时反映，方向正好相反。当结余的外币金额反映在借方，表明卖出外币多于买入外币，称为"空头"；外币金额反映在贷方时，表明买入外币多于卖出外币，称为"多头"。货币兑换分户账的这种区别于一般账簿的特殊格式，既便于记账，又便于了解两种货币资金的增减情况和外币寸头的多头、空头情况。

表 8-1　　　　　　　　　　　货币兑换科目分户账

中国　　银行（　　）

货币兑换科目账

货币：　　　　　　　　　　　　　　　　　账户：

公元年		摘要	买入				卖出				结余			
月	日		外币（贷）（十亿位）	牌价	人民币（借）（十亿位）		外币（借）（十亿位）	牌价	人民币（贷）（十亿位）	借或贷	外币（十亿位）	借或贷	人民币（十亿位）	

会计：　　　　　　　　　　　　　　记账：

登记货币兑换科目分户账，只根据货币兑换科目传票外币联登记货币兑换发生额，人民币货币兑换传票不记账，只用来编制科目日结单。

货币兑换科目总账，按各种货币分别设置，其格式及登记方法与一般科目总账相同。

8.2.3　核算货币兑换的业务

货币兑换业务是银行经营外汇的重要业务，它贯穿于所有外汇业务中。主要包括买汇、售汇和套汇。

1. 买入外汇

我国外汇管理实行结售汇制，结汇是境内企事业单位、机关和社会团体按国家的外汇政策规定，将各类外汇收入按照外汇牌价结售给商业银行。银行购入外汇，付给相应的人民币,利息找零业务比照结汇处理。当买入外汇时,外币金额记入"货币兑换"的贷方,与原币有关科目对转,相应的人民币金额记入该科目的借方,与人民币有关科目对转。

借:××科目 (外币)
　　贷:货币兑换——汇买价 (外币)
借:货币兑换 (人民币)
　　贷:××科目 (人民币)

【例 8-1】 客户王某持 1 000 美元现钞,来到交通银行宜洲支行申请兑换人民币,当日美元的钞买价为 682.72‰。

借:库存现金　　　　　　　　　　　　　　　　　　US$1 000.00
　　贷:货币兑换　　　　　　　　　　　　　　　　　US$1 000.00
借:货币兑换　　　　　　　　　　　　　　　　　　¥6 827.20
　　贷:库存现金　　　　　　　　　　　　　　　　　¥6 827.20

2. 卖出外汇

售汇是我国境内企事业单位、机关和社会团体的经常项目下的正常外汇支付,只要持有有效凭证,就可用人民币到外汇指定银行办理兑换,银行收进人民币,支付等值外汇。

卖出外汇时,外币金额记入"货币兑换"科目的借方,与原币有关科目对转。相应的人民币金额记入该科目的贷方,与人民币有关科目对转。卖出外汇时,会计分录为:

借:××科目 (人民币)
　　贷:货币兑换——汇卖价 (人民币)
借:货币兑换 (外币)
　　贷:××科目 (外币)

【例 8-2】 某进出口公司支付货款 HKD20 000.00 汇往香港,当日港币的汇卖价是 87.94‰。

借:吸收存款——活期存款　　　　　　　　　　　¥17 588.00
　　贷:货币兑换　　　　　　　　　　　　　　　　　¥17 588.00
借:货币兑换　　　　　　　　　　　　　　　　　　HKD20 000.00
　　贷:汇出汇款　　　　　　　　　　　　　　　　　HKD20 000.00

3. 套汇

套汇是指外汇银行按挂牌人民币汇率以一种外汇兑换成另一种外汇的业务活动,包括两种情况:一是两种外币之间的套算,一种外币兑换成另一种外币,通过人民币进行套汇;二是同种货币之间的套算,包括钞兑汇或汇兑钞。

买进 A 种货币:

借:××科目 (A 种货币)
　　贷:货币兑换——汇买价 (A 种货币)
借:货币兑换 (人民币)
　　贷:货币兑换——汇卖价 (人民币)

卖出 B 种货币：
借：货币兑换　　　　　　　　　　　　　　　　　　（B 种货币）
　　贷：××科目　　　　　　　　　　　　　　　　　（B 种货币）

【例 8-3】 某合资企业从其 HKD 账户中支付 USD10 000 汇往美国（港币的汇买价是 91.18％，美元汇卖价是 682.75％）。

USD10 000×682.75％÷91.18％＝HKD74 879.36

借：吸收存款——活期存款　　　　　　　　　　　HKD74 879.36
　　贷：货币兑换　　　　　　　　　　　　　　　HKD74 879.36
借：货币兑换　　　　　　　　　　　　　　　　　　¥68 275.00
　　贷：货币兑换　　　　　　　　　　　　　　　　¥68 275.00
借：货币兑换　　　　　　　　　　　　　　　　　　USD10 000.00
　　贷：汇出外汇　　　　　　　　　　　　　　　　USD10 000.00

思考题

货币兑换核算的基本原理要点有哪些？

任务 8.3　核算外汇存款业务

8.3.1　划分外汇存款业务的类型

外汇存款是指单位和个人将所持有的外汇资金存入银行，并在以后随时或约期支付的一种存款，它是银行聚集外汇资金的主要来源。外汇存款可按照存款对象分为甲种外币存款、乙种外币存款和丙种外币存款三种。

甲种外币存款对象是驻华机构和我国境内机关、团体、学校、企事业单位与三资企业等，有活期存款和定期存款两种。活期存款分为存折户和往来户，起存金额为人民币 1 000 元的等值外汇。定期存款为记名式存单，机关单位存款期限分为 3 个月、6 个月、1 年和 2 年四档，三资企业及国内金融机构存款分为 7 天、1 个月、3 个月、6 个月和 1 年五档，定期存款起存金额不得低于人民币 10 000 元的等值外汇。

根据现行的规定，外币存款业务币种主要有美元、英镑、欧元、日元、港币、澳大利亚元、加拿大元、瑞士法郎、新加坡元九种，其他可自由兑换的外币可在存款日按照当日外汇牌价折算成上述任何一种货币办理外汇户存款，只有现汇账户，没有现钞账户。

乙种外币存款的对象是居住在国外或我国港澳台地区的外国人、外籍华人、华侨、港澳台同胞、短期来华人员，以及居住在中国境内的外国人。乙种外币存款有外汇账户和现钞账户，分活期存款和定期存款两种存款形式。活期存款为存折户，可随时支取，起存金额为不低于人民币 100 元的等值外汇。定期存款为记名式存单，有 1 个月、3 个月、6 个月、1 年和 2 年五档，起存金额为不低于人民币 500 元的等值外汇。存款的货币种类与甲种相同,乙种外币存款账户的外汇使用,本息可以汇往中国境外,外币现钞账户可以直接支付现钞,外汇户存款人出境时,账户可以支取外钞,也可兑换成人民币。

丙种外币存款的对象是中国境内的居民,有现钞账户和现汇账户两种。定期存款分为3个月、6个月、1年和2年四档,定活期起存金额和存款货币种类与乙种外币存款一致。丙种外币存款汇往境外,须经过国家外汇管理部门批准后方可汇出。

8.3.2 核算单位外汇存款业务

单位外汇存款的主要对象是以单位或经济组织的名义存入的外汇资金,凡境内企事业单位、机关、社会团体,或驻华使领馆、国际组织、民间机构及其他境外法人驻华机构,可持有国家外汇管理局核发的外汇账户使用证或开户通知书,或持有效凭证如外商投资企业外汇登记证、外债登记证等开户资料,到开户行开立可自由兑换货币的外汇开立存款账户。

单位外汇存款账户包括驻华机构活期存款、单位定期存款、单位活期存款、三资企业活期存款、外商专户存款等。可以办理境内外汇款等结算业务,也可以通过买卖外汇方式折算成其他外币存款,也可以折换成人民币,或酌情提取外币。

1. 核算单位外汇活期存款的业务

外汇活期存款分为以汇款存取、以现钞存取、以不同货币存取三种形式。

(1) 汇款方式存取

从境外汇入外汇,应根据结算凭证办理存入核算:

借:汇入外汇 (外币)
   贷:单位外汇活期存款 (外币)

向境外汇出外汇则应:

借:单位外汇活期存款 (外币)
   贷:汇出外汇 (外币)

(2) 现钞方式存取

因单位外汇存款只有现汇户,应通过货币兑换科目核算,存入现钞按钞买价、汇卖价处理,支取现钞按汇买价、钞卖价处理。

① 外币现钞存入

借:库存现金 (外币)
   贷:货币兑换 (外币)
借:货币兑换 (人民币)
   贷:货币兑换 (人民币)
借:货币兑换 (外币)
   贷:单位外汇活期存款 (外币)

②支取现钞

借:单位外汇活期存款　　　　　　　　　　　　　　　（外币）
　　贷:货币兑换　　　　　　　　　　　　　　　　　　　（外币）
借:货币兑换——汇买价　　　　　　　　　　　　　　（人民币）
　　贷:货币兑换　　　　　　　　　　　　　　　　　　　（人民币）
借:货币兑换——汇卖价　　　　　　　　　　　　　　（外币）
　　贷:现金　　　　　　　　　　　　　　　　　　　　　（外币）

(3) 不同货币方式存取

将甲种外币存入乙种外币,则按照套汇处理。会计核算略。

2. 核算单位外汇定期存款的业务

单位以外汇汇款的方式存入或将外汇活期存款转入定期存款户时,银行填制记名定期存单凭以记账,会计分录为:

借:汇入汇款(或是其他科目)　　　　　　　　　　　　（外币）
　　贷:外汇定期存款　　　　　　　　　　　　　　　　　（外币）

如单位以外币现钞存入现汇账户,则应通过套汇办理:

借:库存现金　　　　　　　　　　　　　　　　　　　　（外币）
　　贷:货币兑换　　　　　　　　　　　　　　　　　　　（外币）
借:货币兑换　　　　　　　　　　　　　　　　　　　　（人民币）
　　贷:货币兑换　　　　　　　　　　　　　　　　　　　（人民币）
借:货币兑换　　　　　　　　　　　　　　　　　　　　（外币）
　　贷:外汇定期存款　　　　　　　　　　　　　　　　　（外币）

单位在定期存款到期时,银行按照规定给付利息,单位可以将款项汇往国外、中国港澳台地区或用于支付其他款项。单位定期存款一律通过转账处理,不得支取现金。

借:外汇定期存款　　　　　　　　　　　　　　　　　　（外币）
　　利息支出　　　　　　　　　　　　　　　　　　　　　（外币）
　　贷:外汇活期存款　　　　　　　　　　　　　　　　　（外币）

3. 计算利息

计息范围为:除了国库款项和属于财政预算拨款性质的经费预算单位存款不计息外,其他性质的单位存款均计付利息,计息方式和人民币相同。

单位活期存款根据存款余额表按积数法计算存款利息。在季末结息日逐户将本季度的累计积数乘以日利率,即得出各单位的应计利息数。每季末月 20 日为结息日,支付利息按原币记账,会计分录为:

借:利息支出　　　　　　　　　　　　　　　　　　　　（外币）
　　贷:单位外汇活期存款　　　　　　　　　　　　　　　（外币）

单位定期存款的计息规定按照对年对日计算利息,不足一年的或一月的零头天数折算成日息计算,存期到期,利随本清,一次性计付利息。如遇到利率调整,存期内仍按存入日利率计算,提前支取或逾期支取部分,按支取日的活期利率计算。支付利息的会计分录为:

借:外汇定期存款　　　　　　　　　　　　　　　　　　　　(外币)
　　利息支出　　　　　　　　　　　　　　　　　　　　　　(外币)
　　贷:外汇活期存款　　　　　　　　　　　　　　　　　　(外币)

8.3.3 核算个人外汇存款业务

个人外汇存款是银行为了方便外籍人员、华侨、港澳台同胞以及国内居民存储外汇,为国家积聚闲散的个人外汇资金而开办的一项外汇存款业务。开户币种和单位外汇存款基本相同,个人外汇存款分为现汇户和现钞户,凡从港澳台地区或国外汇入、携入以及国内居民持有的可自由兑换的外汇,均可存入现汇存款户,不能立即付款的外币票据经外汇银行托收,收妥后方能存入。现汇户可以支取外币现钞,也可汇往境外。

个人外汇存款分为活期和定期两种。

1. 核算个人活期外汇存款的业务

个人活期外汇存款是存款人以个人的名义存入,可随时存取款项的一种外汇存款,适用于存取频繁的零星外汇款项的存储,开户起存金额为:乙种存款不低于人民币 100 元的等值外币,丙种存款不低于人民币 20 元的等值外币。

(1)开户

以现钞存入时:

借:库存现金　　　　　　　　　　　　　　　　　　　　　(外币)
　　贷:活期外汇存款　　　　　　　　　　　　　　　　　　(外币)

以现汇存入时:

借:汇入汇款或其他科目　　　　　　　　　　　　　　　　(外币)
　　贷:活期外汇存款　　　　　　　　　　　　　　　　　　(外币)

(2)支取

如果支取现钞:

借:活期外汇存款　　　　　　　　　　　　　　　　　　　(外币)
　　贷:现金　　　　　　　　　　　　　　　　　　　　　　(外币)
　　　　手续费收入　　　　　　　　　　　　　　　　　　　(外币)

如果从现汇户支出外汇,则:

借:活期外汇存款　　　　　　　　　　　　　　　　　　　(外币)
　　贷:汇出外汇　　　　　　　　　　　　　　　　　　　　(外币)

2. 核算个人定期外汇存款的业务

个人定期外汇存款是存款人以个人的名义将外币存入银行,事先约定存期,到期一次支取本息的一种外币存款,有1个月、3个月、半年、1年和2年五个档次,规定取存金额,通过"定期外汇存款"账户核算。

(1)开户

借:库存现金　　　　　　　　　　　　　　　　　　　　　　(外币)
　　贷:定期外汇存款　　　　　　　　　　　　　　　　　　　(外币)

(2)支取

借:定期外汇存款　　　　　　　　　　　　　　　　　　　　　(外币)
　　应付利息　　　　　　　　　　　　　　　　　　　　　　　(外币)
　　贷:库存现金　　　　　　　　　　　　　　　　　　　　　　(外币)

(3)计息

个人定期外汇存款应计付利息,会计人员应该正确选用利率和计算存期,计算利息,具体核算方法与单位外汇存款相同。

思考题

简述外汇存款的种类及其基本内容。

任务8.4　核算外汇贷款业务

外汇贷款是银行运用从境内吸收的外汇存款和从国外吸收的外汇资金而发放的以外币为计量单位的贷款,是银行外汇资金的重要运用途径。

8.4.1　划分外汇贷款的种类

目前外汇银行办理贷款种类很多,按照不同的分类标准有不同的类型。

将外汇贷款按照贷款期限的不同划分,可分为短期外汇贷款(期限小于等于1年的贷款)和中长期外汇贷款。

按照外汇贷款利率形式不同划分,可分为浮动利率贷款、固定利率贷款和优惠利率贷款。

按照外汇发放的条件不同划分,可分为信用贷款、担保贷款和抵押贷款。

按照外汇贷款的资金来源的不同划分,可分为现汇贷款、"三贷"贷款和银团贷款。现汇贷款可按利率不同分为浮动利率贷款、固定利率贷款、优惠利率贷款、贴息贷款、特优利率贷款、特种外汇贷款、短期周转外汇贷款等,"三贷"贷款包括买方信贷、政府信贷和混合贷款。

8.4.2　核算短期外汇贷款业务

短期外汇贷款是指外汇银行发放的期限在1年以内、实行浮动利率计息的现汇贷款。短期外汇贷款通过"短期外汇贷款"科目进行核算,核算程序主要包括贷款的发放、计收利息和收回贷款三个环节。

1. 发放贷款

借款单位填制外汇贷款借款凭证。银行审核无误后进行账务处理：

借：短期外汇贷款　　　　　　　　　　　　　　　　　　　　　（外币）
　　贷：存放国外同业或有关科目　　　　　　　　　　　　　　　（外币）

若以贷款货币以外的其他外币付汇时，则要进行套汇处理：

借：短期外汇贷款　　　　　　　　　　　　　　　　　　　　　（外币）
　　贷：货币兑换　　　　　　　　　　　　　　　　　　　　　（外币）
借：货币兑换　　　　　　　　　　　　　　　　　　　　　　　（人民币）
　　贷：货币兑换　　　　　　　　　　　　　　　　　　　　　（人民币）
借：货币兑换　　　　　　　　　　　　　　　　　　　　　　　（外币）
　　贷：存放国外同业或有关科目　　　　　　　　　　　　　　（外币）

2. 贷款的计息

短期外汇贷款实行按季结息，每季末月20日为结息日，贷款期限按实际天数计算，算头不算尾。利率采用浮动利率，即在浮动期内，借款单位使用贷款当天确定的利率固定不变，不受市场利率变动影响；浮动期满后则按照市场利率浮动计息，浮动期有1个月、3个月、6个月三种。

【例8-4】某单位于6月5日借到半年期20万美元浮动利率贷款，浮动期为3个月，借款日美元3个月浮动利率为9%，6月17日为9.25%，7月8日利率变为9.5%，9月3日利率为9.75%，10月5日变为9.5%，各结息日的利息转入贷款本金。

该笔贷款的到期日为该年的12月5日。计息时确定的利率应为：

6月5日至9月4日按借款日的利率9%计算；

9月5日到12月4日按9月3日的利率9.75%计算。

该笔贷款的计息日为6月20日、9月20日和12月4日。

(1) 6月5日至6月20日：

应收利息＝200 000×16×9%÷360＝800（美元）

结息时的会计分录为：

借：短期外汇贷款　　　　　　　　　　　　　　　　USD800
　　贷：利息收入　　　　　　　　　　　　　　　　USD800

(2) 6月21日至9月4日：

应收利息＝(200 000＋800)×76×9%÷360＝3 815.20（美元）

(3) 9月5日至9月20日：

应收利息＝(200 000＋800)×16×9.75%÷360＝870.13（美元）

会计分录为：

借：短期外汇贷款　　　　　　　　　　　　　　　　USD4 685.33
　　贷：利息收入　　　　　　　　　　　　　　　　USD4 685.33

(4)9月21日至12月4日按9.75%计息：

应收利息＝(200 800＋4 685.33)×75×9.75%÷360＝4 173.92(美元)

如果借款单位以活期存款支付利息,会计分录为：

借：单位活期外汇存款　　　　　　　　　　　　　　　　　USD4 173.92
　　贷：利息收入　　　　　　　　　　　　　　　　　　　USD4 173.92

3. 贷款的收回

借款人使用外汇贷款到期,必须填写支票及进账单或还款凭证,办理还款手续,最后一个结息日至还款日尚未计算的利息和本金一并收回。会计分录为：

借：单位外汇存款
　　贷：短期外汇贷款
　　　　利息收入

8.4.3 核算买方信贷业务

买方信贷是出口信贷的一种形式,是出口国银行向进口国银行提供信贷,再由进口国银行转贷给进口商用以购买提供贷款国家的技术和设备,以及支付有关费用。这种信贷是出口国为了拓宽本国出口,提高国际市场竞争力采取的措施。买方信贷分为出口买方信贷和进口买方信贷。目前我国银行办理的主要是进口买方信贷。

进口买方信贷需事先与国外签订协议,总协议由总行统一对外谈判签订,通知各分行或有关部门执行。总协议项下各个项目的具体分协议可由总行对外签订,也可授权分行谈判签订。不论总行或是分行签订,均由总行按协议商定的金额集中使用"买方信贷用款限额"表外科目进行控制。买方信贷整个过程主要包括对外签订协议、支付定金、使用贷款和偿还贷款本息四个环节。

1. 设置会计科目

(1)"买方信贷外汇贷款"科目用于核算出口国银行向进口商或进口国银行提供的长期外汇贷款的发放和收回,是资产类的账户。

(2)"借入买方信贷款"科目用于核算获得买方信贷后借入款项的数额及到期偿还的情况,该科目是负债类的账户。

2. 对外签订买方信贷协议

由外汇银行总行统一对外签订买方信贷总协议,分协议由总行签订或授权分行签订,总行以"买方信贷用款限额"表外科目反映。会计分录为：

收入：买方信贷用款限额　　　　　　　　　　　　　　　　　　(外币)

使用贷款时,按使用金额逐笔转销表外科目：

付出：买方信贷用款限额　　　　　　　　　　　　　　　　　　(外币)

3. 支付定金

根据协议,进口商要支付一定比例的定金,会计分录为：

借：外汇活期存款   （外币）
　　贷：存放境外同业款项   （外币）
若进口商向银行申请现汇外汇贷款支付时：
借：外汇短期贷款   （外币）
　　贷：存放境外同业款项   （外币）

4.使用贷款

买方信贷下支付方式一般使用信用证，若进口商有现汇，按正常手续办理结汇，银行利用买方信贷资金承担买方各项利息。如进口商与提供贷款的银行总行在同一地区，由总行统一办理结汇，会计分录为：

借：外汇活期存款   （人民币）
　　贷：货币兑换   （人民币）
借：货币兑换   （外币）
　　贷：借入买方信贷款   （外币）

如果进口商与提供贷款的总行分别在异地，则由当地分行办理结汇，以"电子汇划往来"代替"借入买方信贷款"，会计分录为：

借：外汇活期存款   （人民币）
　　贷：货币兑换   （人民币）
借：货币兑换   （外币）
　　贷：电子汇划往来   （外币）

总行收到分行发来的报单后进行账务处理，转记境外银行账，会计分录为：

借：电子汇划往来   （外币）
　　贷：借入买方信贷款   （外币）

如果进口商无现汇，需取得买方信贷外汇贷款，到期时进口商归还贷款本息。进口商与提供贷款的银行总行在同地，由总行直接发放买方信贷外汇贷款，会计分录为：

借：买方信贷外汇贷款   （外币）
　　贷：借入买方信贷款   （外币）

如果进口商与提供贷款的银行在不同地区，由分行发放外汇贷款，会计分录为：

借：买方信贷外汇贷款   （外币）
　　贷：电子汇划往来   （外币）

总行接到分行发来的报单，会计分录为：

借：电子汇划往来   （外币）
　　贷：借入买方信贷款   （外币）

5.偿还贷款本息的业务

买方信贷下借入境外同业款项的本息偿还由总行统一办理。总行按协议规定计算利息，对国外贷款行寄来的利息清单，应认真核对并按照规定及时偿付本息。

总行偿还国外贷款本息时,会计分录为:
借:借入买方信贷款   (外币)
　利息支出   (外币)
　贷:存放境外同业款项   (外币)

银行对外支付贷款的同时向国内借款人收回本息。如借款单位在总行开户并以本币结汇偿还本息,则会计分录为:
借:活期存款   (人民币)
　贷:货币兑换   (人民币)
借:货币兑换   (外币)
　贷:买方信贷外汇贷款   (外币)
　　利息收入   (外币)

🤔 思考题
1. 比较外汇贷款的主要类型。
2. 外汇贷款业务核算的主要环节有哪些?

任务 8.5　核算外汇结算业务

外汇结算是实现国际资金流动、清偿国际经贸和其他往来引起的债权债务,以及与国际融资相关联的一种重要手段,外汇结算按照业务内容可以分为贸易结算和非贸易结算两大类。由国际商品交易和经贸往来引起的货币收付或债权债务的结算称为贸易结算;由国际非贸易活动引起的资金收付称为非贸易结算。贸易结算有信用证、托收和汇款等主要结算方式,非贸易结算有非贸易汇款、外汇兑换、买入非贸易外币票据、非贸易外币票据托收和信用卡业务等主要结算方式。

8.5.1　信用证

国际贸易结算的基本方法有三种,即汇款、托收和信用证。汇款方式和托收方式都属于商业信用性质,风险的负担过于偏重一方。这种由单方面承担风险的支付方式,不能促进对外贸易的开展。信用证是一种以银行居间、由银行承担一定风险和进行融通资金的结算方式。由于银行居间授信,出口商可以免除出运货物后收不到货款的后顾之忧,进口商也无须把货款先付给出口商造成资金积压。因此,信用证是国际贸易中使用最为广泛的结算方式。

信用证(L/C)是开证银行根据开证申请人(进口商)的要求和指示向受益人(出口商)开立的载有一定金额、在一定期限内凭议付行寄来规定单据付款或承兑汇票的书面承诺,是银行有条件付款的书面凭证。

1. 信用证业务的基本程序

一笔信用证业务从发生到终结,其基本程序如图 8-1 所示,作为出口方的通知行和议付行,信用证结算方式的会计处理主要有受证与通知、议付与寄单、收汇与结汇三个环节;作为进口方的开证行和付款行,主要包括开出信用证和审单付汇两个环节。这些环节是信用证业务处理过程中进行会计核算、实行会计监督的基本内容。

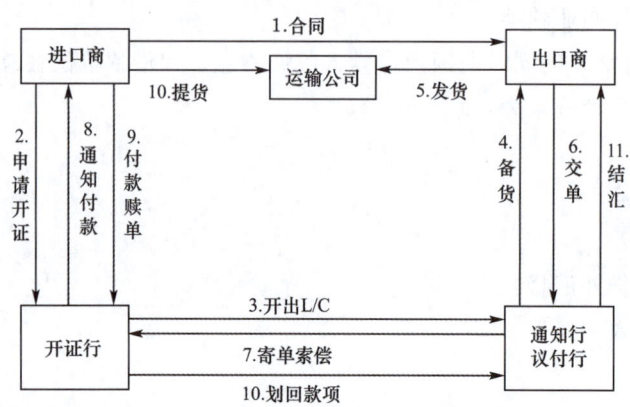

图 8-1 信用证业务的基本程序

2. 出口信用证

出口信用证是指出口商银行根据进口商银行开来的信用证,通知、转通知、转让、保兑进口商银行开来的信用证,或者根据信用证所规定的条款审查出口商交来的单据,为出口商办理审单、寄单和收汇的一种结算业务。

出口信用证业务处理流程主要包括:信用证通知或转通知、信用证转让、信用证保兑、交单议付、寄单索汇、收汇考核、档案管理等。与出口信用证业务相关的贸易融资主要有打包贷款、出口押汇、贴现、福费廷等。

(1)处理受证与通知的业务

通知行的责任。信用证可以经另一家银行(通知行)通知受益人。作为开证行的委托代理人,如果选择了通知信用证,则必须承担两个方面的责任:首先,合理谨慎地确定信用证表面的真实性;其次,如果通知行收到的有关通知、保兑或修改信用证的指示不完整或不清楚,通知行可以向受益人发出仅供参考而不负任何责任的预先通知,同时必须将其采取的行动告知开证行并要求其提供必要的资料,只有收到完整、清楚的指示并准备按该指示办理时通知行才能通知、保兑或修改信用证。

受证。通知行收到国外开来的信用证时,应该对开证银行的资信、资金实力、进口商的偿付能力和保证条款等进行全面审查。审核信用证表面的真实性,应首先核对信用证上的密押、印鉴是否相符;审核信用证的风险,主要包括审核开证行国家或地区的风险以及开证行的资信,对于资信较差或风险较高的银行开来的信用证,通知行可提醒受益人注意或另选一家资信较好的银行予以保兑;审核信用证的性质,是指信用证必须清楚地表达该证适用于即期付款、延期付款、承兑或是议付,对于信用证中付款条件含糊不清的,在开证行未澄清前,不得为客户办理融资;审核信用证的条款,主要包括核对信用证金额,货币名称、议付地,以及到期地点、单据内容、费用条款、生效条款、付款条款、偿付条款等是否安全,如有货到付款、验货付款不予接受等特殊条款,提请受益人要求开证行修改,以确保收汇安全。

通知。信用证经过审核后,可进行以下工作:首先,编号和登记。将信用证相关内容在系统中录入,系统自动产生信用证通知参考号,银行在来证正本中加盖业务公章和通知日期交送受益人,办妥交接手续。其次,缮制信用证通知书。信用证通知书无统一格式,境外银行使用的银行通知书格式一般是四联。第一联通知书,主管审核印鉴后加盖业务公章,连同信用证正本交受益人;第二联通知书回单,受益人审核认可并加签后退回通知行;第三联通知书抄本,航寄开证行作为已将来证内容照转受益人的书面通知;第四联通知书留底联连同信用证副本,按信用证流水号顺序排列保管。最后,通知受益人。将加盖信用证通知专用章的信用证正本与"信用证通知书"的"受益人留存联"装订在一起,在2个工作日内将信用证通知给受益人。

账务处理。国内银行在通知信用证时,一直采用表外科目核算,根据信用证留底联缮制"国外开来保证凭信"记录卡一式四联:第一联为国外来证记录卡与信用证副本一起保管;第二联国外开来保证凭信表外科目收入传票;第三联国外开来保证凭信表外科目付出传票;第四联国外开来保证凭信表外科目登记卡。表外科目的会计分录为:

收入:国外开来保证凭信   (外币)

国外开来保证凭信科目反映一定时期我国出口业务情况,是匡算待收外汇资金的基础,也是监督出口单位备货出运的依据。

(2)修改、转证、退证及注销未用金额

当受益人发现信用证条款和合同条款不一致,或因其他原因需要修改信用证或增减金额,均需要取得另一当事人的同意,而后请申请人向开证行要求修改信用证。开证行应根据开证申请人的指示发出对信用证现有条款的修改函电,即为"信用证修改书"。通知行收到国外开证行发过来的"信用证修改书"后,应对修改书进行表面真实性和内容的审核,无误后将修改的有关内容记录到信用证主文件上,通知受益人。其增减金额均通过"国外开来保证凭信"记录,增加金额记收入栏,减少金额用红字记入收入栏冲销。

转证。受益人应填制"转证申请书"一式三联,连同信用证正本及有关附件转交转证行,转证行将转证内容记录在信用证的主文件上,同时在信用证登记簿备注中批注,将"转证通知书"正本、转证的信用证(或信用证副本)和修改函一并寄第二受益人的有关银行。转证的会计分录和修改减少金额相同。

退证或注销的处理。当信用证已超过有效期而又未办理延期手续,或是信用证虽在有效期内,但是因为战争、动乱、自然灾害等特殊原因不能按期出口,且双方均同意退证时,银行可以办理退证。当信用证逾期而又未办理手续时才能自动注销。退证和注销采用红字记"国外开来保证凭信"科目的收入栏,以冲销原证金额。

(3) 出口前期叙做打包放款

打包放款是商业银行根据出口企业与国外进口商签订的出口销售合同和商业代理行开立的以该出口企业为受益人的有效信用证正本,以出口收汇为还款来源保障,为出口企业的备料、生产、订货和装运等生产经营活动做的短期融资。这种贷款,只是为了缓解受益人在备货期间资金不足的临时困难。贷款行只能按信用证金额的一定比例发放等值的本币贷款,其比例的大小根据受益人在备货中实际需要及受益人的资信等情况综合核定。申请打包放款时,作抵押的信用证必须是贷款银行可以凭以议付、付款或承兑的,因为贷款行通常以向受益人议付或付款时扣除放款本息的方式收回贷款。

打包放款通过"打包放款"科目核算,该科目属于资产类科目,用于核算出口方银行向出口企业提供的,以信用证正本为抵押的出口前期融资性本币贷款的发放和收回。借方表示贷款的发放,贷方表示款项的收回,余额在借方,表示尚未收回的款项。

放款时的会计分录为:

借:打包放款　　　　　　　　　　　　　　　　　　　　（人民币）
　贷:活期存款　　　　　　　　　　　　　　　　　　　　（人民币）

(4) 核算审单相符议付的业务

开证行履行信用证付款责任,是以信用证规定的条款为依据,以单证一致、单单一致为条件的。因此,受益人依据信用证的规定发运货物并取得信用证提交的全部单据,连同信用证正本、修改通知书以及信用证的其他文件,在信用证规定的期限内向被指定银行交单,要求获得议付、承兑或付款。出口银行在寄单议付后,一方面对国外银行拥有了收取货款的权益,同时对出口商承担了付款责任,因此应立即转销有关来证时的保证凭信记录,同时转入"或有资产"、"或有负债"科目核算,会计分录为:

付出:国外开来保证凭信　　　　　　　　　　　　　　　（外币）
借:应收即期信用证出口款项　　　　　　　　　　　　　　（外币）
　贷:代收即期信用证出口款项　　　　　　　　　　　　　（外币）
借:应收远期信用证出口款项　　　　　　　　　　　　　　（外币）
　贷:代收远期信用证出口款项　　　　　　　　　　　　　（外币）

(5) 叙做出口押汇

出口押汇是指企业将全套出口单据提交议付行,由银行买入单据并按票面金额扣除自议付日到预计收汇日为止的利息及有关手续费,将净额预先支付给出口企业的一种融资方式。出口押汇业务处理的主要环节是叙做出口押汇和收回押汇垫款,其会计处理通过"出口押汇"科目核算。该科目核算银行对出口单位交来国外银行开来的信用证项下的出口单证议付的款项,借方表示款项的发放,贷方表示款项的收回,余额反映在借方,表示尚未收回的款项。

叙做出口押汇是指出口企业向银行申请出口押汇时,首先填制"出口押汇申请书",并与银行签订"出口押汇总质权书",明确双方的权利和义务,按押汇之日起加上开证行或付款行合理工作日,加票据期限,计算押汇垫款利息,办理出口押汇手续。

  借:出口押汇   (外币)

   贷:利息收入——押汇利息收入   (外币)

    货币兑换——汇买价   (外币)

  借:货币兑换   (人民币)

   贷:企业活期存款   (人民币)

(6)核算收汇业务

  出口结汇是银行在收妥外汇后,按当日挂牌汇率买入外汇,并折算成相应的人民币付给出口单位。办理出口结汇时,应在"出口寄单通知书"留底的一联上批注结汇记录,然后按照出口货款金额填制货币兑换传票,办理人民币结汇。有些出口单位按规定或经过批准可以不结汇,收妥的货款则不通过货币兑换,直接以原币转入其外汇账户中。目前我国外汇出口结汇的办法有两类:一类是通过出口银行在境外联行或境外代理行所开立的自由外汇账户收汇,主要有收妥结汇、定期结汇和远期信用证到期结汇三种情况;另一类是通过境外联行或代理行在出口银行总行开立的外汇账户进行收汇,有验单主动借记、单到国外银行授权借记和远期信用证到期结汇三种情况。

  收妥结汇时,首先核销或有资产、或有负债科目,然后通过"货币兑换"科目将外汇折合成人民币,其会计分录为:

  借:代收即期(或远期)信用证出口款项   (外币)

   贷:应收即期(或远期)信用证出口款项   (外币)

  借:存放境外同业款项   (外币)

   贷:手续费收入   (外币)

    货币兑换   (外币)

  借:货币兑换   (人民币)

   贷:活期存款或其他科目   (人民币)

【例8-5】中国银行上海分行接到伦敦某银行开来的即期信用证,出口纺织品一批,信用证受益人是某纺织品公司,金额为£30 000。11月5日中国银行上海分行收到该信用证,立即把该证通知给纺织品公司;11月30日纺织品公司交来全套出口单据向沪中行办理议付,沪中行于当日办理;12月20日,沪中行收到伦敦某银行的贷记报单,货款及银行费均收妥,共计£30 200,银行当天对公司办理人民币结汇,并收取人民币结汇手续费0.2%。会计处理如下:

11月5日:

  收入:国外开来保证凭信   £30 000

11月30日:

  借:应收即期信用证款项   £30 000

   贷:代收即期信用证款项   £30 000

同时作会计处理：

付出：国外开来保证凭信 £30 000

12月20日：

借：代收即期信用证款项 £30 000
　　贷：应收即期信用证款项 £30 000

借：存放国外同业——伦敦某银行 £30 000
　　贷：其他营业收入——银行费用 £200
　　　　货币兑换 £30 200

借：货币兑换 ￥233 775
　　贷：企业存款——纺织品公司 ￥233 307.45
　　　　手续费收入 ￥467.55

注：当时汇价为£100＝￥779.25％。

【例 8-6】 中国银行上海分行收到某外贸公司出口押汇申请书，要求银行叙做一笔US＄30 000 的出口押汇，经审单证、单单完全一致，银行同意做出口押汇。押汇息US＄50，银行费US＄105，于当日结汇，不收结汇手续费。

通知时：

收入：国外开来保证凭信 US＄30 000

押汇时：

付出：国外开来保证凭信 US＄30 000

借：应收即期信用证款项 US＄30 000
　　贷：代收即期信用证款项 US＄30 000

借：出口押汇 US＄30 000
　　贷：利息收入——押汇息 US＄50
　　　　货币兑换 US＄29 950

借：货币兑换 US＄141 073.48
　　贷：外贸外事企业存款——×公司 US＄141 073.48

注：当时汇价为 US＄100＝￥471.03％。
US＄29 950×471.03％（美元买入价）＝￥141 073.48

收妥时：

借：存放国外同业（或其他） US＄30 105
　　贷：出口押汇 US＄30 000
　　　　其他营业收入——银行费用 US＄105

同时转销对应科目：

借：代收即期信用证款项 US＄30 000
　　贷：应收即期信用证款项 US＄30 000

3. 核算信用证下进口业务

进口信用证结算是银行根据进口商申请开证的要求，向国外出口商（受益人）开立一定金额、在一定期限内按规定条件保证付款的信用证，凭国外寄来的按照信用证条款规定的单据，对国外付款并向进口商办理结汇的一种结算方式。进口信用证结算业务主要做好三项工作：开立信用证，修改信用证，进口单据的审核、通知与付汇。

(1) 开立进口信用证

进口单位与国外出口商洽谈业务签订合同后，根据合同条款向银行填具"开立信用证申请书"，并连同有关批件、证明一同交银行申请开立信用证，银行接到开立申请书及相关文件，经审核同意后，根据开证人自身情况，酌情收取保证金，并选择信誉高、资本实力雄厚和经营能力强的外国银行作为代理行，签发信用证。

信用证的签发，意味着银行对外承担了第一付款责任，并拥有了对进口单位收取货款的权利，在开证时要登记或有资产、或有负债表外科目，对于表外科目，银行可以视情况进行复式或单式记账。如银行采用单式记账，即表外科目采用收付制登记，增加记"收入"，减少记"付出"；银行采用借贷记账，则将表外科目拆成资产与负债两个科目，分别以借记和贷记核算。

借：应收开出信用证款项　　　　　　　　　　　　　　　　（外币）
　　贷：应付开出信用证款项　　　　　　　　　　　　　　（外币）

按规定收取保证金时，使用"存入保证金"科目进行核算：

借：外汇活期存款　　　　　　　　　　　　　　　　　　　（外币）
　　贷：存入保证金　　　　　　　　　　　　　　　　　　（外币）

收取开证手续费时，贷记"手续费收入"科目：

借：外汇活期存款　　　　　　　　　　　　　　　　　　　（外币）
　　贷：手续费收入　　　　　　　　　　　　　　　　　　（外币）

开证手续费按开证金额的0.15%收取，最少不低于100元。

(2) 修改信用证

信用证开出后，如因情况发生变化进口单位提出修改信用证，银行应协助审核，并及时将修改后的条款通知给国外联行或代理行，转送国外出口商。若国外出口商要求修改原信用证，经出口商同意后，也可进行修改。申请修改信用证增加金额或是减少金额，均应通过"应收开出信用证款项"、"应付开出信用证款项"表外科目核算。

修改增加金额，填制蓝字凭证进行补充登记，会计分录为：

借：应收开出信用证款项　　　　　　　　　　　　　　　　（外币）
　　贷：应付开出信用证款项　　　　　　　　　　　　　　（外币）

减少金额，则填制蓝字反方向凭证，冲减原发生额，会计分录为：

借：应付开出信用证款项　　　　　　　　　　　　　　　　（外币）
　　贷：应收开出信用证款项　　　　　　　　　　　　　　（外币）

信用证修改时应收取修改手续费,现行规定为每笔 100 元,增额修改的则对增额部分按开证手续费标准收取,最少不低于 100 元;信用证增额时,应补收保证金;当超过信用证有效期过长时,可与有关进口单位联系办理逾期注销,退回保证金。

(3)单据的审核和付款

银行收到国外寄来的全套进口单据,必须认真与信用证条款核对。按照国际惯例,经审核后只要单证一致、单单一致,即应按约定的支付方式对外履行付汇责任,并对进口单位办理结汇。根据进口信用证性质不同,进口付汇可分为即期信用证和远期信用证两种;按照支付方式的不同,主要有单到国内审单付款、国外审单主动借记付款和国外审单电报索汇三种方式。

①单到国内审单付款。银行收到国外代理行寄来的单据后,及时送交进口单位审核,并约定进口单位于 3 日之内通知银行对外结汇付款或提出拒付理由办理拒付。银行在进口单位确认付款后,即对国外发出付款通知,同时对进口单位办理结汇转账手续。

借:进出口企业存款(或存入保证金) (人民币)
  贷:货币兑换——汇卖价 (人民币)
借:货币兑换——汇卖价 (外币)
  贷:境外同业存款或其他科目 (外币)

同时转销表外科目:

借:应付开出信用证款项 (外币)
  贷:应收开出信用证款项 (外币)

②国外审单主动借记付款。国外出口商将出口单据交议付行审核后,议付行立即借记银行在该行开立的账户,将单据连同已借记报单寄送开证行。开证行不需要进口单位承付即可对进口单位办理结汇,其分录与单到国内审单付款相同。由于银行先垫款,进口商要承担国外议付行划款日到国内开证行收款日的货币垫款利息。

③国外审单电报索汇。这种方式下,议付行审单后不能主动借记本行账户,而必须加押电报向我方索偿。开证行收到电报核押相符后,即用电汇方式对国外付汇并向进口商收取货款。待国外寄来单据后应认真核对金额与原索汇电报是否一致,防止重复付款,这种付款方式除付款行为的发起与前两种付款方式不一样以外,会计核算手续完全一致。

④出口远期信用证到期付款是为进口单位提供远期付款的便利,由开证行对出口商提供的一种银行担保,保证出口商提交远期跟单汇票时,在单单、单证相符的情况下银行给予承兑,并在信用证到期时付款。远期信用证付款分为两个阶段,即承兑和到期付款。

a. 承兑。开证行收到远期信用证下的进口单据后,将单据连同"进口信用证单据通知书"送交进口单位确认到期付款。进口单位确认到期付款后,银行即办理远期汇票的承兑手续,并将已承兑汇票或承兑通知书寄国外议付行。汇票一经承兑,承兑行对国外议付行承担到期付款责任,也反映承兑行对进口单位拥有收款的权益。汇票的开出与承兑,反映了银行的或有资产和或有负债,通过"承兑汇票"表外科目核算。银行收到国外寄来的远

期信用证下的进口单据,对远期汇票进行承兑,作会计分录如下:
  借:应付开出信用证款项   (外币)
    贷:应收开出信用证款项   (外币)
  借:应收承兑汇票款   (外币)
    贷:承兑汇票   (外币)
  b. 到期付汇。付款到期日要及时付款,绝不能发生迟付或拒付现象。开证行办理对国外付款和对进口单位结汇扣款手续,同时注销登记的或有资产、或有负债科目。
  借:承兑汇票   (外币)
    贷:应收承兑汇票款   (外币)
  借:应收开出信用证款项   (外币)
    贷:应付开出信用证款项   (外币)

8.5.2 托 收

  托收是国际贸易结算中常用的收款方式之一,是由债权人或收款人开立汇票或提供索汇凭据,委托银行向债务人或付款人收取款项的一种结算方式。银行不承担保证付款的责任,出口单位能否收到货款,全凭进口方的信誉,属于商业信用。托收按业务的种类可以分为进口代收和出口托收两种,还可根据汇票是否附有成套货运单据分为光票托收和跟单托收两种。进出口业务的托收一般采用跟单托收方式,跟单托收按其货运单据和付款的交付是否同时进行,又可分为付款交单和承兑交单两种交单方式。

1. 进口代收

  进口代收是指国外出口商根据贸易合同支付条款发货后,通过国外银行寄来货运单据委托国内银行代向国内进口单位收取款项的一种结算方式,主要包括收到代收单据和对外付款两个环节。

  收到国外寄来的代收单据,代收行按编排顺序登记"进口代收登记簿",核对无误后,填制"进口代收单据通知书"交进口单位通知其备款赎单,同时通过或有资产、或有负债表外科目反映权责关系。会计分录如下:
  借:应收进口代收款项   (外币)
    贷:进口代收款项   (外币)
  进口商确认付款。进口商经过审核后同意承付,向银行提交承付确认书,办理对外付款。会计分录如下:
  借:活期存款   (人民币)
    贷:货币兑换——汇买价   (人民币)
  借:货币兑换   (外币)
    贷:存放国外同业(或其他科目)   (外币)

同时核销表外或有资产、或有负债科目：

借：进口代收款项　　　　　　　　　　　　　　　　　　（外币）
　　贷：应收进口代收款项　　　　　　　　　　　　　　（外币）

2. 出口托收

出口托收是出口单位根据买卖双方签订的贸易合约，在规定期限备货出运后，将货运单据连同以进口买方为付款人的汇票一并送交到银行，由银行委托境外代理行向进口买方代为交单和收款的一种出口贸易结算方式。托收出口款项一般经过两个过程：一是托收过程，二是收妥过程。

（1）托收交单。出口单位根据贸易合约备妥单据，填具"托收申请书"，一并交银行办理托收。银行审单后，将有关单据寄交国外代收行委托收款。银行应通过表外科目核算，会计分录如下：

借：应收出口托收款项　　　　　　　　　　　　　　　　（外币）
　　贷：代收出口托收款项　　　　　　　　　　　　　　（外币）

（2）收妥结汇。托收行收到国外银行的划收报单或授权通知书后，对出口单位办理结汇：

借：代收出口托收款项　　　　　　　　　　　　　　　　（外币）
　　贷：应收出口托收款项　　　　　　　　　　　　　　（外币）
借：存放国外同业（或其他科目）　　　　　　　　　　　（外币）
　　贷：货币兑换　　　　　　　　　　　　　　　　　　（外币）
借：货币兑换　　　　　　　　　　　　　　　　　　　　（人民币）
　　贷：企业存款　　　　　　　　　　　　　　　　　　（人民币）
　　　　手续费收入　　　　　　　　　　　　　　　　　（人民币）

8.5.3 核算非贸易结算业务

非贸易结算业务是不通过对外贸易途径发生的外汇收支。非贸易外汇业务主要有国际汇兑、买入外币票据、非贸易托收等。

1. 国际汇兑

国际汇兑按照使用结算工具的不同分为电汇、信汇和票汇等，按照汇兑结算的程序分为汇入汇款和汇出汇款。

（1）汇入汇款

国外联行及代理行委托国内银行解付的汇入款项，称为"汇入汇款"。"汇入汇款"是负债类的科目，余额在贷方。

汇入时：

借：存放国外同业　　　　　　　　　　　　　　　　　　（外币）
　　贷：汇入汇款　　　　　　　　　　　　　　　　　　（外币）

解付时：
 借：汇入汇款   （外币）
  贷：货币兑换   （外币）
 借：货币兑换   （外币）
  贷：现金   （人民币）

上面是"头寸"已到的情况，如遇"头寸"未到，则需要通过"应收及暂付款"科目来处理：

汇入时：
 借：应收及暂付款   （外币）
  贷：汇入汇款   （外币）

头寸未到垫付解付时：
 借：汇入汇款   （外币）
  贷：货币兑换   （外币）
 借：货币兑换   （人民币）
  贷：现金   （人民币）

收到头寸：
 借：存放国外同业   （外币）
  贷：应收及暂付款   （外币）

如遇"头寸"未到，又不能垫款解付时，银行应将"汇款通知书"专类保管，待头寸到时再做账务处理。

(2) 汇出汇款

汇出汇款是银行接受汇款人的委托，采用不同的汇款方式将款项汇往异地收款人的一项业务，汇出汇款的具体方式主要有电汇、信汇、票汇等。汇出汇款使用"汇出汇款"科目核算，会计分录如下：

汇出时：
 借：外汇专户存款（或其他科目）   （外币）
  贷：汇出汇款   （外币）

解付时：
 借：汇出汇款   （外币）
  贷：存放国外同业   （外币）

【例 8-7】 某年，客户汇出 US＄1 000，按当日牌价汇卖价 US＄100＝￥681.25，需交付￥6 812.50，则会计分录为：

 借：库存现金   ￥6 812.50
  贷：货币兑换   ￥6 812.50
 借：货币兑换   US＄1 000.00
  贷：汇出汇款   US＄1 000.00

客户支付汇费60元,邮电费20元,会计分录为:
借:库存现金　　　　　　　　　　　　　　　　　　　¥80.00
　贷:手续费收入　　　　　　　　　　　　　　　　　¥60.00
　　　业务费用——邮电费　　　　　　　　　　　　　¥20.00

2. 买入外币票据

买入非贸易外币票据又称买汇,是指银行兑付非本行付款的票据。对持票人申请兑付的非本行付款的票据,在票据未收妥前,银行先行垫款,将票款扣除一定贴息后的净额兑付给收款人,然后向付款行收回票据款;或是与票据签发行事先订有委托兑付协议,兑付后通过委托行按协议开在经办行或其总行的账户上收回票据款。

我国银行办理非贸易票据的范围有:信用卡、旅游支票、本票、国际定额汇票、以资信较好的银行为付款行的汇票、旅行信用证和其他票据。

买入票据的程序通常是先由客户填写"买入票据申请书",然后银行填写"票据托收委托书"。买入票据用"买入外币票据"科目核算,先扣减贴息,然后折成人民币给客户。

买入时:
借:买入外币票据　　　　　　　　　　　　　　　　　（外币）
　贷:货币兑换　　　　　　　　　　　　　　　　　　（外币）
　　　利息收入　　　　　　　　　　　　　　　　　　（外币）
借:货币兑换　　　　　　　　　　　　　　　　　　　（人民币）
　贷:库存现金　　　　　　　　　　　　　　　　　　（人民币）

3. 非贸易外汇托收业务

非贸易托收是指由银行收下票据,向国外银行办理托收,待收到款项后,再向客户办理付款的业务。在此类业务情况下,票据所有权在客户手里,银行不承担风险,不垫付"头寸"。非贸易外汇托收业务的范围有:凡不能以买入外币票据处理的各种外币票据;未列入我国外管局公布的外钞收兑牌价的各种外钞,或虽列入外钞收兑牌价但无法鉴别真伪的外钞,或破旧不能立即收兑的外钞;国外有市价的外币有价证券的出售;息金的收取等。外汇托收均遵循"收妥结汇,银行不予垫款"的结算原则办理。

发出托收时:
借:应收非贸易托收款项　　　　　　　　　　　　　　（外币）
　贷:代收非贸易托收款项　　　　　　　　　　　　　（外币）
托收款项收妥时:
借:代收非贸易托收款项　　　　　　　　　　　　　　（外币）
　贷:应收非贸易托收款项　　　　　　　　　　　　　（外币）
借:存放国外同业　　　　　　　　　　　　　　　　　（外币）
　贷:应付及暂收款项　　　　　　　　　　　　　　　（外币）

借：应付及暂收款项　　　　　　　　　　　　　　　　　　　　　（外币）
　　贷：手续费收入　　　　　　　　　　　　　　　　　　　　　（外币）
　　　　货币兑换　　　　　　　　　　　　　　　　　　　　　　（外币）
借：货币兑换　　　　　　　　　　　　　　　　　　　　　　　（人民币）
　　贷：库存现金　　　　　　　　　　　　　　　　　　　　　（人民币）

思考题

1. 比较国际贸易结算方式中信用证、托收、汇款等方式的区别。
2. 信用证业务中贸易融资方式有哪几种？

项目结论

外汇业务是我国金融工作的重要组成部分。

外汇会计核算的对象是外汇银行的资金来源和资金运用增减变化过程及其结果，要正确组织核算。在处理外汇业务核算时有它独特的特点，主要实行外汇分账制进行核算。

外汇买卖是商业银行外汇业务的重要组成部分。

外汇存款主要分为单位和个人外汇存款，会计核算主要包括外汇存款的存入、支取和计息三个环节。

外汇贷款业务主要有现汇贷款、买方信贷、银团贷款和外汇转贷款等，贷款业务核算的主要内容包括贷款的发放、贷款的计息和贷款收回的核算。

外汇结算按业务内容分为贸易结算和非贸易结算两大类。贸易结算包括信用证（押汇、打包放款、福费廷）、托收等业务；非贸易结算包括国际汇兑、买入外币票据和非贸易外汇托收业务。

项目训练

一、单项选择题

1. 收到国外来证时，银行经办员要根据信用证留底联填制（　　）。
   A. "收国外开来保证凭信"　　　　　　B. 特种转账收入传票
   C. 信用证项下单据通知书　　　　　　D. 国外开来保证凭信

2. 托收项下审单的要求是（　　）。
   A. 单证一致，单单一致　　　　　　　B. 单货一致，单单一致
   C. 密押相符　　　　　　　　　　　　D. 行名行号一致

3. 收到开证行汇入的信用证全部或是部分押金时，国内议付行通过（　　）核算。
   A. 存入保证金　　　　　　　　　　　B. 应付及暂收款项
   C. 其他应付款　　　　　　　　　　　D. 其他营业收入

4.信用证结算方式的会计处理手续作为出口方的通知行和议付行,主要包括( )。

A.受证与通知　　　　　　　　　　B.审单付汇

C.开出信用证　　　　　　　　　　D.修改信用证

二、多选题

1.申请人向开证行提交修改信用证申请书,经批准修改减少金额,会计分录为( )。

A.红字借:应收开出信用证款项

B.红字贷:应付开出信用证款项

C.蓝字借:应付开出信用证款项

D.蓝字贷:应收开出信用证款项

2.以下向国外进口商收汇的结算方式中,需要进口商提交垫款利息的付汇方式有( )。

A.国外审单主动借记　　　　　　　B.单到国内审单付款

C.国外审单电报索汇　　　　　　　D.授权国外议付行向我行索汇

3.买入外币票据的条件主要有( )。

A.签发行是我国联行或代理行

B.票据上有限制议付字样

C.签发的外币币种是我国挂牌的货币

D.我行对票据有鉴别能力

三、判断题

1.议付行向国外银行寄出代表物权的货运单据后,便与开证行之间形成了债权债务关系,因此会计上除了核销表外科目外,还要运用表内科目来反映这种关系。　　( )

2.出口押汇和打包放款都是银行为了解决出口商发运商品后发生资金周转困难提供的融资业务。　　( )

3.外汇存款按照存款对象及管理特点可分为单位外汇存款和活期外汇存款。( )

4.国际贸易核算主要有信用、托收和汇款三种结算方式。　　( )

5.出口信用证修改需要减少金额,应用红字记入"国外开来保证凭信"科目的借方。

( )

四、业务练习

习题一　外汇买卖业务

(一)资料:A银行4月22日发生有关外汇买卖业务。

1.某外籍旅游者持USD10 000到A银行要求兑换成人民币现金,该银行按当日牌价给付人民币现金;

2.某出国考察人员持有关凭证到A银行购买USD3 000,银行按当日牌价折收人民币现金;

3. 某客户交 A 银行港币现钞要求折合成 HKD5 000 汇出国外；

4. 某合资企业有现汇活期存款 USD20 000，要求兑换成港币现汇，存入港币活期存款户，以备支付货款。

人民币外汇牌价

货币	外币单位	汇买价	汇卖价	钞买价
美元 USD	100	697.08	699.88	691.50
港币 HKD	100	89.62	89.80	88.72
日元 JPY	100	6.6319	6.685 1	6.418 8
英镑 GBP	100	1 370.23	1 381.23	1 326.20
欧元 EUR	100	894.23	897.12	886.82
澳大利亚元	100	487.49	489.94	876.50

(二)要求：编制各项业务的会计分录。

习题二　外汇存贷款业务

(一)资料：中国银行上海分行发生以下业务：

1. 日本丰田公司上海代表处自日本汇入 JPY50 000，存入在该行开立的外币存款账户；

2. 香港爱华上海分公司收到汇入的 HKD3 000，存入该行开立的港币账户；

3. 自美国汇入的美元现汇 USD5 000，收款人为来华商人，该商人在本行开立活期现钞账户。

(二)要求：编制上述业务的会计分录。

习题三　信用证业务

(一)资料：某分行 8 月 15 日接到美国某代理行开来的即期信用证，金额为 USD8 000，受益人为市土产公司，来证规定单到开证行验单付款；9 月 10 日受益人备货出运并送交全套单据，分行审查合格；9 月 12 日寄单索汇并加计通知费、议付费 USD120，向开证行计收；9 月 28 日分行接到代理行的已贷记报单，金额为 USD8 120，当天对土产公司结汇。

(二)要求：编制银行不同时期的会计分录。

项目延伸

《金融企业会计制度释疑》、《国际贸易结算方法》等。

项目 9

学习银行委托及代理业务

● 知识结构图

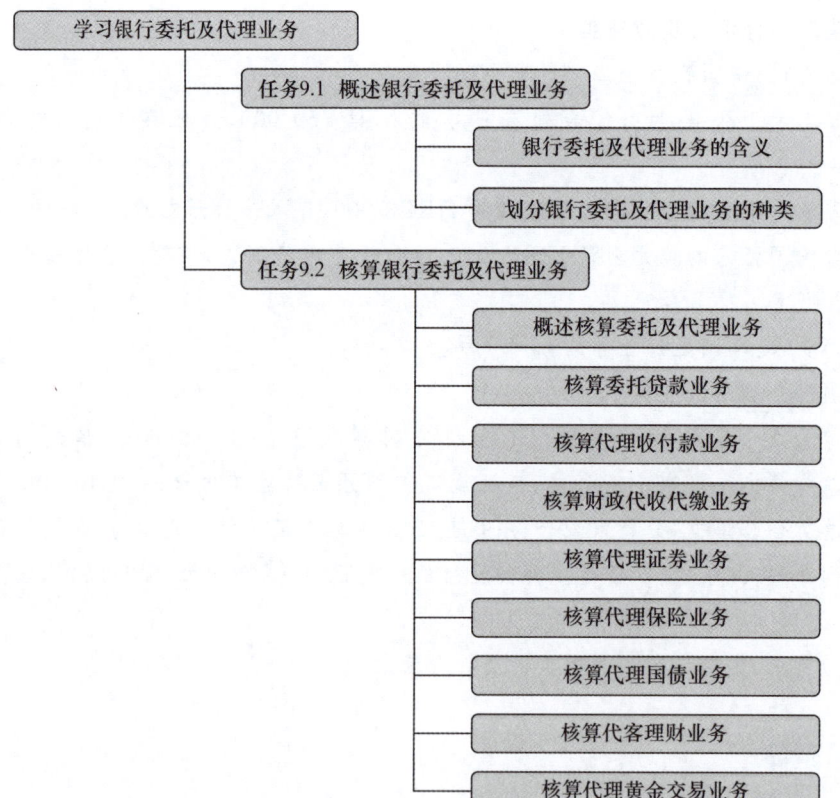

● 素质目标

1. 培养学生树立正确的世界观,关注我国商业银行的最新发展动态,认识银行代理业务;
2. 培养学生的创新意识,拓展银行代理业务;
3. 培养学生的科学研究素养,及时掌握分析金融市场动态;
4. 培养学生服务意识,掌握银行代理业务特点,服务社会。

● **知识目标**

1. 了解银行承办委托及代理业务的意义；
2. 掌握委托及代理业务的特点和种类；
3. 熟悉运用委托及代理业务的核算方法。

● **技能目标**

1. 了解银行委托及代理业务的种类及其内容；
2. 熟练掌握相关银行委托及代理业务的核算。

● **案例导入**

近年来，随着我国证券市场的发展，银证转账业务已成为增强证券公司竞争力的手段之一。目前，具有银证转账功能的银行几乎与各大券商都签有银证转账协议，大多数银行与证券公司都进行了银证转账合作。

申请开户时，客户需提供申请人身份证原件及复印件，申请人的股东代码卡原件及复印件，资金账户原件及复印件，申请人在银行开立的活期通存通兑借记卡原件及复印件。客户持上述证件到银行网点或券商柜台办理，并与银行、券商分别在证券保证金自助转账协议书上签章确认，三方各持一份。办妥申请手续后，通过银行或券商网络建立保证金账户和银行资金账户的连接关系，即可使用银证转账功能。

银证转账业务联网银行多、转账方式全，投资者可以通过网上银行、电话银行及银行网点的自助设备和证券公司的电话、网上交易系统及证券公司营业部的自助设备将资金在银行和证券公司之间划转，为投资者存取款提供便利的服务。

请思考：开展证券代理业务是否有利于增加银行盈利？

任务 9.1 认识银行委托及代理业务

9.1.1 银行委托及代理业务的含义

银行委托及代理业务是商业银行以中间人的身份，利用其在机构、技术、信息及资金方面的优势，接受客户委托办理的各类金融服务，并从中收取手续费或佣金。

银行委托及代理业务是典型的中间业务。银行充分利用自身的信誉、技能、信息等资源代客户行使监督管理权，提供各项金融服务。目前，商业银行开办的中间业务中，代理类业务占主导地位。

9.1.2 划分银行委托及代理业务的种类

1. 委托贷款业务

委托贷款是指由委托人提供合法来源的资金，委托业务银行根据委托人确定的贷款对象、用途、金额、期限、利率等代为发放、监督使用并协助收回的贷款业务。委托人包括政府部门、企事业单位及个人等。

2. 代理收付业务

代收代付业务是指商业银行利用自身结算的便利，接受客户委托代为办理指定款项收付的业务。

代收代付业务的种类繁多，涉及范围广泛。归纳起来可以分为两大类：一是代缴费业务，即银行代理收费单位向其用户收取费用的一种转账结算业务，如代收电话费、保险费、交通违章罚款、养路费等；二是代发薪业务，即银行受国家、机关、行政事业单位及企业的委托，通过其在银行开立的活期储蓄账户，直接向职工发放工资的业务。

3. 代理证券业务

代理证券业务就是指银行接受委托办理的代理发行、兑付、买卖各类有价证券的业务，同时还包括代办债券还本付息、代发红利、代理证券资金清算等业务。有价证券主要包括国债、金融债券、公司债券、股票等。银证通业务、代理发行、代理兑付、承销政府债券业务等是银行开办的主要代理债券类业务。

4. 代理保险业务

代理保险业务就是银行接受保险公司的委托代其办理保险业务，属于兼业代理。

5. 代理中央银行业务

代理中央银行业务是指根据政策法规应由中央银行承担，但是由于机构设置、专业优势等方面的原因，由中央银行指定或委托商业银行承担的业务，主要包括财政性存款代理业务、国库代理业务、发行库代理业务等。

6. 代理政策性银行业务

代理政策性银行业务是指商业银行接受政策性银行的委托，代为办理政策性银行因服务功能和网点设置等方面的限制而无法办理的业务，包括代理贷款项目管理等。

7. 代理商业银行业务

代理商业银行业务是指商业银行之间相互代理业务，主要是指代理资金清算业务，如代理银行汇票业务。

8. 代客理财业务

代客理财业务是指商业银行发起的，以社会公众为目标客户，通过专业的投资理财和风险管理办法，投资于金融产品，在风险可控的基础上，为投资人实现较高收益的代客理财业务。

9. 代理黄金业务

代理黄金业务是指商业银行接受客户的委托，按客户的指令进入交易所进行的黄金交易，并为客户办理相应的资金清算和黄金实物交割等手续的行为。

10. 其他代理业务

其他代理业务包括代理财政委托业务、代理其他银行的银行卡收单业务等。

任务9.2　核算银行委托及代理业务

9.2.1　概述核算银行委托及代理业务

本任务主要讲解委托贷款代理收付款业务、财政代收代缴业务、代理证券、代理保险、代理国债业务、代客理财和代理黄金业务。

为了便于核算,设置"代理业务资金"、"代理业务占款"、"中间业务收入"三个科目。

"代理业务资金"科目按委托及代理业务种类进行明细核算,用于核算银行代理业务中所收入的各类款项,如代收水电费、代理其他银行贷款资金、代理发行债券等。银行代收各种款项时,借记"存放中央银行款项"、"吸收存款——活期存款"等科目,贷记本科目;按规定划转、核销或清算资金时,借记本科目,贷记"存放中央银行款项"等科目。该科目期末贷方余额,反映银行尚未归还的各类代理业务资金。

"代理业务占款"科目应按委托及代理业务种类分对象进行明细核算,用于核算银行代理业务中所运用和占用的款项,如代理其他银行贷款、代理兑付债券等。代其他行发放贷款或代理兑付债券时,借记本科目,贷记"单位活期存款"等科目;收回贷款或清算兑付资金时,借记"单位活期存款"等科目,贷记本科目。本科目期末借方余额,反映银行代理业务占用的款项余额。

"中间业务收入"科目按中间业务种类进行明细核算,分别核算银行办理结算业务、咨询业务、担保、代保管等代理业务以及办理委托贷款及投资业务等取得的手续费,如结算手续费收入、业务代办手续费收入、基金托管收入、咨询收入、担保收入、委托贷款手续费收入、代保管收入、保管箱租金收入等。银行手续费等中间业务收入应当按照收入确认原则予以确认。银行取得各项中间业务收入时,借记"单位活期存款"、"库存现金"、"存放中央银行款项"、"基金存款"等科目,贷记本科目。期末应将本科目余额结转利润,借记本科目,贷记"本年利润"科目,结转后本科目应无余额。

9.2.2 核算委托贷款业务

委托贷款业务是指由委托人提供资金并承担全部贷款风险,商业银行作为受托人,根据委托人确定的贷款对象、用途、金额、期限、利率等内容,代为客户发放、监督使用并协助回收贷款本息的一项代理业务。委托贷款业务,是为委托人提供的金融服务,银行收取手续费,不得垫付委托贷款资金和委托人应缴纳的营业税,不承担任何形式的贷款风险。包括委托贷款、代理财政外国政府贷款、代理发放银团贷款、公积金委托贷款、他行风险参与贷款、代理发放系统内联合贷款等。

1. 委托贷款业务的基本规定

(1)申请条件

委托人及借款人应当是经工商行政管理机关(或主管机关)核准登记的企(事)业单位,其他经济组织、个体工商户,或具有完全民事行为能力的自然人;已在业务银行开立结算账户;委托资金来源必须合法及具有自主支配的权利;申办委托贷款必须独自承担贷款风险;需按照国家地方税务局的有关要求缴纳税款,并配合受托人办理有关代征代缴税款的缴纳工作;符合业务银行的其他要求。

(2)期限利率

委托贷款的期限,由委托人根据借款人的贷款用途、偿还能力或根据委托贷款的具体情况来确定;

在委托贷款中,所涉及的委托贷款利率由委托双方自行商定,但是最高不能超过人民银行规定的同期贷款利率和上浮幅度。自2004年起,商业银行贷款利率浮动区间扩大到了(0.9,1.7),即商业银行对客户的贷款利率的下限为基准利率乘以下限系数0.9,上限为基准利率乘以上限系数1.7,金融机构可以根据中国人民银行的有关规定在人行规定的范围内自行确定浮动利率。

(3)银行管理要求

①商业银行各分支行办理委托贷款业务一般由总行统一管理和审批,并向当地人民银行备案。

②委托贷款实行受托基金管理制度,原则上基金户与贷款户应同时设在同一机构。委托贷款发放前,应建立委托贷款基金户,基金到位后方能办理贷款发放手续,严禁出现受托资产大于受托负债即商业银行垫款行为的发生。委托贷款基金不计利息,贷款余额不得超过基金余额。

③在委托贷款执行期间,如委托人书面通知调整利率,商业银行应及时做好调整工作。

④对委托人同意展期的贷款,应根据委托人的"委托贷款展期通知书",与借款人签订三方或双方"委托贷款展期协议书"。

⑤委托贷款的转销、核销,按照委托人通知要求处理。

2. 委托贷款业务流程

委托人与借款人达成融资意向,协商确定贷款利率、期限等要素。

委托人与借款人在业务银行开设结算账户,委托人向业务银行出具《贷款委托书》,并由委托人和借款人共同向银行提出申请。

银行受理客户委托申请,进行调查并经审批后,对符合条件的客户接受委托。

3. 委托贷款业务会计政策及科目设置

新会计准则要求企业设置独立资产科目核算企业不承担风险的代理业务形成的资产,设置独立负债科目核算企业不承担风险的代理业务收到的款项。

商业银行在代理业务负债下设置委托贷款资金科目,按委托贷款业务品种设置明细科目,核算因委托贷款业务收到的委托资金。在代理业务资产下设置委托贷款科目,按委托贷款业务品种设置明细科目,核算利用受托资金发放的委托贷款。

4. 委托贷款业务核算

(1)委托贷款资金划入、划出的会计处理

①委托贷款资金划入的会计处理

划入资金时,以收款凭证为借方记账凭证。会计分录:

借:××活期存款——××委托人
　　贷:××委托贷款资金

②委托贷款资金划出的会计处理

资金划出时,银行会计部门根据业务部门的书面通知划付资金。会计分录:

借:××委托贷款资金
　　贷:××活期存款——××委托人

(2)委托贷款的发放的会计处理

银行会计部门收到业务部门的通知后,在到位的委托贷款资金额度内为借款人办理贷款转存手续,发放委托贷款。会计分录:

借:××委托贷款——××借款人

贷:××活期存款——××借款人

(3)委托贷款回收的会计处理

　　银行对借款人的还款,依据借款合同的约定,区别归还本金、利息分别核算。收到借款人归还贷款本金或利息,银行直接从借款人账户上扣收贷款本金或利息时,会计部门以相应的记账凭证作出会计处理。会计分录:

　　借:××活期存款——××借款人
　　　贷:××委托贷款——××借款人
　　　　　代理贷款应付利息

收回委托贷款后银行应将贷款本息及时通知委托人。

(4)委托贷款中代理业务收入的核算

　　银行对委托贷款业务收入的确认按权责发生制原则核算,根据银行与委托方的委托合同,确认在委托贷款中实现收入时,作出会计核算。会计分录:

　　借:应收委托贷款手续费
　　　贷:委托贷款业务收入

银行与受托方实际结算委托贷款手续费时,根据有关凭证办理转账。会计分录:

　　借:××委托贷款资金
　　　(或)代理贷款应付利息
　　　贷:应收委托贷款手续费

9.2.3　核算代理收付款业务

　　代理收付款业务是商业银行利用自身的网点优势和结算优势,接受单位或个人的委托,代办委托人指定的收付款业务。目前,我国商业银行开办的代收款业务主要有代收水费、电费、煤气费、电话费、学费、有线电视收视费、养老保险费、物业管理费、考试报名费等诸多项目。代付款业务主要有代发工资、养老金、失业保险金、住房公积金、助学贷款学生生活费等。这里分别以代收电费和代发工资业务举例说明。

1.代收电话费

　　目前各商业银行开通了柜台、ATM、网上银行、电话银行等办理电话费代收的业务,通过银行系统操作,实现话费查询、缴纳话费、缴费冲正、缴费查询、发票打印等功能。银行在收取话费后实时转账到收费账户开立的归集账户上。

经办行网点:

(1)经办行网点办理业务时,会计分录如下:

　　借:库存现金(个人活期存款)
　　　贷:代理业务资金——代收电话费
　　借:代理业务资金——代收电话费
　　　贷:辖内往来

(2)账户行:

账户行办理业务时,会计分录如下:

　　借:辖内往来
　　　贷:单位活期存款——代收电话费专户

收到电话局划来的手续费时,会计分录如下:
借:库存现金或存放中央银行款项
　　贷:中间业务收入——代收电话费手续费

2. 代发工资

代发工资业务是指银行代替企事业单位等机构的财务人事部门为其员工发放工资或费用的服务项目。

银行依据单位的工资清单将款项转入对应的个人账户。会计分录如下:
当银行从企业账户扣款时,会计分录为:
借:吸收存款——活期存款——企业户
　　贷:代理业务资金——代发工资
将款项发放到职工个人账户时,会计分录为:
借:代理业务资金——代发工资
　　贷:吸收存款——活期储蓄存款——职工A
　　　　　　　　　　　　　　　　——职工B

【例9-1】 20×3年12月30日,交通银行滨江支行与顺畅公司签订代发20×4年度工资协议书,并办理了相关手续。20×4年1月3日,顺畅公司将本月代发工资35 000元存入该行,1月5日该行办理了划转手续。现编制分录如下:

银行从企业账户扣款时:

借:吸收存款——活期存款——顺畅公司	35 000
贷:代理业务资金——代发工资	35 000

将款项发放至职工个人账户时:

借:代理业务资金——代发工资	35 000
贷:吸收存款——活期储蓄存款——张某	6 800
——李某	7 500
——周某	8 200
——王某	6 400
——孙某	6 100

9.2.4 核算财政代收代缴业务

财政代收代缴业务是指银行根据政府授权,代理行政事业性收费和罚没收入资金的行为。财政代收业务包括省级财政代收业务以及市县级财政代收业务,具体项目按照行政许可的要求公布《行政事业性收费目录》,列示收费单位、收费项目、计费单位、收费标准、收费依据和管理方式等内容。

1. 基本流程

行政事业性收费的执收单位或罚没收入的执收单位在收取行政事业性费用或依法对违法违章者实施处罚时,向缴款当事人开具"缴款通知书",由缴款当事人到指定的代理银行缴款,代理银行收妥资金后,向缴款人出具"行政事业性收费及罚没收入专用票据",并按规定将资金缴入国库或财政专户。

2. 处理账务

(1)代收网点

银行柜台人员受理业务应注意区分现金缴款或转账缴款。如果为现金,柜员受理客户提交的行政事业性收费及罚没缴款通知书第二、三联和现金后,按相关规定进行现金清点,并与缴款通知书核对无误后,第四联作现金收入传票,然后办理账务处理。会计分录如下:

借:库存现金(或单位活期存款)
　　贷:代理业务资金——财政代收业务

日终时,代收网点将收妥的行政事业性收费或罚款上划到主办行。会计分录如下:

借:代理业务资金——财政代收业务
　　贷:辖内往来

(2)主办行

主办行收到代收网点划拨来的资金款项时,经审核无误后办理转账,会计分录如下:

借:辖内往来
　　贷:待结算财政款项——行政事业性收费或罚款

主办行根据"待结算财政款项"各明细账户余额,填写"一般缴款书",按照行政事业性收费或罚款项目及金额,通过同城清算系统或现代化支付系统将资金划拨至国库或财政专户。会计分录如下:

借:待结算财政款项——行政事业性收费或罚款
　　贷:存放中央银行款项(或清算资金往来)

【例9-2】 20×3年1月10日,交通银行滨江支行与滨江市教育局签订代收当地高等教育自学考试费协议,并办理相关手续。20×3年3月1日,收到考试费50 000元。会计分录如下:

借:吸收存款——活期存款——滨江市教育局　　　　　　50 000
　　贷:代理业务资金——财政代收业务　　　　　　　　　　　50 000

日终时,将款项上划到主办行,会计分录如下:

借:代理业务资金——财政代收业务　　　　　　　　　　50 000
　　贷:辖内往来　　　　　　　　　　　　　　　　　　　　　　50 000

主办行收到代收网点划拨来的资金款项时,会计分录如下:

借:辖内往来　　　　　　　　　　　　　　　　　　　　50 000
　　贷:待结算财政款项——行政事业性收费　　　　　　　　　50 000

主办行将资金划拨至财政专户,会计分录如下:

借:待结算财政款项——行政事业性收费　　　　　　　50 000
　　贷:清算资金往来　　　　　　　　　　　　　　　　　　　50 000

9.2.5 核算代理证券业务

代理证券业务是指客户通过银行即可办理证券买卖业务,分为银证转账和银证通两种模式。

1. 银证转账

银证转账是指个人证券投资者向证券公司及银行提出申请,将银行的个人存款账户和证券公司的保证金账户建立关联,客户可以通过电话银行或柜台交易等渠道进行指定存款账户与保证金账户之间的款项划转。

银证转账按资金流向分为从银行转入证券公司或从证券公司转入银行。从银行转入证券公司方,会计分录如下:

借:吸收存款——活期储蓄存款
　　贷:证券公司活期存款——××证券保证金户

从证券公司转入银行,会计分录如下:

借:证券公司活期存款——××证券保证金户
　　贷:吸收存款——活期储蓄存款

【例 9-3】 刘某于20××年5月10日分别与交通银行滨江支行和中信证券滨江营业部签订了银证转账协议,并按规定开立活期存款账户,存入现金100 000元。当日将100 000元转入证券公司保证金账户。会计分录如下:

借:吸收存款——活期储蓄存款——刘某　　　　　　　　　100 000
　　贷:证券公司活期存款——中信证券公司滨江营业部保证金户　100 000

5月25日,刘某将38 000元现金从证券公司保证金账户转入银行,会计分录如下:

借:证券公司活期存款——中信证券公司滨江营业部保证金户　38 000
　　贷:吸收存款——活期储蓄存款——刘某　　　　　　　　　38 000

2. 银证通业务

银证通业务是指银行业务系统与证券公司系统交易直接相连,投资者利用银行的网站、电话银行等渠道,使用证券公司的交易系统进行证券投资,银行系统利用投资者在银行开立的活期账户,事后按轧差额进行资金清算的服务方式。

资金轧差净额为应扣客户账的,则扣客户存款户;如资金轧差净额为应入客户账的,则会计分录与之相反。

① 若为个人买卖股票的,会计分录如下:

借:吸收存款——活期储蓄存款——××个人户　　开户网点
　　贷:辖内往来——银证通辖内往来　　　　　　清算网点

② 若为机构买卖股票的,会计分录如下:

借:吸收存款——活期存款——××机构户　　　　开户网点
　　贷:辖内往来——银证通辖内往来　　　　　　清算网点

③ 清算行资金清算

股票闭市次日,清算行负责办理银证通清算批量发报,输入交易日期后,通过电子汇划系统与券商和各分行清算网点清算。以分行支付券商款项为例。

清算行发报扣分行款项,会计分录如下:

借：电子汇划往来——电子汇划清算往来
　　贷：电子汇划往来——电子汇划待发报
借：电子汇划往来——电子汇划待转账
　　贷：电子汇划往来——电子汇划清算往来
清算行向券商划转款项，会计分录如下：
借：电子汇划往来——电子汇划待发报
　　贷：电子汇划往来——电子汇划清算往来
借：电子汇划往来——电子汇划清算往来
　　贷：电子汇划往来——电子汇划待转账

④清算网点资金清算

分行清算网点收报后，应及时办理转账业务并制作出相应传票。如券商开户网点收到电子汇划报文后，应为券商办理入账。以分行支付券商款项为例。

收到清算行扣账报文，会计分录如下：
借：辖内往来——银证通辖内往来
　　贷：电子汇划往来——电子汇划待转账
券商开户网点收到清算行划券商款项，会计分录如下：
借：电子汇划往来——电子汇划待转账
　　贷：辖内往来——银证通辖内往来
券商开户网点为券商入账，会计分录如下：
借：辖内往来——银证通辖内往来
　　贷：证券公司活期存款（证券公司开立的资金结算账户）

9.2.6　核算代理保险业务

代理保险业务是指银行与保险公司建立代理关系，向客户销售保险公司的保险产品、代收保险费的一项业务。目前，代理保险业务的操作模式主要有以下两种：一是由银行与保险公司签订保险代理协议，并由银行开出保单；二是银行与保险公司签订保险代理协议，由保险公司提供固定格式与条款的保险协议，客户填写完毕，保险公司定日收取后开出保单，并由银行传递给客户。

代理保险业务的银行网点分为主办网点和经办网点。主办网点负责按照账户管理的有关规定开立保险公司的资金结算账户，并与保险公司进行资金往来清算。

1. 核算收入保费的业务

客户缴纳保费时，应提交付款票据或填制现金交款单，连同现金一并提交银行经办网点。代理网点的柜员经审核付款票据或现金交款单并点收现金无误后，办理转账手续。其会计分录如下：
借：吸收存款——活期储蓄存款（或库存现金）
　　贷：代理业务资金——代收保险费

2. 核算划转保费的业务

各经办网点将收取的保费，按日划转到保险公司在主办行开立的资金结算账户；主办网点收到经办网点划来的保费，并将本网点代收的保费一并按日转入指定账户。

经办网点核算的会计分录如下：
借：代理业务资金——代收保险费
　　贷：辖内往来
主办网点的会计分录如下：
借：辖内往来
　　贷：代理业务资金——代收保险费
指定网点在与保险公司协议约定的入账时间，汇总填制转账支票，并将汇总保费划入保险公司清算账户。会计分录如下：
借：代理业务资金——代收保险费
　　贷：吸收存款——活期存款——保险公司户

3. 收取代理手续费

保险公司按与银行协议规定的保险代理手续费率，于每月提交付款凭证，向银行交纳代理手续费。

主办网点收到保险公司提交的付款凭证，经审核无误后，扣收保险代理手续费，将本网点的代理手续费办理入账，并将其他网点的代理手续费通过电子汇划划转代理网点。其会计分录如下：
借：吸收存款——活期存款——保险公司户
　　贷：其他应付款——应转其他网点手续费
　　　　中间业务收入——代理保险手续费收入
指定网点将手续费划转其他各代理网点时，会计分录如下：
借：其他应付款——应转其他网点手续费
　　贷：辖内往来
代理网点收到指定网点划来的保险代理手续费，其会计分录如下：
借：辖内往来
　　贷：中间业务收入——代理保险手续费收入

【例9-4】 孙某是交通银行滨江支行借记卡用户，20×3年12月购入一辆私家车。20×4年1月3日孙某想为其新车购买机动车保险，于是到该行咨询相关手续。该行的客户经理梁经理了解情况后，作为该行中国平安保险公司宜洲分公司兼职代理人，指导和协助孙某办理了机动车辆保险，共计金额8 000元。经审核付款票据无误后，办理转账手续。现编制会计分录如下：

借：吸收存款——活期储蓄存款——孙某　　　　　　　　8 000
　　贷：代理业务资金——代收保险费　　　　　　　　　　　　　8 000
20×4年1月28日，将保费划入保险公司账户，会计分录如下：
借：代理业务资金——代收保险费　　　　　　　　　　　8 000
　　贷：吸收存款——活期存款——中国平安保险公司宜洲分公司　8 000

【例9-5】 假设20××年1月滨江支行共代收保险费500 000元，代理手续费率为2%，其中本网点代收200 000元，其他网点代收300 000元。1月31日收到中国平安保险公司滨江分公司交来的付款凭证，代理手续费共计10 000元。审核无误后，办理转账。会计分录为：

借:吸收存款——活期存款——中国平安保险公司滨江分公司　　10 000
　　贷:其他应付款——应转其他网点手续费　　　　　　　　　6 000
　　　　中间业务收入——代理保险手续费收入　　　　　　　　4 000

9.2.7 核算代理国债业务

代理国债业务是银行向个人或机构代理出售、兑付国债服务并收取手续费的一项中间业务。目前国债采取集中管理模式,由分行统一管理国债销售及额度控制,网点销售国债的资金需及时上交分行。

国债以 100 元为起点,按 100 元的整数倍发售、兑付和办理各项业务,每个账户购买本期国债最高限额为 100 万元;国债实行实名制,不可以流通转让,但可以按照相关规定提前兑换、质押贷款和非交易过户。持有国债不满半年提前兑取时不计利息;半年后的提前兑取按照票面利率计付利息并扣除部分利息。付息日和到期日前 15 个法定工作日起停止办理提前兑付业务,付息日(不含)后恢复办理。

1. 设置会计科目

设置"开出凭证式国债"科目,核算银行代理国家发行债券、企业债券和其他债券等凭证式债券的金额。开出凭证式国债以及兑付收回凭证式债券时,用本科目核算。本科目属表外科目。

设置"代理业务资金占款——国债本金"科目,用于核算上划的国债本金以及提前兑付后银行持有的国债款项,该账户的余额表示银行实际持有的国债数额。

设置"代理业务资金占款——国债兑付利息"科目,用于核算国债提前兑付以及到期兑付时支付给客户的利息。

设置"代理业务资金——代售国债款项"科目,用于核算网点售出国债、提前兑付国债、到期兑付国债的本金上划。

2. 核算账务

(1)国债出售

客户申请国债认购时,柜员应认真审核客户提交的有效身份证件、国债认购凭证,清点现金无误后,为其办理国债认购手续,同时打印国债凭证和国债认购凭证。会计分录如下:

借:库存现金(或个人活期存款)
　　贷:代理业务资金——代售国债款项

同时,销记表外科目:

付出:开出凭证式国债

(2)国债资金上划

网点日终将款项上划分行,由分行在国债发行结束后集中上划总行。

网点上划款项的会计分录为:

借:代理业务资金——代售国债款项
　　贷:电子汇划往来

分行收到款项时,会计分录如下:

借:电子汇划往来
　　贷:代理业务资金——代售国债款项

分行将资金上划总行时,会计分录如下:

借:代理业务资金——代售国债款项
　　贷:电子汇划往来

借:电子汇划往来
　　贷:存放中央银行款项

总行收到国债资金款项时,会计分录如下:

借:存放中央银行款项
　　贷:代理业务资金——代售国债款项

总行按期向财政部缴付承购的国债款项时,会计分录如下:

借:代理业务资金——代售国债款项
　　贷:存放中央银行款项

(3) 国债提前兑付

国债提前兑付,利息按财政部规定的提前兑付相应档次利率和国债实际持有天数计算,手续费按本金的1‰收取。凭证式国债持有不满半年不计利息,储蓄国债(电子式)持有不满半年不予提前兑付。办理提前兑付业务时,银行应按系统提示打印国债凭证支取款项记录、收费凭证和利息清单。

提前兑付在半年以内的,会计分录如下:

借:代理业务资金占款——国债本金
　　贷:库存现金(或个人活期存款)
　　　　中间业务收入——代理发行国债手续费收入

提前兑付超过半年的,会计分录如下:

借:代理业务资金占款——国债本金
　　　代理业务资金占款——国债兑付利息
　　贷:库存现金(或个人活期存款)
　　　　中间业务收入——代理发行国债手续费收入

(4) 国债到期兑付

国债到期银行总行收到财政部拨付的国债款项后,应及时通过电子汇划或支付系统将本金与利息下划分行,分行与网点进行清算。分行收到总行划来款项的会计分录如下:

借:存放中央银行款项
　　贷:电子汇划往来

客户凭国债凭证、有效身份证件申请国债到期兑付时,柜员应严格审核国债凭证的姓名与身份证件上的是否一致,是否为本行签发的国债凭证,确认无误后为其办理兑付手续。同时打印国债凭证支取款项记录以及一式两联利息清单。会计分录如下:

借：代理业务资金占款
　　贷：库存现金（或个人活期存款）

(5) 国债兑付后款项上划分行

网点在国债到期兑付或提前兑付后，将网点支付的国债本金与利息分别上划到分行相应账户。网点的会计分录如下：

借：电子汇划往来
　　贷：代理业务资金占款

分行国债本金的处理由系统自动区分提前兑付、正常兑付。分行收到提前兑付资金报文后，提前兑付的国债款项视同分行购入国债。会计分录如下：

借：代理业务资金占款——国债本金
　　代理业务资金占款——国债兑付利息
　　贷：电子汇划往来

正常兑付的国债款项直接销计总行拨来的兑付资金。会计分录如下：

借：电子汇划往来
　　贷：存放中央银行款项

(6) 匡计银行持有国债利息

国债发行期过后售出的国债款项以及国债提前兑付后银行持有的国债，按月匡计持有各期国债的投资收益。会计分录如下：

借：应收债券利息
　　贷：利息收入——国债利息收入

(7) 转销分行持有的国债

分行收到总行下划的国债资金后，应先手工分别转销分行持有国债的本金及应收利息。会计分录如下：

借：存放中央银行款项
　　贷：代理业务资金占款——国债本金
　　　　代理业务资金占款——国债兑付利息

(8) 国债手续费的处理

银行总行收到财政部拨付的国债手续费时。会计分录为：

借：存放中央银行存款
　　贷：电子汇划往来

国债手续费的营业税及附加税统一由总行缴纳，总行按月计提并按季缴纳营业税及附加税，按规定比例向分行下划国债手续费。分行收到总行下划的国债手续费后办理转账。会计分录如下：

借：电子汇划往来
　　贷：中间业务收入——代理发行国债手续费收入

9.2.8 核算代客理财业务

代客理财业务是指商业银行发起的,以社会公众(含企业、个人和事业单位等)为目标客户,通过专业的投资理财和风险管理办法,投资于金融产品,在风险可控的基础上,为投资人实现较高收益的代客理财业务,其投资的标的物可以是国债、金融债券、中央银行票据、银行承兑汇票、信托计划、协议存款回购等。

1. 代客理财的业务流程

客户将投资资金存入银行,委托银行进行理财投资。银行通过设立独立核算账户,运用自身的资源优势进行投资运作。投资收益取得后,银行根据投资收益和理财产品合同约定向客户派发投资收益到制定账户。理财投资到期后或提前终止,银行将根据相关合同约定执行理财投资兑付的会计处理工作,核算相关收益和费用。

2. 代客理财的核算科目设置

根据新会计准则要求,银行需设置独立资产科目核算企业不承担风险的代理业务形成的资产,设置独立负债科目核算企业不承担风险的代理业务收到的款项。

对于代理单位理财产品和代理个人理财产品,银行分别使用"代理单位理财资金"、"代理单位理财"及"代理个人理财资金"、"代理个人理财"等科目进行核算。

"代理单位理财资金"科目核算银行代理单位理财收到的资金。本科目按存入机构和理财产品的期次设置明细账。

"代理个人理财资金"科目核算银行代理个人理财收到的资金。本科目按存入机构和理财产品的期次设置明细账。

"代理单位理财"科目核算银行代理单位理财业务时所运用的款项。本科目按托管机构和理财产品的期次设置明细账。

"代理个人理财"科目核算银行代理个人客户理财业务时所运用的款项。本科目按托管机构和理财产品的期次设置明细账。

3. 代客理财的会计核算

(1)代客理财资金募集、上划的会计处理

客户认/申购理财产品时,银行根据客户认/申购额,冻结客户存款账户相应资金。认/申购资金集中上划的会计核算如下:

①理财产品销售分支行主动借记客户存款账户,并将代客理财资金通过理财产品销售系统或系统内往来等方式划拨总行。

分支行通过理财产品销售系统将资金划拨总行,会计分录为:

借:××存款——××客户
　　贷:系统内通存通兑往来

分支行通过系统内往来方式将资金划拨总行,会计分录为:

借:××存款——××客户
　　贷:系统内应付结算款项

借：系统内应付结算款项
　　贷：系统内通存通兑往来
②总行通过理财产品销售系统收到代客理财资金，会计分录为：
借：系统内通存通兑往来
　　贷：代理单位/个人理财资金——××分行××理财产品资金
总行通过系统内往来方式收到代客理财资金，会计分录为：
借：系统内通存通兑往来
　　贷：系统内应付结算款项
借：系统内应付结算款项
　　贷：代理单位/个人理财资金——××分行××理财产品资金
③如投资者支付的销售费用或其他费用需要在各分支行中进行分成的，各分支行应比照前面两款的处理方式，通过理财产品销售系统或系统内往来等手段将分成的费用上划，分成费用列入各行的"代理理财手续费收入"或"代客（个人）理财手续费收入"账户核算。

(2)代客理财产品投资运作的会计核算
银行将代客理财产品资金用于投资运作时，会计分录为：
借：代理单位/个人理财——××托管××理财产品占款
　　贷：存放中央银行款项
　　　　存放同业款项

(3)代客理财产品派发收益的会计核算
①银行收到理财产品收益时，会计分录为：
借：存放中央银行款项
　　存放同业款项
　　贷：代理单位/个人理财资金——××分行××理财产品资金
②总行将收益计入代客理财业务手续费收入，将分行收益与客户收益一并通过理财产品销售系统或系统内往来等方式下划。会计分录为：
借：代理单位/个人理财资金——××分行××理财产品资金（收益）
　　贷：系统内通存通兑往来
　　　　代客理财手续费收入/代客（个人）理财手续费收入（总行收益）
总行将理财收益通过系统内往来下划，会计分录为：
借：代理单位/个人理财资金——××分行××理财产品资金（收益—总行收益）
　　贷：系统内应付结算款项
借：系统内应付结算款项
　　贷：系统内通存通兑往来
借：代理单位/个人理财资金——××分行××理财产品资金（总行收益）
　　贷：代客理财手续费收入/代客（个人）理财手续费收入（总行收益）

③分行通过理财产品销售系统收到理财产品收益,会计分录为:
借:系统内通存通兑往来
　　贷:代客理财手续费收入/代客(个人)理财手续费收入(分行收益)
分行通过系统内往来收到理财产品收益,会计分录为:
借:系统内通存通兑往来
　　贷:系统内应付结算款项
借:系统内应付结算款项
　　贷:代客理财手续费收入/代客(个人)理财手续费收入(分行收益)
借:网内应付结算款项
　　贷:系统内通存通兑往来
④销售理财产品的分支行通过理财产品销售系统收到理财产品收益并贷记客户账户,会计分录为:
借:系统内通存通兑往来
　　贷:××存款——××客户
　　　　代客理财手续费收入/代客(个人)理财手续费收入(分行收益)
分支行通过系统内往来收到理财产品收益并贷记客户账户,会计分录为:
借:系统内通存通兑往来
　　贷:系统内应付结算款项
借:系统内应付结算款项
　　贷:代客理财手续费收入/代客(个人)理财手续费收入(分行收益)
借:系统内应付结算款项
　　贷:××存款——××客户

(4)代客理财产品提前终止和到期的会计核算
①理财产品提前终止和到期时,总行收到理财产品本金和损益时,会计分录为:
借:存放中央银行款项
　　存放同业款项
　　贷:代理单位/个人理财——××分行××理财产品占款(本金)
　　　　代理单位/个人理财资金——××分行××理财产品资金(损益)
②总行将总行收益计入代客理财业务手续费收入,将分行收益与客户本金及损益一并通过理财产品销售系统或系统内往来等方式下划。会计分录为:
借:代理单位/个人理财资金——××分行××理财产品资金(本金+损益)
　　贷:系统内通存通兑往来
　　　　代客理财手续费收入/代客(个人)理财手续费收入(总行收益)
总行将资金通过系统内往来下划,会计分录:
借:代理单位/个人理财资金——××分行××理财产品资金(本金+损益-总行收益)
　　贷:系统内应付结算款项

借:系统内应付结算款项
　　贷:系统内通存通兑往来
借:代理单位/个人理财资金——××分行××理财产品资金(总行收益)
　　贷:代理手续费收入/代客(个人)理财手续费收入(总行收益)
③分行通过理财产品销售系统收到理财产品收益,会计分录为:
借:系统内通存通兑往来
　　贷:代客理财手续费收入/代客(个人)理财手续费收入(分行收益)
分行通过系统内往来收到的理财产品本金及损益并下划支行,会计分录为:
借:系统内通存通兑往来
　　贷:系统内应付结算款项
借:系统内应付结算款项
　　贷:代理理财手续费收入/代客(个人)理财手续费收入(分行收益)
借:系统内应付结算款项
　　贷:系统内通存通兑往来
④支行通过理财产品销售系统收到理财产品的本金及损益时,将理财产品本金和客户损益贷记客户账户,会计分录:
借:系统内通存通兑往来
　　贷:系统内应付结算款项
借:系统内应付结算款项
　　贷:代理理财手续费收入/代客(个人)理财手续费收入(××支行)
借:系统内应付结算款项
　　贷:××存款——××客户

【例 9-6】 客户将 100 元委托银行代其进行理财,银行将 100 元用于购买债券,债券价格 100 元。

(1)理财产品销售的支行借记客户存款账户,并将资金划拨总行,会计分录为:
借:××存款——××客户　　　　　　　　　　　　　　　　100
　　贷:系统内通存通兑往来　　　　　　　　　　　　　　　　　100
(2)总行收到代客理财资金,会计分录为:
借:系统内通存通兑往来　　　　　　　　　　　　　　　　100
　　贷:代理个人理财资金　　　　　　　　　　　　　　　　　100
(3)总行将代客理财产品资金用于投资运作时,会计分录为:
借:代理个人理财　　　　　　　　　　　　　　　　　　　100
　　贷:存放中央银行款项　　　　　　　　　　　　　　　　　100

【例 9-7】 承【例 9-6】,债券派发利息 5 元,总行收取 1 元手续费收入,假设分行、支行不收取手续费。

(1)总行收益债券利息的会计分录为:
借:存放中央银行款项   5
 贷:代理个人理财资金   5
(2)总行收取手续费并将剩余资金下划,会计分录为:
借:代理个人理财资金   5
 贷:系统内通存通兑往来   4
  代客(个人)理财手续费收入   1
(3)支行将收到理财产品收益贷记客户账户,会计分录为:
借:系统内通存通兑往来   4
 贷:××存款——××客户   4

【例 9-8】 承【例 9-6】,接上例中债券卖出,卖价为 110 元,总行收取手续费 5 元,假设分行、支行不收取手续费。

(1)总行收到价款,会计分录为:
借:存放中央银行款项   110
 贷:代理个人理财   100
  代理个人理财资金   10
(2)总行收取 5 元手续费收入后将资金下划,会计分录为:
借:代理个人理财资金   110
 贷:系统内通存通兑往来   105
  代客(个人)理财手续费收入   5
(3)支行收到资金,会计分录为:
借:系统内通存通兑往来   105
 贷:××存款——××客户   105

9.2.9 核算代理黄金交易业务

代理黄金交易业务是指银行接受客户的委托,按客户的指令进入交易所进行黄金交易,并为客户办理相应的资金清算和黄金实物交割等手续的行为。银行代理客户在上海黄金交易所进行黄金交易的业务。其代理黄金交易的品种一般包括上海金交所所有可交易的品种。

1.代理黄金业务基本要求

代理黄金的业务投资必须与商业银行自营投资业务相互独立运作,分设投资专户,独立核算管理。银行须将自有资金与客户保证金分账管理,客户交易资金专户存储,严禁挪用。

2.代理黄金业务流程

(1)委托。单位与我行签订《黄金交易委托代理协议书》,并提供有关资料。
(2)开户。我行代理委托人在上海黄金交易所开立专用账户,用于交易和记录委托人持有的黄金品种、数额及保证金信息等。

(3)交易。客户向经办行提交《我行代理黄金交易委托书》,送分行审核无误后传真到总行资金交易部,总行交易员进行委托处理。

(4)清算。成交后,打印系统生成的成交单,填写《我行代理黄金交易证实书》盖章后传真给经办行,金交所按交易信息在客户的专用账户进行清算。经办行将交易、清算情况通知委托人,交易完成。

3. 代理黄金业务会计科目设置

存放金融性公司款项。总行进行代理黄金交易时,存入金交所的交易保证金,在本科目下"存放金交所代理交易保证金"账户中核算。

黄金交易保证金存款。本科目为负债类科目,核算客户委托黄金交易时,存入经办行的交易保证金。本科目是客户黄金买卖时资金划拨的专用账户,不得用于其他交易结算。本科目按客户设置明细账。

托管客户黄金。本科目为表外科目,核算我行进行代理黄金交易时,托管客户的库存黄金,本科目按客户和托管的黄金规格设立明细账。所有规格的黄金一律按假定价格"1元/克"为单位记账。

4. 代理黄金业务核算

(1)客户买入黄金的核算

①分支行根据客户买入指令,按预计金价冻结客户资金,并将资金冻结书传至总行黄金业务交易管理部门,会计分录为:

借:客户黄金交易备付金
　　贷:黄金交易保证金

②总行收到分支行客户资金冻结书后根据客户买进黄金的指令,运用存放金交所备付金代客户买入黄金,会计分录为:

借:代理黄金交易款项
　　贷:存放金交所贵金属交易备付金

③分支行从冻结客户黄金交易保证金中扣取总行支付给金交所的黄金价款及手续费,实际支付金额与冻结保证金差额部门记入"客户黄金交易备付金"科目,将扣取的价款通过"系统内通存通兑往来"科目上划总行。

借:黄金交易保证金
借或贷:客户黄金交易备付金(冻结保证金和实际成交价的差额)
　　贷:系统内通存通兑往来(金价+手续费)

同时编制表外科目收入凭证,进行表外科目核算,会计分录为:

借:备查登记类借方余额
　　贷:库存代理黄金——××客户××规格黄金

④根据成交单的成交金额,按照有关规定向客户收取结算代理佣金,会计分录为:

借:客户黄金交易备付金
　　贷:手续费及佣金收入

⑤总行收到分支行划来的交易款项,会计分录为:
借:系统内通存通兑往来
　　贷:代理黄金交易款项
(2)客户存入黄金核算
客户存入黄金,分支行进行表外登记,记入"库存代理黄金"科目,会计分录为:
借:备查登记类借方余额
　　贷:库存代理黄金——××客户××规格黄金
(3)客户卖车黄金核算
①总行将代客户卖出黄金收到的价款通过"系统内通存通兑往来"发往分支行,会计分录为:
借:存放金交所贵金属交易备付金
　　贷:系统内通存通兑往来
②分支行收到总行汇来款项时,会计分录为:
借:系统内通存通兑往来
　　贷:客户黄金交易备付金(卖价—收取的手续费)
同时编制表外科目付出凭证,进行表外科目核算,会计分录为:
借:库存代理黄金
　　贷:备查登记类借方余额
③分支行根据交割单的成交金额,按有关规定向客户收取结算代理佣金,会计分录为:
借:系统内通存通兑往来
　　贷:手续费及佣金收入
(4)客户提取黄金核算
①分支行编制表外科目付出凭证,进行表外核算,会计分录为:
借:库存代理黄金——××客户××规格黄金
　　贷:备查登记类借方余额
②客户支付相关出入库费等费用,会计分录为:
分支行的会计分录为:
借:客户黄金交易备付金
　　贷:系统内通存通兑往来
总行的会计分录为:
借:代理黄金交易款项
　　贷:存放金交所贵金属交易备付金
借:系统类通存通兑往来
　　贷:代理黄金交易款项

项目结论

委托及代理业务主要包括代理中央银行业务、代理政策性银行业务、代理商业银行业务、代收代付业务、代理证券业务、代理保险业务、代客理财业务、代理黄金业务和其他代理业务。

商业银行应设置"委托及代理业务资金"、"委托及代理业务占款"、"中间业务收入"等科目进行代理业务核算。

项目训练

一、选择题

1. 委托贷款的贷款资金是由（　　）提供的,受托银行收取（　　）。
   A. 受托银行　贷款利息　　　　　　B. 委托人　贷款利息
   C. 受托银行　手续费　　　　　　　D. 委托人　手续费

2. 按规定结计委托贷款利息的会计分录为（　　）。
   A. 借:活期存款　贷:代收贷款利息　　B. 借:活期存款　贷:贷款利息收入
   C. 借:活期存款　贷:委托贷款基金　　D. 借:活期存款　贷:委托贷款

3. 基金托管业务是指商业银行接受（　　）的委托,代理其具体办理相关业务。
   A. 基金管理公司　　　　　　　　　B. 中央银行
   C. 财政部门　　　　　　　　　　　D. 企业

4. 商业银行的代理业务不包括（　　）。
   A. 代理政策性银行业务　　　　　　B. 代理中央银行业务
   C. 代理商业银行业务　　　　　　　D. 代理保管业务

5. 活期存款转账到对应的证券公司证券保证金账户是（　　）。
   A. 银转证　　B. 证转银　　C. 入金　　D. 出金

二、判断题

1. "代理业务资金"科目用于核算银行代理业务所收到的各类款项,属于资产类科目。（　　）

2. 银行代收行政事业性收费和罚款时,凡错缴、多缴的行政事业性收费和罚款不得从代收资金中冲退,应做到"一笔一清,日清月结"。（　　）

3. 商业银行为客户代理收付款时,双方不用签订经济合同或协议。（　　）

4. 商业银行不用按国家统一标准或同业协会规定对所代理的业务进行收费,而是自行收费。（　　）

5. 代理保险业务是指商业银行接受保险人的委托,向保险人收取代理手续费,并在保险人授权范围内代其销售保险产品和提供保险服务的业务。（　　）

三、业务练习

1. 建设银行宜洲支行储户贾红霞前来兑付三年前在本行购买的国债本金和利息。经计算,贾红霞所购国债本息合计为 108 631 元,其中本金 100 000 元,累计利息 8 631 元,按其要求转入活期储蓄账户。

要求:根据上述资料,编制有关会计分录。

2. 20××年1月6日,建设银行宜洲支行与A公司签订代发20××年度工资协议书,并办理了相关手续。20××年1月29日,A公司将本月代发工资 35 800 元存入该行,1月30日该行办理了划转手续。工资明细如下:职工A 7 300元;职工B 10 000元;职工C 9 000元;职工D 9 500元。

要求:根据上述资料,编制有关会计分录。

项目延伸

《中华人民共和国中国人民银行法》、《中华人民共和国商业银行法》、《金融企业财务规则》、《企业会计准则》等。

项目 10

学习银行买入返售与卖出回购业务

● 知识结构图

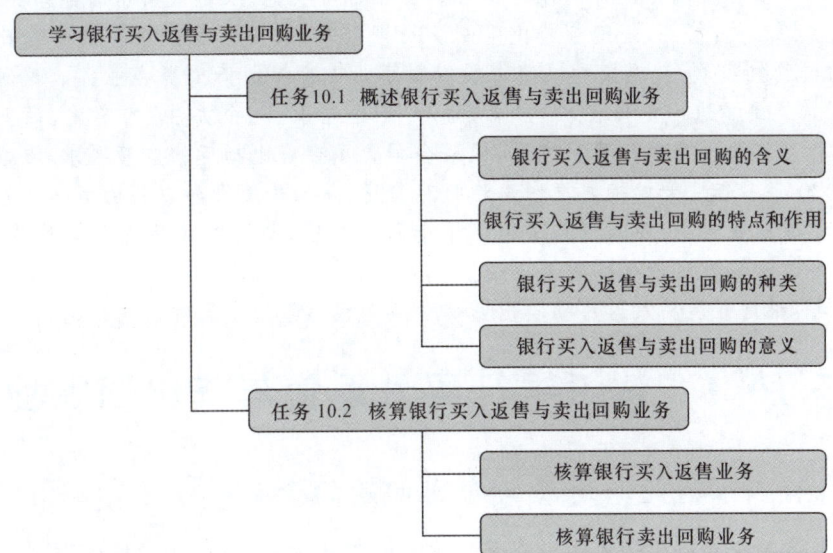

● 素质目标

1. 培养学生家国情怀,关注我国商业银行的改革;
2. 培养学生的科学研究素养,认识银行买入返售与卖出回购业务,是提升商业银行经营利润的重要渠道;
3. 培养学生职业素养与精神,了解票据承担了结算工具、银行负债、融资工具、银行资产四重角色;
4. 培养学生遵纪守法,严格执行《票据法》。

● 知识目标

1. 了解银行买入返售和卖出回购的意义;
2. 掌握买入返售和卖出回购业务的特点;
3. 熟悉运用买入返售和卖出回购的核算方法。

技能目标

1. 了解银行买入返售和卖出回购的种类及其内容；
2. 熟练掌握相关银行买入返售和卖出回购业务的核算。

案例导入

近年来，商业银行资金业务迅速发展，买入返售票据由于提供了规避存贷比限制的手段、降低对经济资本的占用、提升利息收入等多重优势，已经成为股份制商业银行最重要的资金业务之一。兴业银行、华夏银行、浦发银行等8家上市股份制商业银行披露的数据显示，2021年6月底买入返售金融资产占比总资产的比重已达13.54%，其中，买入返售票据占比76.15%。

上述现象表明商业银行票据资产正从生息资产向交易性资产转变，是商业银行业务转型和资产负债管理能力提升的深刻体现。但在现阶段，买入返售票据的异军突起，还与以下因素密切相关：第一，规避存贷比限制。长期以来，股份制商业银行的存贷比一直接近75%的监管红线，贷款规模受限使得股份制商业银行特别倚重资金业务。这种压力从2020年开始得到了进一步强化，一方面，随着"三个指引、一个办法"的实施，商业银行无法通过贷款直接派生存款。另一方面，银监会强化了存贷比指标的监管要求，要求各商业银行从2020年一季度开始按月度频率申报存贷比，从二季度开始以月为考核周期申报日均存贷比。在此背景下，买入返售票据由于是同业款项，不被纳入存贷比监管范畴，而成为商业银行改善资产负债表的重要渠道。

请思考：银行开展买入返售和卖出回购业务对银行经营发展的影响如何？

任务10.1 认识银行买入返售与卖出回购业务

10.1.1 银行买入返售与卖出回购的含义

回购业务是金融机构融入融出资金的重要渠道和方式，根据相关标的资产交收方式的不同，可以分为买断式回购和质押式回购。其中，买断式回购中，资金融出方为标的资产所有人，享有与资产所有权相关的收益权和处置权。质押式回购中，资金融出方是标的资产质权人，资产的所有权仍然由出质人享有。

买入返售债券业务，是银行根据客户签订的协议或合同规定，先买入客户的债券，在协议的期限到期后，再以协议规定的卖出价卖给客户，以获取买入价与卖出价的差价收入。

卖出回购债券，是银行按与客户签订的协议或合同规定，先向客户卖出债券，在协议的期限到期后，再以协议规定的买价将债券从该客户手中买回。银行以卖出价与买入价的价差支出为借差，获得资金的使用权。卖出回购债券业务，实质上是一种短期融资业务。

10.1.2 银行买入返售与卖出回购的特点和作用

票据具有一个"神奇"的特点。虽然票据贴现具备信贷功能，但它却不受信贷利率管制。票据贴现利率是由金融市场决定的市场化利率,进入银行间市场交易,与债券交易等性质相同。因结算需求产生票据,到贴现表现融资功能,再到银行间互通有无,票据承担了结算工具、银行负债、融资工具、银行资产四重角色。之所以出现这种情况,与票据贴现利率不受信贷利率管制不无关联。

回购票据资产再卖出回购的现实意义及法律依据。票据之所以被社会各界广泛接受,具有强大的生命力,就在于票据具有非常强的流动性。买入返售票据资产能够再卖出回购,会大大增加商业银行买入返售资产的流动性,对提高银行抵抗流动性风险的能力具有相当重要的意义,尤其是对资产总量不大的中小银行,这种意义就更关键了。

10.1.3 银行买入返售与卖出回购的种类

票据回购是资金融入方以票据为质押或者阶段性让渡票据权利向资金融出方融通资金的业务。依据《票据法》背书转让和质押的原理以及民法所有权的基本原理,票据回购模式可以包括票据质押式回购、票据权利转移式回购和控权式回购。

票据质押式回购,即卖出回购方(资金融入方,出质人)将票据质押给买入返售方(资金融出方,质权人)进行融资,并约定买入返售方在回购日购回票据,票据质押的法律依据《票据法》。《票据法》第三十五条第二款规定,"汇票可以设定质押,质押时应当以背书记载'质押'字样。被背书人依法实现其质权时,可以行使汇票权利"。《最高人民法院关于审理票据纠纷案件若干问题的规定》做了更详细的解释,第五十五条规定,"认定质押时,出质人在汇票上只记载了'质押'字样未在票据上签章的,或者出质人未在汇票、粘单上记载'质押'字样而另行签订质押合同、质押条款的,不构成票据质押"。出质人只有依据上述规定进行质押背书并交付票据,才能构成票据质押,至于是否签订质押合同或条款,根据票据无因性的原理,不影响票据质押的成立。如果交易双方仅签订质押合同或质押条款但没有做质押背书,不构成票据质押。

权利转移式回购,即卖出回购方将票据完全背书转让给买入返售方进行融资,并约定买入返售方在回购日购回票据。卖出回购方在背书栏加盖汇票专用章、法定代表人或授权经办人的印章,将票据权利背书转让给买入返售方。《票据法》第二十七条规定,"持票人可以将汇票权利转让给他人或者将一定的汇票权利授予他人行使。持票人行使第一款规定的权利时,应当背书并交付汇票"。

控权式回购,即卖出回购方将票据交付给买入返售方,票据不做背书,买入返售方享有票据的占有权。持票人行使票据权利需要向付款人提示票据,卖出回购方在回购到期不履行回购义务不能赎回票据的情况下,行使票据权利就会受到一定限制。

票据回购模式及买入返售方享有的权利。实务中,根据票据背书方式的不同,银行将票据回购分为"半背书"和"全背书"两种模式。

10.1.4 银行买入返售与卖出回购的意义

一是规避存贷比限制。买入返售票据由于是同业款项,不被纳入存贷比监管范畴,而成为商业银行改善资产负债表的重要渠道。

二是提升商业银行经营利润的重要渠道。市场环境和监管政策的变化,要求商业银行降低对利差的依赖程度,拓展非利差收入,买入返售票据则是一项利润相对可观的业务。

三是降低对经济资本的占用。根据现行《商业银行资本管理办法》的规定,商业银行对我国其他商业银行债权的风险权重为25%,其中原始期限四个月以内(含四个月)债权的风险权重为0;而商业银行对一般企业的债权的风险权重为100%。通过买入返售票据业务,可以将对企业的债权转换为对其他商业银行的债权,从而降低对经济资本的占用。

任务10.2 核算银行买入返售与卖出回购业务

10.2.1 核算银行买入返售业务

买入返售业务也称为"正回购",是指商业银行与金融机构签订的金融资产买入返售协议。根据协议约定银行先买入票据、证券、贷款等金融资产,在未来约定日期再按固定价格将上述资产返售给交易对手。

1. 买入返售业务的基本规定

由于回购业务期限较短,合同利率与实际利率的差别较小,银行的买入返售金融资产采用合同利率计算确定利息收入。回购方式买入或卖出的金融资产,由于主要风险和报酬没有转移,所以在买入返售时,不能确认相关金融资产。但是通过买断式回购方式买入的金融资产,由于买断期间其所有权发生变化,所以须按面值进行表外登记,表外按品种进行明细核算。买入返售业务要求按交易对手分类,逐笔进行明细核算。

2. 买入返售业务的业务流程

银行买入返售业务的交易部门根据市场需求和银行自身的资金头寸情况,向资产负债管理部门提出买入买入返售金融资产的申请,申请经批准后方可交易。待交易完成后,相关交易明细信息需传真会计核算部门,进行交易核算和确认。

3. 买入返售业务的科目设置

买入返售业务所形成的资产和负债分别在买入返售金融资产和交易性金融负债项目核算。其中,买入返售金融资产按照金融资产的性质和交易对手的类别设置核算科目;对于买入返售业务所产生的交易性金融负债,银行设置卖出返售金融资产款科目进行核算,并按照金融资产品种设置明细科目。为了核算买入返售业务的相关损益,设置买入返售业务利息收入、终止返售金融资产投资收益、卖出返售金融资产投资收益以及卖出返售金融资产公允价值变动损益等科目。其中,买入返售业务利息收入按照金融资产的类别设置核算科目,终止返售金融资产投资收益按照金融资产的类别设置明细科目,卖出返售金融资产投资收益以及卖出返售金融资产公允价值变动损益按照金融资产的类别设置明细科目。

4. 买入返售业务的会计核算

(1)买入返售金融资产的初始确认

买入返售业务取得的金融资产,无论买断式还是质押式,都应在合同签订当日予以确认,并且按照其实际支付的金额予以计量。会计分录为:

借：回售中央银行证券等
　　贷：应付买入返售金融资产款

对于买断式买入返售的金融资产，需同时进行表外登记。会计分录为：

借：备查登记类借方余额
　　贷：买断式回售金融资产

在款项划拨时，转销应付款。会计分录为：

借：应付买入返售金融资产款
　　贷：缴存央行超额准备金等

(2)买入返售金融资产后续计量的会计分录

买入返售金融资产，按照合同利率计算利息收入。会计分录为：

借：买入返售证券应收利息等
　　贷：买入返售业务利息收入

在实际收到利息时，冲减应收利息。会计分录为：

借：缴存央行超额准备金等
　　贷：买入返售证券应收利息等

(3)买入返售金融资产终止确认的会计核算

买入返售金融资产到期日，在返售日，按照实际收到的金额，冲减该买入返售金融资产的账面价值和应收利息，差额计入利息收入。

借：缴存央行超额准备金等
　　贷：回售中央银行证券等
　　　　买入返售证券应收利息等
　　　　买入返售业务利息收入

对于买断式买入返售的金融资产，需同时进行转销表外登记，表外会计分录为：

借：买断式回售金融资产
　　贷：备查登记类借方余额

(4)处置买断式买入返售金融资产的会计核算

在返售期间，银行将该买断式金融资产用于卖出回购的，视为自有金融资产卖出回购进行会计处理。如果该回购是买断式的，其表外登记科目与自有金融资产不同。

①买断式买入返售金融资产出售时，按照实际交易金额确认一项交易性金融负债。会计分录为：

借：缴存央行超额准备金等
　　贷：卖出返售金融资产款

借：备查登记类借方余额
　　贷：卖出买断式回售金融资产

②资产负债表日，根据该金融资产的公允价值评估确定卖出返售金融资产款的公允价值，会计分录为：

借：卖出返售金融资产公允价值变动损益
　　贷：卖出返售金融资产公允价值变动

当公允价值低于其投资的账面余额时，作相反会计分录。

③购回该金融资产时,转销该金融负债。会计分录为:
借:卖出返售金融资产款
　　卖出返售金融资产公允价值变动
　　贷:卖出买断式回售金融资产
　　　　卖出返售金融资产投资收益
同时转销表外登记。会计分录为:
借:卖出买断式回售金融资产
　　贷:备查登记类借方余额
④公允价值转出,计入投资收益。若公允价值变动为借方余额,其会计分录为:
借:卖出返售金融资产投资收益
　　贷:卖出返售金融资产公允价值变动损益
若公允价值变动为贷方余额,作相反会计分录。

(5)买入返售金融资产违约的会计核算

如果买入返售金融资产不能按照合同约定履行或双方协商同意取消交易,将视为合同违约方调整利息收入,如果资产卖出方违约,则增加买入方银行的利息收入;如果买入方银行违约,将冲减其利息收入,并终止确认金融资产投资的账面价值和应收利息。会计分录为:
借:买入返售证券应收利息等
　　贷:买入返售业务利息收入
借:交易性国家债券投资成本等(转移日公允价值)
　　缴存央行超额准备金等(对手违约,支付给买入方银行的违约金)
　　贷:缴存央行超额准备金等(买入方银行违约支付的违约金)
　　　　回售中央银行证券等
　　　　终止返售金融资产投资收益(其他各项的差额)
对于买断式买入返售金融资产,应在表外转销表外登记,会计分录为:
借:买断式回售金融资产
　　贷:备查登记类借方余额

【例10-1】 6月29日,××银行与华泰证券有限公司签订一项买入返售协议,银行以47 500 000.00元买入该证券公司持有的08央票票据35,面值为50 000 000.00元,约定次日6月30日以47 502 368.49元返售给证券公司(质押式买入返售)。

(1)6月29日,支付款项:

借:回售证券公司证券　　　　　　　　　　　　　　47 500 000.00
　　贷:缴存央行准备金　　　　　　　　　　　　　　　47 500 000.00

(2)6月30日,返售票据,收回金融资产:

借:缴存央行超额准备金　　　　　　　　　　　　　47 502 368.49
　　贷:回售证券公司证券　　　　　　　　　　　　　　47 500 000.00
　　　　买入返售业务利息收入　　　　　　　　　　　　　　2 368.49

【例10-2】 4月1日,××银行与B银行签订合约,以10 000 000元买入B银行持有的08国债19,面值为10 000 000元,约定次年3月30日以10 200 000元返售给B银行,该债券1月1日发行,票面利率为4%,该债券年初派息(买断式买入返售)。××银行的会计分录为：

(1)4月1日，支付款项：

借：回售其他商业银行证券　　　　　　　　　　　　　　10 000 000
　　贷：缴存央行超额准备金　　　　　　　　　　　　　　10 000 000

同时，表外登记

借：备查登记类借方余额　　　　　　　　　　　　　　　10 000 000
　　贷：买断式回售金融资产——08国债19　　　　　　　10 000 000

(2)6月30日，计提利息收入：

借：买入返售证券应收利息　　　　　　　　　　　　　　　　150 000
　　贷：买入返售业务利息收入　　　　　　　　　　　　　　150 000

(3)9月30日，计提利息收入：

借：买入返售证券应收利息　　　　　　　　　　　　　　　　150 000
　　贷：买入返售业务利息收入　　　　　　　　　　　　　　150 000

(4)12月31日，计提利息收入：

借：买入返售证券应收利息　　　　　　　　　　　　　　　　150 000
　　贷：买入返售业务利息收入　　　　　　　　　　　　　　150 000

(5)次年1月1日，实际收到派息，冲减应收利息：

借：缴存央行超额准备金　　　　　　　　　　　　　　　　　400 000
　　贷：买入返售证券应收利息　　　　　　　　　　　　　　400 000

(6)次年3月31日，收回本息。转销表外登记：

借：缴存央行超额准备金　　　　　　　　　　　　　　　10 200 000
　　贷：回售其他商业银行证券　　　　　　　　　　　　10 000 000
　　　　买入返售证券应收利息　　　　　　　　　　　　　　50 000
　　　　买入返售金融资产利息收入　　　　　　　　　　　　150 000

表外会计分录为：

借：买断式回售金融资产——08国债19　　　　　　　　10 000 000
　　贷：备查登记类借方业务　　　　　　　　　　　　　10 000 000

10.2.2　核算银行卖出回购业务

卖出回购也称为"逆回购"，是指银行签订的金融资产卖出回购协议。根据协议约定银行先向交易对手卖出票据、证券、贷款等金融资产，在未来约定日期再按固定价格将上述资产重新买入。

1. 卖出回购业务的基本规定

由于回购业务期限较短，合同利率与实际利率的差别较小，银行的买入返售金融资产采用合同利率计算确定利息收入。通过回购方式买入或卖出的金融资产，由于主要风险和报酬没有转移，所以在卖出回购时，不能终止确认相关金融资产。但是通过买断式回购方式买入的金融资产，由于买断期间其所有权发生变化，所以须按面值进行表外登记，表外按品种进行明细核算。买入返售业务要求按交易对手分类，逐笔进行明细核算。

2. 卖出回购业务的业务流程

银行卖出回购业务的交易部门根据市场需求和银行自身的资金头寸情况，在资金头寸紧张时在市场上融入资金,并向资产负债管理部门提出卖出回购金融资产的申请,申请经批准后方可交易。待交易完成后,相关交易明细信息需传真会计核算部门,进行交易核算和确认。

3. 卖出回购业务的科目设置

卖出回购金融资产所产生的负债在卖出回购金融资产款项目中反映。对于卖出回购款项银行按照金融资产的性质和交易对手的类别设置核算科目。为了核算卖出回购业务的相关损益,设置卖出回购业务利息支出和终止回购金融资产投资收益等科目。其中,卖出回购业务利息支出按照金融资产的类别设置核算科目,终止回购金融资产投资收益按照金额资产的类别设置明细科目。

4. 卖出回购业务的会计核算

(1)卖出回购金融资产的初始确认

卖出回购业务取得的金融资产,无论买断式还是质押式,都应在合同签订当日予以确认,并且按照其实际支付的金额予以计量。会计分录为:

借:应收卖出回购金融资产款
　　贷:回购中央银行证券等

对于买断式卖出回购的金融资产,需同时进行表外登记。会计分录为:

借:备查登记类借方余额
　　贷:买断式回售金融资产

实际收到卖出回购款项时。会计分录为:

借:缴存央行超额准备金等
　　贷:应收卖出回购金融资产款

(2)卖出回购金融资产后续计量的会计分录

卖出回购金融资产,按照合同利率计算利息费用。会计分录为:

借:卖出回购业务利息支出
　　贷:卖出回购证券应收利息等

在实际支付利息时,对冲应收利息。会计分录为:

借:卖出回购证券应付利息等
　　贷:可供出售央行债券应收利息等

(3)卖出回购金融资产终止确认的会计核算

卖出回购金融资产到期日,在回购日,按照实际支付的金额,对冲该卖出回购金融资产的账面价值和应收利息,差额计入利息支出。

借:回购中央银行证券等
　　卖出回购证券应付利息等
　　卖出回购业务利息支出
　　贷:缴存央行超额准备金等

对于买断式卖出回购的金融资产,需同时进行转销表外登记,表外会计分录为:

借:买断式回购金融资产
　　贷:备查登记类借方余额

(4)卖出回购金融资产违约的会计核算

如果卖出回购金融资产不能按照合同约定履行或双方协商同意取消交易,将视为合同违约方调整利息收入,如果资产卖出方违约,则冲减买入方银行的利息支出;如果买入方银行违约,将增加其利息支出,并终止确认金融资产投资的账面价值和应收利息。会计分录为:

借:卖出回购业务利息支出
　　贷:卖出回购证券应付利息等
借:回购中央银行证券款等
　　卖出回购证券应付利息等
　　缴存央行超额准备金等(对手违约,支付给卖出方银行的违约金)
　　终止回购金融资产投资收益(其他各项的差额)
　　交易性国家债券投资收益(转移日该金融资产的公允价值与账面价值的差额)
　　贷:缴存央行超额准备金等(卖出方银行违约,支付给对手的违约金)
　　　　交易性国家债券投资成本等
　　　　交易性国家债券公允价值变动等

对于买断式卖出回购金融资产,应在表外转销表外登记,会计分录为:

借:买断式回售金融资产
　　贷:备查登记类借方余额

【例 10-3】 5月22日,××银行与重庆银行签订卖出回购协议,银行以597 300 000.00元卖出××银行持有的01国债05、01国债18、02国债03,5月29日以597 586 376.71元的价格回购。回购利率为2.5%(质押式买入返售)。

(1)5月22日,收到资金,确认回购其他商业银行证券款。

借:缴存央行超额准备金　　　　　　　　　　　　597 300 000.00
　　贷:回购其他商业银行证券款　　　　　　　　　　597 300 000.00

(2)5月29日,支付本息。

借:回购其他商业银行证券款　　　　　　　　　　597 300 000.00
　　卖出回购业务利息支出　　　　　　　　　　　　　286376.71
　　贷:存放央行超额准备金　　　　　　　　　　　　597 586 376.71

【例 10-4】 4月1日,××银行与B银行签订合约,以10 000 000元出售××银行持有的08国债19,面值为10 000 000元,约定次年3月30日以10 200 000元回购,该债券1月1日发行,票面利率为4%,该债券年初派息(买断式买入返售)。××银行的会计分录为:

(1)4月1日,收到款项:

借:缴存央行超额准备金　　　　　　　　　　　　10 000 000
　　贷:回购其他商业银行证券　　　　　　　　　　　10 000 000

同时,表外登记:

借:备查登记类借方余额　　　　　　　　　　　　10 000 000
　　贷:买断式回售金融资产——08国债19　　　　　10 000 000

(2)6月30日,计提利息收入:

借:卖出回购业务利息支出　　　　　　　　　　　　150 000
　　贷:卖出回购证券应付利息　　　　　　　　　　　　150 000

(3)9月30日,计提利息收入:

借:卖出回购业务利息支出　　　　　　　　　　　　150 000
　　贷:卖出回购证券应付利息　　　　　　　　　　　　　150 000

(4)12月31日,计提利息收入:

借:卖出回购业务利息支出　　　　　　　　　　　　150 000
　　贷:卖出回购证券应付利息　　　　　　　　　　　　　150 000

(5)次年1月1日,实际收到派息,冲减应收利息:

借:卖出回购金融资产应付利息　　　　　　　　　　400 000
　　贷:可供出售国家债权投资应收利息　　　　　　　　　400 000

(6)次年3月31日,支付本息,转销表外登记:

借:回购其他商业银行证券款　　　　　　　　　　10 000 000
　　卖出回购证券应付利息　　　　　　　　　　　　 50 000
　　卖出回购业务利息支出　　　　　　　　　　　　150 000
　　贷:缴存央行超额准备金　　　　　　　　　　　　 10 200 000

表外会计分录为:

借:买断式回购金融资产——08国债19　　　　　 10 000 000
　　贷:备查登记类借方业务　　　　　　　　　　　　 10 000 000

思考题

1. 比较买入返售业务与卖出回购业务的异同。
2. 简述买入返售业务的会计处理。

项目结论

银行买入返售与卖出回购可以规避银行存贷比限制,是提升商业银行经营利润的重要渠道,并且降低了对经济资本的占用。

项目训练

一、选择题

1. 买入返售的标的有(　　)。
   A. 票据　　　　B. 国债　　　　C. 贷款资产　　　　D. 以上全是

2. 回购资产业务的种类不含(　　)。
   A. 票据质押式回购　　　　B. 票据权利转移式回购
   C. 控权式回购　　　　　　D. 票据转让回购

3. 回购业务按照交易方向来分,可分为(　　)。
   A. 正回购　　　B. 逆回购　　　C. 持有至到期回购　　　D. 现券交易回购

项目延伸

《中国人民银行法》《中华人民共和国商业银行法》《金融企业会计制度》《企业会计准则》《中华人民共和国票据法》等。

项目 11

学习银行衍生金融工具业务

知识结构图

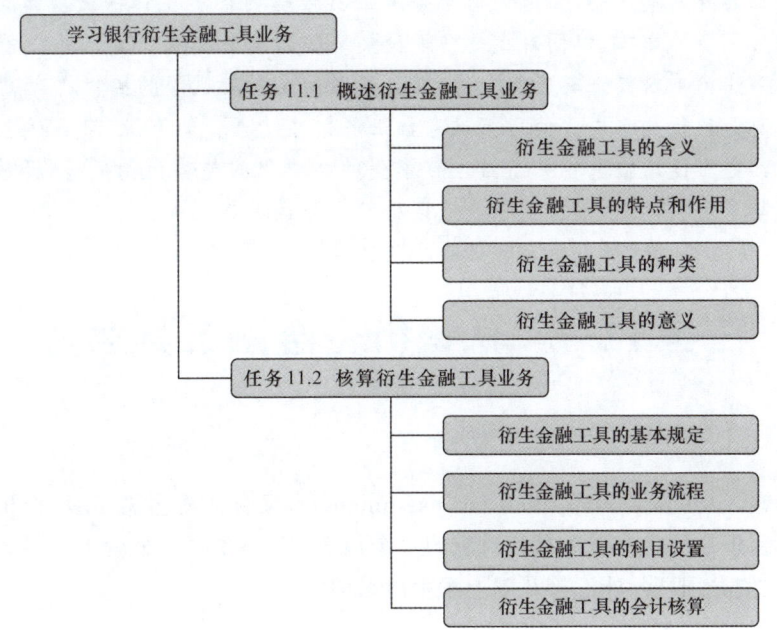

素质目标

1. 培养学生正确的国家观和历史观,认识衍生金融工具的意义;
2. 培养学生家国情怀,关注促进金融市场的稳定和发展,增强国家金融宏观调控的能力;
3. 培养学生金融风险意识,提高金融市场经济效率;
4. 培养学生求真务实的科学态度和创新精神,拓展衍生金融工具业务。

知识目标

1. 了解银行衍生金融工具的意义;
2. 掌握衍生金融工具的特点;
3. 熟悉运用衍生金融工具的核算方法。

技能目标

1. 了解银行衍生金融工具的种类及其内容；
2. 熟练掌握相关衍生金融工具的核算。

案例导入

近年来，衍生金融工具在国际银行业经营中的地位和作用日益凸显，衍生金融工具促进了经济和金融发展，制造了无数市场传奇。但是 20 世纪 90 年代以来，全球的几乎每场金融风险事件都与衍生金融工具有关。据统计，每笔超过 10 亿美金的金融巨亏都是由复杂的衍生金融工具引起的，特别是目前以美国次级贷款衍生金融工具引起的金融海啸，正震撼着全球的金融体系，虚拟经济饱受煎熬，对实体经济的影响也日益显现。一时间，"都是衍生金融工具惹的祸"讨声四起。衍生金融工具市场内部各主体的微观运行机制虽然受着宏观金融环境的影响，但同时也更多地聚集风险影响着宏观环境。所以，人们对衍生金融工具的关注已不仅仅是其工具上的创新，更多的是对其风险的控制。

全球的商业银行几乎成为使用衍生金融工具的主力军。近年来，我国商业银行也在衍生金融工具方面逐渐推出相关产品。随着金融全球化的趋势，国内金融开放和经营环境变革也加紧了步伐，商业银行正积极地拓展衍生金融工具业务。

请思考：商业银行开展衍生金融工具的意义是什么？

任务 11.1　认识衍生金融工具业务

11.1.1　衍生金融工具的含义

衍生金融工具（derivative financial instruments），又称派生金融工具、衍生金融产品等，顾名思义，是与原生金融工具相对应的一个概念，它是在原生金融工具诸如即期交易的商品和约、债券、股票、外汇等基础上派生出来的。

11.1.2　衍生金融工具的特点和作用

衍生金融工具是指从传统金融工具中派生出来的新型金融工具。其价值依赖于标的资产价值变动的合约。这种合约可以是标准化的，也可以是非标准化的。标准化合约是指其标的资产（基础资产）的交易价格、交易时间、资产特征、交易方式等都是事先标准化的，因此此类合约大多在交易所上市交易，如期货。非标准化合约是指以上各项由交易的双方自行约定，因此具有很强的灵活性，比如远期合约。美国的次贷危机就是衍生金融工具次级债惹的祸。

衍生金融工具的特点是：跨期交易；杠杆效应；不确定性和高风险；套期保值和投机套利共存。

衍生金融工具能促进金融市场的稳定和发展，有利于加速经济信息的传递，其价格形成有利于资源的合理配置和资金的有效流动；还可以增强国家金融宏观调控的能力，有分割,转移风险,提高金融市场经济效率的作用;同时衍生金融工具具有做空功能,相对来说交易更加灵活,衍生金融工具对银行的作用主要是投机获利和套期保值。

11.1.3 衍生金融工具的种类

根据工具种类、交易方法或交易条款的类型等,可将衍生金融工具进行如下划分:

按基础工具种类可分为股权式衍生金融工具、货币衍生金融工具和利率衍生金融工具;

按风险-收益特点可分为对称型和不对称型;

按交易条款的类型可分为金融远期合约、金融互换合约、金融期权合约和金融期货合约。

11.1.4 衍生金融工具的意义

当借款人对银行贷款违约时,商业银行是信用风险的承受者。银行因为两个原因会受到相对较高的信用风险。首先,银行的放款通常在地域上和行业上较为集中,这就限制了通过分散贷款而降低信用风险的方法的使用。其次,信用风险是贷款中的主要风险。随着无风险利率的变化,大多数商业贷款都设计成浮动利率。这样,无违约利率变动对商业银行基本上没有什么风险。而当贷款合约签订后,信用风险贴水则是固定的。如果信用风险贴水升高,则银行就会因为贷款收益不能弥补较高的风险而受到损失。

任务 11.2　核算衍生金融工具业务

11.2.1 衍生金融工具的基本规定

《企业会计准则 22 号——金融工具确认与计量》明确规定,衍生金融工具必须符合以下三个条件:

1. 其价值随特定利率、金融工具价格、商品价格、汇率、价格指数、费率指数、信用等级、信用指数或其他类似变量的变动而变动,变量为非金融变量的,该变量与合同的任一方不存在特定关系。衍生金融工具的价值变动取决于标的变量的变化。

2. 不要求初始净投资,或与对市场情况变动有类似反应的其他类型合同相比,要求很少的初始净投资。从事衍生金融工具交易不要求初始净投资,通常指签订衍生金融工具合同时不需要支付现金或现金等价物。

3. 在未来某一日期结算。衍生金融工具在未来某一日期结算,表明衍生金融工具结算需要经历一段特定期间。但是,衍生金融工具的结算日期并不一定只有一次。

11.2.2 衍生金融工具的业务流程

衍生金融工具具有强大的杠杆效应,给银行的未来经营状况带来巨大的风险,因此,衍生合约签订时,必须经过初始确认、后续计量和终止计量三步。

初始确认衍生金融工具一般采用交易日会计处理方法,即银行成为衍生金融工具合约中一方的当日进行初始确认,无论交易日是否在当日进行交割。

后续计量衍生金融工具是指在合约存续期间采用公允价值进行后续计量,并将公允价值评估结果反映到投资损益项目。衍生金融工具的估值,应由业务部门或独立的风险估值部门完成。

终止确认衍生金融工具在合约终止日,并结转累计公允价值变动损益至投资损益项目。

11.2.3 衍生金融工具的科目设置

根据会计准则需求和报表披露的要求,衍生金融工具资产负债类会计科目的设置主要根据衍生金融工具的风险类型划分,分为利率类衍生金融资产/负债、汇率类衍生金融资产/负债和其他类衍生金融资产/负债。

一般银行会根据自身衍生金融工具的业务种类,设置相应的会计核算科目。设置"衍生金融工具投资收益"科目用于核算衍生金融工具实现的投资收益,设置"衍生金融工具公允价值变动损益"科目用于核算衍生金融工具持有期间公允价值变动产生的损益。在"衍生金融工具投资收益"科目下设"利率工具投资收益"、"汇率工具投资收益"和"其他衍生金融工具投资收益"科目,并在每个科目下根据不同衍生金融工具品种设置专用核算账户,用以核算各个品种衍生金融工具产生的损益。不同银行可以根据自身业务种类设置相应明细科目。

11.2.4 衍生金融工具的会计核算

由于不同类型衍生金融工具业务属性不同,通过列举货币互换(掉期)、货币利率互换和货币期权这三项衍生金融工具示例来介绍银行核算衍生金融工具要求。

1. 货币互换(掉期)会计核算举例

【例11-1】 20×2年8月13日,境内××银行与境外A银行签订一笔货币互换协议。根据协议的约定,××银行将于20×2年8月15日进行即期货币交换,支付150 000美元,收取100 000欧元,并于20×3年2月15日进行远期货币交换,支付110 000欧元,收取160 000美元。通过互换协议,××银行锁定了半年期间内美元兑欧元的汇率波动风险,若在合约存续期间美元对欧元汇率上涨,则该笔交易将给××银行带来损失;若存续期间美元对欧元汇率下降,则××银行将获得汇兑收益。××银行的会计核算为:

(1)20×2年8月13日,协议交易日,按照合约约定本金金额确认不同币种应收应付款项,并在表外根据合约到期后需换回本金登记期收期付款项。会计分录为:

借:即期外汇买卖——美元　　　　　　　　　　　150 000
　　贷:应付衍生金融工具交易款项——美元　　　　　　　150 000
借:应付衍生金融工具交易款项——欧元　　　　100 000
　　贷:即期外汇买卖——欧元　　　　　　　　　　　　100 000
表外登记期收期付款项。
借:货币互换期收款——美元　　　　　　　　　160 000
　　贷:远期外汇交易敞口——美元　　　　　　　　　　160 000

借:远期外汇交易敞口——欧元　　　　　　　　　　　　　　　110 000
　　贷:货币互换期付款——欧元　　　　　　　　　　　　　　　　110 000

(2)20×2年8月15日,即互换协议的结算日,按照实际收付的款项冲销应收应付款项。会计分录为:

借:应付衍生金融工具交易款项——美元　　　　　　　　　　　150 000
　　贷:存放境外同业款项——美元　　　　　　　　　　　　　　　150 000
借:存放境外同业款项——欧元　　　　　　　　　　　　　　　100 000
　　贷:应收衍生金融工具交易款项——欧元　　　　　　　　　　　100 000

(3)20×2年12月31日为资产负债表日,银行将公允价值与上一估值日公允价值进行比较,将其变化计入公允价值变动损益。会计分录为:

借:货币互换合约资产　　　　　　　　　　　　　　　　　　　1 000
　　贷:利率工具投资收益　　　　　　　　　　　　　　　　　　　1 000

(4)20×3年2月15日,合约到期日,成本金交割,当日美元对欧元的即期汇率为1∶0.76。会计分录为:

借:存放境内同业款项——美元　　　　　　　　　　　　　　　160 000
　　贷:利率工具投资收益——美元　　　　　　　　　　　　　　　15 263
　　　远期外汇买卖——美元　　　　　　　　　(110 000/0.76)144 737
借:远期外汇买卖——欧元　　　　　　　　　　　　　　　　　110 000
　　贷:存放境外同业款项——欧元　　　　　　　　　　　　　　　110 000

结转公允价值变动损益,并终止确认货币互换合约。

借:利率工具公允价值变动损益　　　　　　　　　　　　　　　1 000
　　贷:货币互换合约资产　　　　　　　　　　　　　　　　　　　1 000

将远期敞口转至即期敞口。

借:即期外汇买卖——欧元　　　　　　　　　　　　　　　　　110 000
　　贷:远期外汇买卖——欧元　　　　　　　　　　　　　　　　　110 000
借:远期外汇买卖——美元　　　　　　　　　　　　　　　　　144 737
　　贷:即期外汇买卖——美元　　　　　　　　　　　　　　　　　144 737

转销表外期收、期付款项。

借:货币互换期付款——美元　　　　　　　　　　　　　　　　160 000
　　贷:远期外汇交易敞口——美元　　　　　　　　　　　　　　　160 000
借:远期外汇交易敞口——欧元　　　　　　　　　　　　　　　110 000
　　贷:货币互换期收款——欧元　　　　　　　　　　　　　　　　110 000

2. 货币利率互换会计核算举例

【例 11-2】 20×2年9月11日,××银行与境外A银行签订一笔货币利率互换合同,合同约定××银行在20×2年9月15日支付20 150美元本金换取10 000英镑,同时在20×2年12月15日、20×3年3月15日、20×3年6月15日分别按照6%的年利率支付英镑固定利率,同时按照3个月LIBOR+1%的利率收取美元浮动利息。合同于20×3年6月30日到期,到期日××银行需支付10 000英镑本金换取21 000美元。××银行的会计处理为:

(1)互换即期本金,会计分录为:

借:即期外汇买卖——美元 20 150
　　贷:应付衍生金融工具交易款项——美元 20 150
借:应付衍生金融工具交易款项——英镑 10 000
　　贷:即期外汇买卖——英镑 10 000

表外登记期收期付款项的会计分录为:

借:货币利率互换期收款——美元 21 000
　　贷:远期外汇交易敞口——美元 21 000
借:远期外汇交易敞口——英镑 10 000
　　贷:货币利率互换期付款——英镑 10 000

(2)20×2年9月15日,进行即期本金收付,会计分录为:

借:应付衍生金融工具交易款项——美元 20 150
　　贷:存放境外同业款项——美元 20 150
借:存放境外同业款项——英镑 10 000
　　贷:应付衍生金融工具交易款项——英镑 10 000

(3)20×2年12月15日进行第一期的利率互换。当日美元3个月LIBOR为3%,即期××银行当日需支付150英镑(10 000英镑×6%×90/360),收取201.50美元[20 150美元×(3%+1%)×90/360]的利息。当日英镑兑美元汇率为1.59∶1。会计分录为:

借:存放境外同业款项——美元 201.50
　　利率工具投资收益——美元 (238.50-201.50)37.00
　　贷:远期外汇买卖——美元 238.50
借:远期外汇买卖——英镑 150
　　贷:存放境内同业款项——英镑 150

(4)20×2年12月31日,资产负债表日,评估该笔利率互换合约的公允价值为56美元,方向为借方。会计分录为:

借:货币利率互换资产 56
　　贷:利率工具公允价值变动损益 56

(5)20×3年6月30日,合约到期,收付到期本金并终止该笔衍生金融工具。当日英镑兑美元市场汇率为1.52∶1。会计分录为:

互换远期本金。

借:存放境外同业款项——美元 21 000
　　贷:利率工具投资收益——美元 5 800
　　　　远期外汇买卖——美元 (1.52×10 000)15 200
借:远期外汇买卖——英镑 10 000
　　贷:存放境外同业款项——英镑 10 000

结转公允价值变动损益,并终止确认货币利率互换合约。

借:利率工具公允价值变动损益 56
　　贷:货币利率互换合约资产 56

远期敞口转至即期敞口。

借:即期外汇买卖——英镑　　　　　　　　　　　　10 000
　　贷:远期外汇买卖——英镑　　　　　　　　　　　　　　10 000
借:远期外汇买卖——美元　　　　　　　　　　　　15 200
　　贷:即期外汇买卖——美元　　　　　　　　　　　　　　15 200

转销表外期收期付款项。

借:货币利率互换期付款——英镑　　　　　　　　10 000
　　贷:远期外汇交易敞口——英镑　　　　　　　　　　　　10 000
借:远期外汇交易敞口——美元　　　　　　　　　　21 000
　　贷:货币利率互换期收款——美元　　　　　　　　　　　21 000

3. 货币期权会计核算举例

【例 11-3】　××银行 20×2 年 9 月 1 日获国家注资 250 亿美元,同时与汇金公司签订一项期权,约定银行可于 20×3 年 12 月 1 日按约定汇率美元对人民币 6.50∶1 将最高限额 250 亿美元兑换为人民币。为此,该银行将于 20×2 年 9 月 31 日起 6 个月内每月向汇金公司支付 10 亿元(共 60 亿元)人民币的期权费用。××银行的会计处理为:

(1) 20×2 年 6 月 1 日××银行签订货币期权合约,会计分录为:

借:货币期权合约资产　　　　　　　　　　　　　　6 000 000 000
　　贷:应付衍生金融工具交易款项　　　　　　　　　　　6 000 000 000

(2) 20×2 年 9 月 31 日起 6 个月内每月支付期权费,会计分录为:

借:应付衍生金融工具交易款项　　　　　　　　　1 000 000 000
　　贷:存放央行款项　　　　　　　　　　　　　　　　　1 000 000 000

(3) 20×2 年 12 月 31 日,该货币期权进行估值,估值余额为 90 亿元,会计分录为:

借:货币期权合约资产　　　　　　　　　　　　　　3 000 000 000
　　贷:汇率工具公允价值变动损益　　　　　　　　　　　3 000 000 000

(4) 20×3 年 12 月 1 日,当日美元兑人民币汇率为 6.13∶1,由于市场价远低于期权合约的行权价(6.50∶1),所以,银行选择执行这笔期权,汇金公司支付银行 92.5 亿元人民币进行净额交割。会计分录为:

借:存放央行超额准备金　　　　　　　　　　　　　9 250 000 000
　　汇率工具公允价值变动损益　　　　　　　　　　3 000 000 000
　　贷:货币期权合约资产　　　　　　　　　　　　　　　9 000 000 000
　　　　汇率工具投资收益　　　　　　　　　　　　　　　3 250 000 000

思考题

1. 简述银行开展衍生金融工具业务的作用。
2. 目前我国商业银行开展的主要衍生金融工具种类有哪些?

项目结论

衍生金融工具促稳定、促发展,有利信息传递,增强国家金融宏观调控的能力;有分割、转移风险及提高金融市场经济效率的作用。

项目训练

选择题

1. 衍生金融工具必须符合的条件不包括(　　)。
   A. 价值随标的物变动而变动　　B. 不要求初始净投资
   C. 要求初始净投资　　　　　　D. 在未来某一日结算
2. 按照衍生金融工具的交易条款的类型分类,衍生金融工具可分为(　　)。
   A. 远期合约　　B. 即期合约　　C. 互换合约　　D. 期权合约
3. 目前银行常见的利率类衍生金融工具有(　　)。
   A. 4种　　　　B. 6种　　　　C. 7种　　　　D. 9种

项目延伸

《中国人民银行法》、《中华人民共和国商业银行法》、《金融企业财务规则》、《企业会计准则》等。

项目 12

学习金融机构往来业务

知识结构图

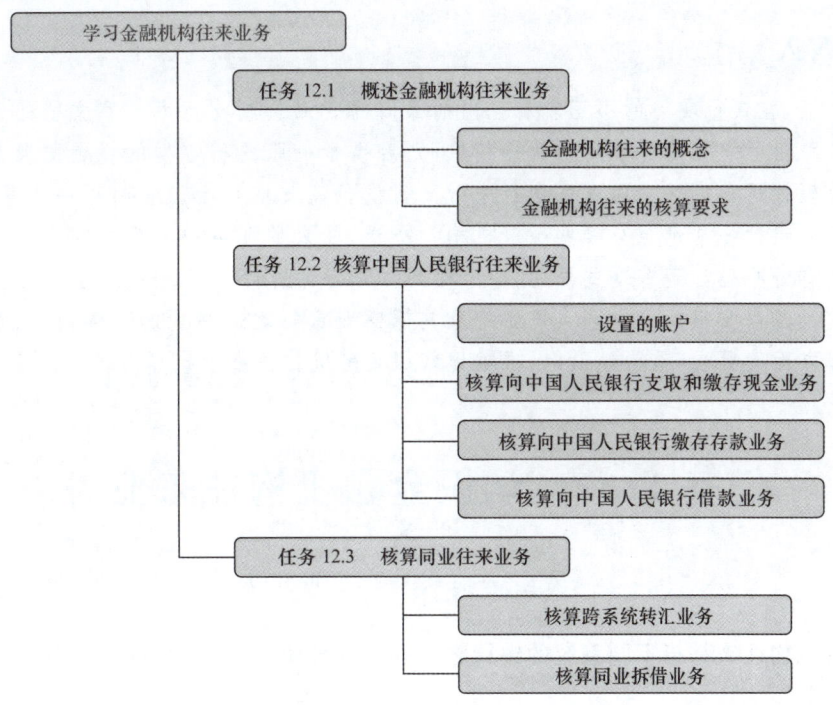

素质目标

1. 培养学生强烈的爱国情怀,认识中国金融业的发展及活力;
2. 从治国理政角度做好学生的金融风险防范教育;
3. 培养学生求真务实的科学态度,为中国金融改革尽一己之力;
4. 培养学生业务技能素质,适应不同银行不同的岗位需求。

知识目标

1. 了解金融机构往来、联行往来的概念及内容;

2.掌握向中国人民银行支取和缴存现金的核算；

3.掌握向中国人民银行缴存存款的核算；

4.掌握向中国人民银行借款的核算；

5.掌握跨系统转汇业务的核算；

6.掌握同业拆借业务的核算。

● 技能目标

1.会办理向中国人民银行支取和缴存现金业务；

2.会办理向中国人民银行缴存存款业务；

3.会办理向中国人民银行借款业务；

4.会办理跨系统转汇业务；

5.会办理同业拆借业务。

● 案例导入

一大早,在银行实习的小王就看见出纳部门的管库员到支行办公室文秘处开具一封到中国人民银行发行库支取现金的介绍信,之后携带一张支行签发的现金支票与押运人员一道乘坐押运车前往中国人民银行中心支行发行库支取现金。看到这一情景,小王马上想到商业银行日常都会与哪些金融机构打交道,往来的业务中除到中国人民银行支取现金外还有哪些呢？带着这些疑问,小王找到主管会计进行了解。通过主管会计的介绍,小王明确了各商业银行与中国人民银行及其他商业银行之间往来的业务内容、意义及在会计核算方面的要求,这为她及时、准确地掌握金融机构往来的核算内容和方法打下了牢固的基础。

任务 12.1　认识金融机构往来业务

12.1.1　金融机构往来的概念

金融机构往来是指不同系统的银行之间由于办理资金划拨、结算等业务而引起的资金账务往来。

金融机构往来主要包括商业银行与中国人民银行之间的往来,以及各商业银行之间的往来。商业银行与中国人民银行的往来主要包括商业银行向中国人民银行存取款项、缴存存款、办理再贷款、再贴现等;商业银行之间的往来主要包括跨系统转汇、同业拆借、同城票据交换等。

12.1.2　金融机构往来的核算要求

1.要坚持"资金分开,独立核算"的原则,严格划分各商业银行与中国人民银行和其他商业银行之间的资金界限。

2.对各商业银行在中国人民银行的存款账户要进行严格管理,不得透支;要求保留足够的备付金存款以便于清算使用,如果备付金不足要及时调入资金;计划内借款不得超过中国人民银行核定的贷款额;商业银行之间的拆借应通过双方在中国人民银行的存款账户办理,不得透支现金。

3. 各商业银行之间的临时性资金占用应及时清算。如临时资金不足,可相互融通资金,进行资金拆借,到期应及时还本付息;相互代收代付款项的汇划和票据交换差额应及时办理资金划拨手续。

4. 要体现汇路畅通的要求,核算时必须做到及时、正确、快捷,要迅速传递结算凭证,及时办理转账手续,加速社会资金周转。

思考题
什么是金融机构往来?它包括哪些内容?

任务 12.2 核算中国人民银行往来业务

中国人民银行往来是指中国人民银行与各商业银行之间由于缴存存款、融通资金、汇划款项、领缴现金或通过中国人民银行存款账户进行资金清算等业务而引起的资金账务往来,其内容包括:向中国人民银行存取现金,向中国人民银行缴存存款,向中国人民银行借款,向中国人民银行贴现,通过中国人民银行办理款项转汇,等等。

12.2.1 设置的账户

1."存放中央银行款项":资产类账户,用以核算商业银行缴存中国人民银行的法定准备金存款和超额准备金存款,增加在中国人民银行存款时记入借方,减少在中国人民银行存款时记入贷方,余额在借方,表示商业银行存放在中国人民银行的款项余额。

2."缴存中央银行财政性存款":资产类账户,用以核算商业银行向中国人民银行缴存的财政性存款,向中国人民银行缴存时记入借方,从中国人民银行退回时记入贷方,余额在借方,表示向中国人民银行缴存财政性存款的结余数。

3."缴存中央银行一般性存款":资产类账户,用以核算商业银行向中国人民银行缴存的一般性存款,向中国人民银行缴存时记入借方,从中国人民银行退回时记入贷方,余额在借方,表示向中国人民银行缴存一般性存款的结余数。

4."向中央银行借款":负债类账户,用以核算商业银行向中国人民银行借入款项的增减变化情况,向中国人民银行借入款项时记入贷方,向中国人民银行归还借款时记入借方,余额在贷方,表示向中国人民银行借入而尚未归还的借款。

12.2.2 核算向中国人民银行支取和缴存现金业务

商业银行向中国人民银行支取和缴存现金必然会引起中国人民银行的货币发行或货币回笼。在我国,中国人民银行是全国唯一管理货币发行的机关,按照国家批准的发行计划组织货币发行与回笼,所以发行库设在中国人民银行的各级机构。商业银行只设立业务库,业务库库存现金核定有库存限额,库存现金不足限额时,向中国人民银行提取,中国人民银行从发行库出库,作为货币发行;商业银行业务库库存现金超过限额应缴存中国人民银行,中国人民银行交入发行库,作为货币回笼。同时,商业银行的业务库是与整个社会的现金流量息息相关的。全社会的现金通过存户的存取实现向中国人民银行发行库的存入和支取,从而增加或减少社会现金流通量。货币发行和回笼的过程如图 12-1 所示。

图 12-1　货币发行和货币回笼过程

1. 核算支取现金业务

商业银行向当地中国人民银行发行库支取现金时,应签发中国人民银行"现金支票",其会计分录为:

借:库存现金
　　贷:存放中央银行款项

2. 核算缴存现金业务

商业银行向中国人民银行缴存现金时,应填制中国人民银行"现金缴款单"一式三联和"现金出库票"一式两联,其会计分录为:

借:存放中央银行款项
　　贷:库存现金

12.2.3　核算向中国人民银行缴存存款业务

1. 缴存存款的范围

缴存存款是中国人民银行行使国家中央银行职能,实现国家货币政策目标的重要手段之一,具体含义是指商业银行将吸收的各种存款按规定的比例缴存中国人民银行。商业银行吸收的存款主要有财政性存款和一般性存款。所以,缴存存款的范围包括缴存财政性存款和缴存一般性存款(法定存款准备金)。

财政性存款是指商业银行代办的中央预算收入、地方财政金库存款和代理发行国库款项等。

一般性存款是指除财政性存款以外的各项存款,包括企业存款、储蓄存款、部队存款、基建单位存款、机关团体存款、财政预算外存款和其他一般存款等。

2. 缴存存款的规定

(1) 缴存的比例

财政性存款缴存比例为 100%。一般性存款应按存款总额的一定比例考核法定存款准备金,目前执行的比例为 20%。法定存款准备金的缴存采取自下而上的方法,可用图 12-2 表示。

(2) 调整缴存存款的时间

办理财政性存款业务的商业银行市区分支行和县支行(包括县支行及同城所属部处)每旬调整一次,于旬后 5 日内办理;县支行以下处所机构分散,交通不便,可每月调整一次,在月后 8 日内办理。如调整日最后一天为节假日可顺延。对商业银行的法定存款准

图 12-2　法定存款准备金的缴存顺序

备金按法人统一考核,考核的时间为旬后 5 日内,每旬一次。

(3)缴存存款的计算方法

对于缴存存款的计算,应将本旬(月)末各账户余额总数与上期同类各科目旬(月)末余额总数对比,按实际增加或减少数进行调整,计算应缴存金额。缴存(调整)金额以千元为单位,千元以下四舍五入。为减少调整次数,规定余额增减达到 10 万元以上时再进行调整,不足 10 万元并入下次调整。

(4)缴存存款办法

各商业银行对应缴存或调整的财政性存款,应按旬向当地中国人民银行缴存;而对应缴存或调整的一般性存款则按旬逐级上划本系统上级管辖行,最终由各商业银行总行向中国人民银行办理缴存手续。

3.缴存存款的核算

(1)第一次缴存存款

商业银行第一次向中国人民银行缴存存款时,应根据有关存款科目余额,填制"缴存存款科目余额表",并按规定比例计算出缴存金额,然后填制"缴存(调整)财政性存款划拨凭证"和"缴存(调整)一般性存款划拨凭证"各一式四联。上述凭证填制并审核无误后,可进行会计核算。

①第一次缴存财政性存款,其会计分录为:

借:缴存中央银行财政性存款

　　贷:存放中央银行款项

转账后,在划拨凭证的第三、四联签章后与"余额表"一起送开户的中国人民银行。

②第一次缴存一般性存款

由商业银行基层行直接填制汇款凭证,并委托当地中国人民银行由本行的超额准备金存款账户汇入总行所在地的中国人民银行准备金账户。其会计分录为:

借:存放系统内款项

　　贷:存放中央银行款项

待总行将各基层行缴存存款汇总后统一汇缴中国人民银行。其会计分录为:

借:缴存中央银行一般性存款

　　贷:存放中央银行款项

调减时会计分录相反。

由商业银行基层行直接通过本行联行办理上划给总行。其会计分录为:

借:存放系统内款项

　　贷:清算资金往来(或联行往账等科目)

如本次为调减退回,会计分录相反。

总行收到中国人民银行的收账通知时,可办理转账。其会计分录为:

借：存放中央银行款项
　　贷：系统内存放款项
总行收到商业银行基层行的调增（减）缴存存款的联行报单时可办理转账。其会计分录为：
借：清算资金往来（或联行来账等科目）
　　贷：系统内存放款项
如本次为调减退回，会计分录相反。

(2) 调整缴存存款及欠缴存款

商业银行各级行处第一次缴存存款后，应按规定时间根据吸收的各类存款余额变动情况向中国人民银行调整存款。无论调增补缴还是调减退回，其核算手续与第一次缴存时基本相同。商业银行在规定的缴存存款时间内调整应缴存款时，如果在中国人民银行开立的存款账户扣除必要的周转金后余额不足，不能足额缴存，必须在规定的时间内及时筹集资金，办理缴存手续，否则即构成欠缴存款。对于欠缴金额，中国人民银行每日按规定比例扣收罚款，随同欠缴存款一并收取。对于欠缴的财政性存款，每天处以 0.3‰ 的罚款；对于欠缴的一般性存款，每天处以 0.6‰ 的罚款。商业银行对于欠缴存款的罚款计入营业外支出。

12.2.4　核算向中国人民银行借款业务

商业银行在经营过程中资金清算头寸不足时，可向人民银行借款，从中国人民银行的角度又称再贷款。中国人民银行通过对商业银行发放再贷款，从而对调控信贷资金、货币供应量和商业银行的业务发展都起到重要作用。

1. 借款种类

商业银行从中国人民银行取得的借款，主要有以下几种：

(1) 年度性贷款。它是各商业银行因经济合理增长引起年度性信贷资金不足，而向中国人民银行申请的贷款。年度性贷款期限为 1 年或 1 年以上。

(2) 季节性贷款。它是各商业银行由于贷款资金先支后收、存款季节性下降或贷款季节性上升等原因引起资金不足，而向中国人民银行申请的贷款。季节性贷款期限一般为 1 个月，不超过 4 个月。

(3) 日拆性贷款。它是各商业银行由于汇划款项未达或清算资金不足等原因发生临时性资金短缺，而向中国人民银行申请的贷款。日拆性贷款一般为 10 天，不超过 20 天。

(4) 再贴现。它是各商业银行因办理票据贴现占用资金引起资金暂时不足，以已贴现尚未到期的商业汇票向中国人民银行申请的贷款。

2. 核算再贷款业务

(1) 核算借入款项的业务

商业银行各级行处向中国人民银行申请再贷款，其会计分录为：

借：存放中央银行款项
　　贷：向中央银行借款

(2)核算归还借款的业务

再贷款到期,商业银行的会计分录为:

借:向中央银行借款——××贷款户

　　利息支出——中央银行往来支出户

　贷:存放中央银行款项

再贷款到期,当借款的商业银行未主动办理还款手续,而存款账户又有足够余额归还贷款时,中国人民银行会计部门在征得商业银行同意后也可主动填制特种转账借、贷凭证两联,收回贷款。

再贷款利息的计算与商业银行向单位贷款的计息方法基本相同。

3. 核算再贴现业务

(1)核算办理再贴现的业务

商业银行持已贴现未到期的商业汇票向中国人民银行申请再贴现,其会计分录为:

借:存放中央银行款项

　　利息支出——中央银行往来支出户

　贷:向中央银行借款——再贴现户

(2)核算再贴现到期收回的业务

再贴现汇票到期,中国人民银行作为持票人向付款人收取票款。其会计分录为:

借:××银行准备金存款户

　贷:再贴现——××银行再贴现户

具体做法比照贴现到期收回票款的手续处理。

思考题

什么是中国人民银行往来?包括哪些内容?

任务 12.3　核算同业往来业务

商业银行同业往来,是指各个不同系统的商业银行之间的往来。同业往来业务主要包括跨系统转汇款项、同业拆借等。

12.3.1　核算跨系统转汇业务

跨系统转汇是指由于客户办理异地结算业务而引起的跨系统商业银行之间相互汇划款项的业务。跨系统转汇至少要涉及两家银行系统,且至少三个行处参与,同时中国人民银行必须介入两个银行系统的横向清算。

目前在我国,异地跨系统银行之间还未建立直接的往来关系。在异地结算业务中,如果收付款双方不在同一系统的商业银行开户,其资金划转只能通过异地跨系统转汇。转汇的目的是把异地跨系统银行间的往来转化为同城跨系统银行的往来及异地同系统银行的往来(联行往来)。同城不同银行系统之间的汇划往来与清算为横向往来,简称为"横",异地同系统银行的汇划与清算为纵向往来,简称为"直"。往来转化后,对同城跨系统银行的往来通过同城票据交换处理或直接处理;对异地同系统银行的往来则按联行往来处理。

异地跨系统转汇,根据各地商业银行机构的设置情况可以有以下几种处理方法:

1. 汇出行所在地为双设机构地区

采取"先横后直"的转汇方法。这种方式适用于汇出行所在地为双设机构地区,即该地区既有汇出行、又有与汇入行相同系统的银行营业机构。当跨系统汇划款项业务发生时,汇出行将汇划款项凭证提交跨系统转汇行办理转汇,由转汇行通过本系统联行将款项划往汇入行。例如甲地工商银行的款项汇往乙地建设银行,汇划路线如图12-3所示。

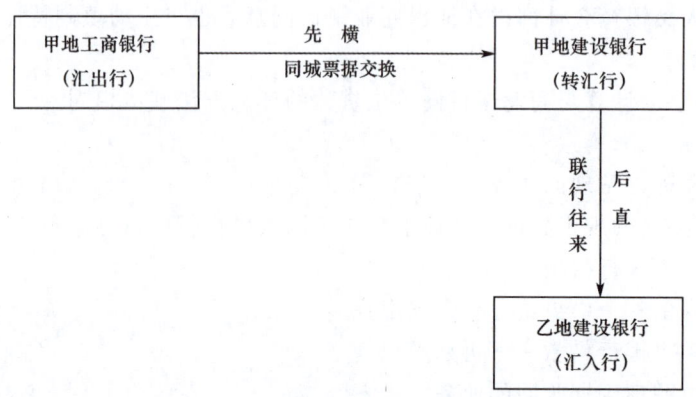

图12-3 "先横后直"跨系统转汇流程

(1)汇出行将客户提交的汇款凭证,通过同城票据交换提交到同城跨系统转汇行办理汇款。其会计分录为:

借:吸收存款——活期存款——汇款人户
　　贷:清算资金往来——同城票据清算

(2)转汇行通过本系统联行将款项划往异地汇入行。其会计分录为:

借:清算资金往来——同城票据清算
　　贷:联行往账(或清算资金往来等有关科目)

(3)汇入行收到本系统划来的联行报单及有关结算凭证,为收款人进账。其会计分录为:

借:联行来账(或清算资金往来等有关科目)
　　贷:吸收存款——活期存款——收款人户

2. 汇出行所在地为单设机构地区,汇入行所在地为双设机构地区

采取"先直后横"的转汇方法。这种方式适用于汇出行所在地为单设机构地区(在同一地区没有汇入行系统的银行机构),而汇入行所在地为双设机构地区。当业务发生时,汇出行先将汇划款项通过本系统联行划转汇入行所在地的系统内转汇行,由转汇行转划给汇入行。例如甲地工商银行资金汇往乙地建设银行,汇划路线如图12-4所示。

(1)汇出行根据客户提交的汇款凭证填制联行报单,将款项划转异地本系统的转汇行。其会计分录为:

借:吸收存款——活期存款——汇款人户
　　贷:清算资金往来(或联行往账等有关科目)

(2)转汇行收到本系统汇出行划来的联行报单及结算凭证,经审核无误后,通过同城

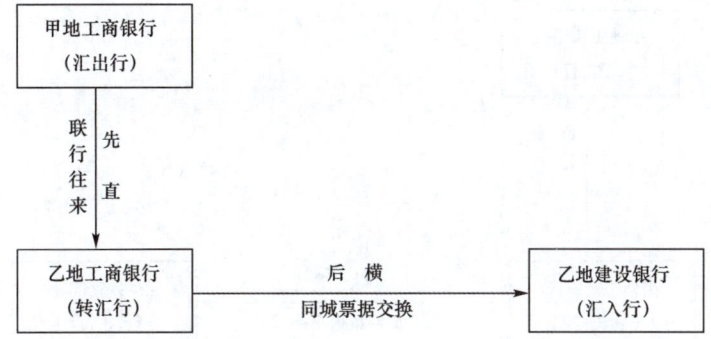

图12-4 "先直后横"跨系统转汇流程

票据交换送交汇入行。其会计分录为：

借：清算资金往来(或联行来账等有关科目)

贷：清算资金往来——同城票据清算

(3)汇入行收到转汇行划转的款项,为收款人入账。其会计分录为：

借：清算资金往来——同城票据清算

贷：吸收存款——活期存款——收款人户

3. 汇出行、汇入行所在地均为单设机构地区

采取"先直后横再直"的办法。这种方式适用于汇出行和汇入行所在地均为单设机构地区的情况,即该地区只有汇出行和汇入行一家银行系统,未设有其他系统的银行机构。当业务发生时,汇出行先通过本系统联行将款项划转双设机构地区的系统内银行(代转汇行),由其通过同城票据交换划转跨系统银行(转汇行),再由跨系统银行通过本系统联行划转汇入行。例如甲地工商银行的资金汇往乙地建设银行,汇划路线即如图12-5所示。

(1)甲地汇出行的会计分录为：

借：吸收存款——活期存款——汇款人户

贷：清算资金往来(或联行往账等有关科目)

(2)丙地代转汇行A的会计分录为：

借：清算资金往来(或联行来账等有关科目)

贷：清算资金往来——同城票据清算

(3)丙地转汇行B的会计分录为：

借：清算资金往来——同城票据清算

贷：清算资金往来(或联行往账等有关科目)

(4)乙地汇入行的会计分录为：

借：清算资金往来(或联行来账等有关科目)

贷：吸收存款——活期存款——收款人户

12.3.2 核算同业拆借业务

1. 概述同业拆借

同业拆借是商业银行解决临时性资金不足的一种融资方式,是指在同一城市或异地

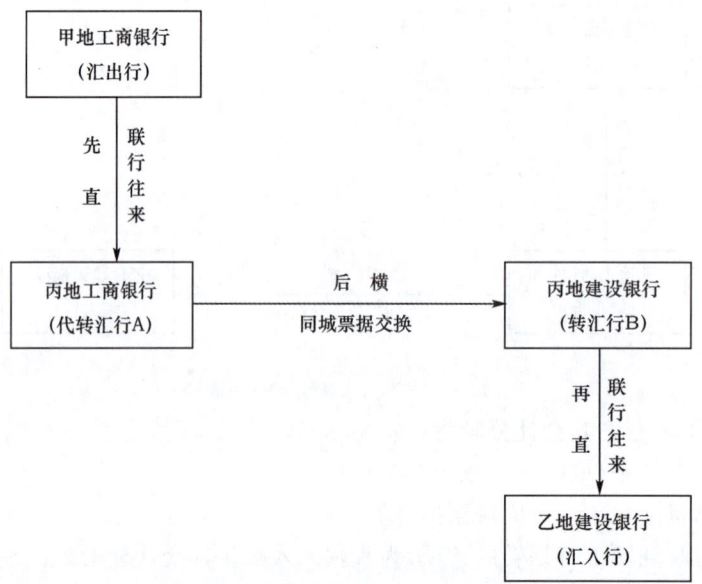

图 12-5 "先直后横再直"跨系统转汇流程

的商业银行,因跨系统汇划款项导致存放中央银行款项账户资金余额不足所引起的相互资金融通。同业拆借是一种短期资金融通行为,拆借的期限不得超过 4 个月,禁止利用拆入资金发放固定资产贷款或用于投资。同业拆借的主管机关是中国人民银行,拆借的资金都要通过各自在中国人民银行开立的存款账户进行核算,按照中国人民银行的有关规定办理,不能直接互相拆借。同业拆借的业务过程包括两大环节,一是拆出行拆放款项,二是到期日拆入行还本付息,其大致业务流程分别如图 12-6、图 12-7 所示。

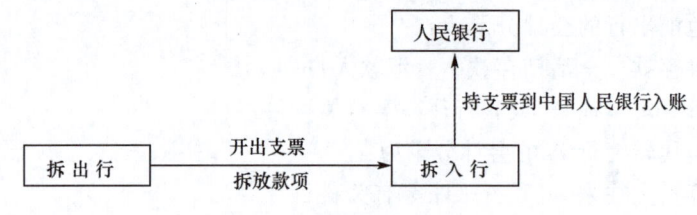

图 12-6 拆出行拆放流程

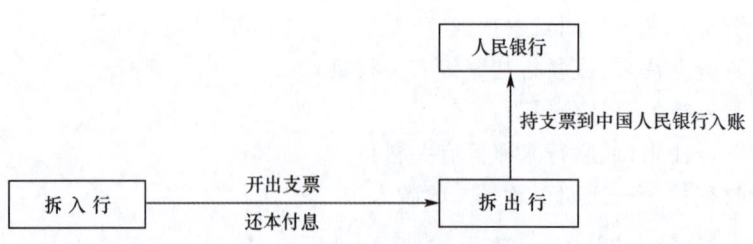

图 12-7 拆入行还本付息流程

2. 核算同业拆借业务

银行设置"拆出资金"和"拆入资金"账户进行核算。"拆出资金"是资产类账户,用以核算商业银行拆借给境内、境外其他金融机构的款项。拆出行拆出资金时，记入借方；拆出行收回拆出资金时，记入贷方；余额在借方，表示本行对其他金融机构拆出资金的实有数额。该账户按拆入行设置明细分类账户。银行在系统内拆借的款项，单独设置"系统内拆出资金"科目核算，不在本科目核算。

"拆入资金"是负债类账户，用以核算商业银行从境内、境外金融机构拆入的款项。拆入资金时，记入贷方；归还拆借资金时，记入借方；余额在贷方，表示本行向其他金融机构拆入资金的实有数额。该账户应按拆入资金的金融机构分别在"本金""利息调整"科目下进行明细核算。银行在系统内拆入的款项，单独设置"系统内拆入资金"科目核算，不在本科目核算。

(1) 核算拆出行拆出资金

① 核算拆出行的业务。拆出行以拆入行借据为依据，向人民银行填交进账单及转账支票，并编制特种转账借、贷方传票予以转账。其会计分录为：

借：拆出资金——××拆入行
　　贷：存放中央银行款项

② 核算中国人民银行的业务。人民银行收到进账单及转账支票后，将款项从拆出行准备金账户转入拆入行准备金账户，转账后将进账单回单联转交拆入行。人民银行的会计分录为：

借：××银行存款(拆出行)
　　贷：××银行存款(拆入行)

③ 核算拆入行的业务。拆入行根据进账单回单联，编制特种转账借、贷方传票各一联，进行账务处理。会计分录为：

借：存放中央银行款项
　　贷：拆入资金——××拆出行——本金

资产负债表日，按实际利率计算确定拆入资金的利息费用，记入"利息支出"科目；按照合同约定的名义利率计算确定的应付利息记入"应付利息"科目；其差额借记或贷记"拆入资金——利息调整"科目。其会计分录为：

借：利息支出
　　贷：应付利息
　　　　拆入资金——利息调整(或记借方)

(2) 核算到期拆入行归还拆借资金本金和利息的业务

拆入行归还借款时，应按事先规定的利率，计算应付利息，将本息一并通过中国人民银行划转拆出行。

① 拆入行的处理。拆入行应根据借款本息填制进账单和转账支票送往中国人民银行，并办理转账。其会计分录为：

借：拆入资金——××拆出行——本金
　　拆入资金——利息调整(或记贷方)
　　利息支出(差额)(或记贷方)
　　贷：存放中央银行款项

② 中国人民银行的处理。中国人民银行收到借款行归还借款的进账单和转账支票，将款项从拆入行准备金账户转入拆出行准备金账户，转账后将进账单收账通知转交拆出行。

借：××银行存款（拆入行）
  贷：××银行存款（拆出行）
③拆出行的处理。拆出行根据进账单回单联，办理转账。其会计分录为：
借：存放中央银行款项
  贷：拆出资金——××拆入行
    利息收入

思考题

1. 什么是同业拆借？如何进行核算？
2. 商业银行跨系统相互转汇有哪几种情况？分别是如何处理的？

项目结论

金融机构往来主要包括商业银行和中国人民银行之间的往来和商业银行之间的往来。商业银行与中国人民银行的往来主要包括商业银行向中国人民银行存取款项、缴存存款、办理再贷款、再贴现等；商业银行之间的往来主要包括跨系统转汇、同业拆借、同城票据交换等。

中国人民银行往来是指中国人民银行与各商业银行之间由于缴存存款、融通资金、汇划款项、领缴现金和通过中国人民银行存款账户进行资金清算等业务而引起的资金账务往来，其内容包括：向中国人民银行存取现金、向中国人民银行缴存存款、向中国人民银行借款、向中国人民银行贴现、通过中国人民银行办理款项转汇等。

商业银行吸收的存款主要有财政性存款和一般性存款。财政性存款是指商业银行代办的中央预算收入、地方财政金库存款和代理发行国库款项等，其缴存比例为100%。一般性存款是指除财政性存款以外的各项存款，包括企业存款、储蓄存款、部队存款、基建单位存款、机关团体存款、财政预算外存款和其他一般存款等，其缴存比例为20%。

商业银行在经营过程中资金清算头寸不足时，可向中国人民银行借款，其种类有年度性贷款、季节性贷款、日拆性贷款、再贴现。

商业银行同业往来，是指各个不同系统的商业银行之间的往来。同业往来业务主要包括跨系统转汇款项、同业拆借等。

异地跨系统转汇，根据各地商业银行机构的设置情况可以有以下几种处理方法：汇出行所在地为双设机构地区；汇出行所在地为单设机构地区、汇入行所在地为双设机构地区；汇出行、汇入行所在地均为单设机构地区。

同业拆借是商业银行解决临时性资金不足的一种融资方式，是指在同一城市或异地的商业银行，因跨系统汇划款项导致存放中央银行款项账户资金余额不足所引起的相互资金融通。

项目训练

一、单项选择题

1. 清算资金往账与清算资金来账之间的账务使用专用的会计凭证，简称（　　）。
   A. 传票　　　　B. 清算凭证　　　　C. 报单　　　　D. 结算凭证

2."清算资金往来"账户属于(　　)类别。
A. 资产类 B. 负债类
C. 资产负债共同类 D. 所有者权益类

3.某行一般性存款的余额本期合计数为 54 211 000 元,上期余额合计数为 42 101 000 元,缴存率为 10.5%,本期调整额为(　　)元。
A. 7 047 430　　B. 1 271 550　　C. －7 047 430　　D. －1 271 550

4.为核算商业银行向中央银行借款业务,商业银行需设置"(　　)"科目,并按借款期限设账户进行核算。
A. 存放中央银行款项 B. 向中央银行借款
C. 短期贷款 D. 金融企业往来支出

5.对于汇出行所在地为单设机构地区,而汇入行所在地为双设机构地区的情况,异地跨系统汇划款项相互转汇适合采用(　　)。
A. "先横后直"方式 B. "先直后横"方式
C. "先直后横再直"方式 D. "先横后直再横"方式

二、多项选择题

1.根据银行机构设置的不同情况,异地跨系统汇划款项相互转汇的方式有(　　)。
A. "先横后直"方式 B. "先直后横"方式
C. "先直后横再直"方式 D. "先横后直再横"方式

2.中央银行向商业银行发放的再贷款属于(　　)。
A. 中央银行的负债 B. 中央银行的资产
C. 商业银行的负债 D. 商业银行的资产

3.目前中国人民银行对商业银行发放的贷款按期限划分为(　　)。
A. 年度性贷款　　B. 季度性贷款　　C. 季节性贷款　　D. 日拆性贷款

三、判断题

1.商业银行的业务现金,要向中国人民银行发行库或发行保管库办理存取。(　　)
2.目前商业银行向中国人民银行缴存财政性存款准备金的缴存比例为 8%。(　　)
3.根据中国人民银行规定,各级商业银行向中国人民银行缴存财政性存款每月调整一次。(　　)
4."存放中央银行款项"是资产类科目,增加记借方,减少记贷方,余额在借方。(　　)
5.商业银行向中央银行归还再贷款利息,通过"利息支出"核算。(　　)

四、业务练习

习题一　练习向中央银行缴存存款的核算

(一)资料:普惠银行通江支行有关各种存款账户期末余额合计数如下:

项　　目	上期末余额/元	本期末余额/元	缴存比例/%
财政性存款	980 000	1 270 000	100
一般性存款	35 001 000	28 600 000	15

（二）要求：

1.列出算式，计算本期应调整的两项缴存存款的金额。

2.编制普惠银行通江支行、中国人民银行相应的会计分录。

习题二　练习再贷款、再贴现业务的核算

（一）目的：练习再贷款、再贴现业务中有关银行的核算手续。

（二）要求：根据下列业务计算利息并做出相关银行的会计分录。

（三）资料：

1.20××年2月1日，汇通银行通江支行向中国人民银行申请借款5 000 000元，期限3个月。月利率为3.55‰，5月1日汇通银行归还贷款。按照逐笔计息的方法计算利息。

2.20××年4月16日，汇通银行通江支行向人民银行提交银行承兑汇票一份，申请再贴现。汇票面额为400 000元，3月1日签发，3月25日贴现，6月1日到期，再贴现月利率为2.25‰，人民银行同意办理再贴现。6月7日向承兑申请人发出委托收款凭证，6月12日收到汇票款。

习题三　练习跨系统转汇和同业拆借的核算

（一）目的：练习跨系统转汇和同业拆借的核算

（二）资料：

1.工商银行哈尔滨市第一支行发生下列经济业务：

（1）开户单位威龙公司要求汇款80 000元至在农业银行丹阳支行开户的收款人。本行拟通过工商银行丹阳支行转汇，农业银行丹阳支行在工商银行丹阳支行开有存款账户。

（2）开户单位吉祥公司要求电汇300 000元至广东天祥公司，该公司在中国银行广东省第二支行开有账户。本行拟通过同城交换，委托中国银行哈尔滨市分行营业部转汇。

2.工商银行哈尔滨市分行营业部发生下列经济业务：

（1）拆借资金到期，将拆入资金1 000 000元及利息20 000元一并签发中国人民银行转账支票，归还农业银行哈尔滨市分行。

（2）向同城建设银行拆借资金500 000元，以解决季节性资金需要，通过人民银行办理拆借。

（三）要求：

1.根据"资料1"，编制各银行相关行处的会计分录。

2.根据"资料2"，分别编制拆出行、拆入行及中国人民银行的相关会计分录。

项目延伸

《中华人民共和国中国人民银行法》《中华人民共和国商业银行法》《商业银行资本充足率管理办法》等。

第三部分

综合业务

项目 13

核算银行经营成果

知识结构图

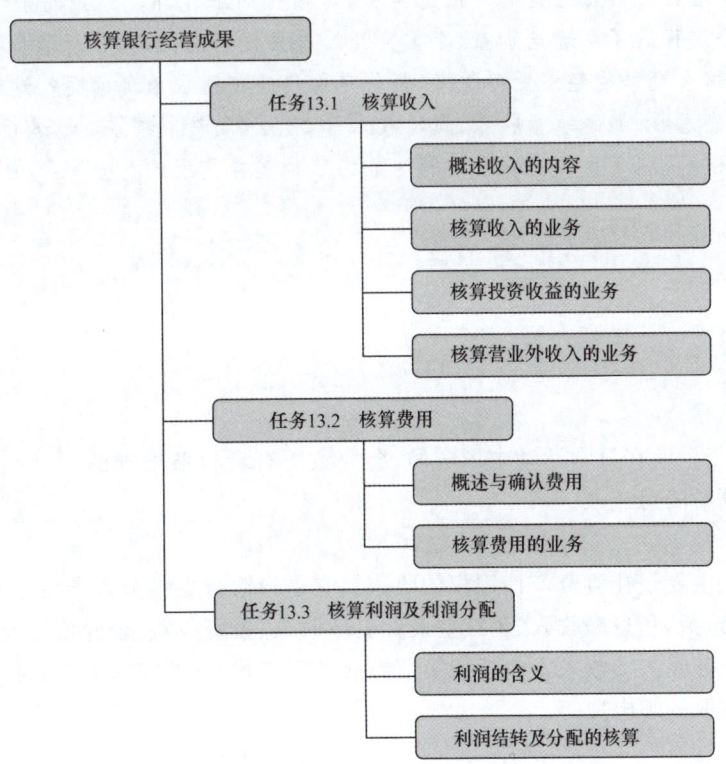

素质目标

1. 培养学生树立正确的世界观,提高实质重于形式的会计信息判断能力;
2. 培养学生谨慎性思维习惯,学会不高估收入,不抵估成本、费用;
3. 培养学生客观、公正的职业态度;
4. 培养学生实事求是、遵纪守法的工作作风,通过财务和纳税两个角度对应纳税额核算的不同。

知识目标

1. 了解收入的概念及特点;

2. 了解收入的确认及核算；
3. 了解费用的概念及核算要求；
4. 掌握费用的会计核算；
5. 了解利润的含义及内容；
6. 熟悉利润分配的内容。

技能目标

根据当期收入及费用核算当期的营业利润。

案例导入

李睿同学在银行实习已经有一段时间了，对银行的工作环境逐渐适应下来。随着对银行基本运作流程的了解逐渐加深，李睿又开始思索更多的问题：银行职员每日的工作量是比较大的，这么频繁的经济业务往来，银行是如何确定盈利情况的呢？这么多种类的收入，如贷款的利息收入、手续费收入、罚没收入等，怎么能够科学有序地进行会计核算，并最终推算出银行获利多少呢？获得的利润最终都是怎样使用的？分配给谁了呢？

任务 13.1 核算收入

13.1.1 概述收入的内容

1. 收入的概念

收入，是指企业在日常活动中形成的、会导致所有者权益增加的、与所有者投入资本无关的经济利益的总流入。

2. 收入的内容

银行收入主要是让渡资产使用权的收入。它是指银行提供金融产品服务所取得的各项收入，主要包括：利息净收入、手续费及佣金净收入、投资收益、公允价值变动收益、汇兑收益和其他业务收入。收入不包括为第三方或者客户代收的款项，如企业代垫的工本费、代邮电部门收取的邮电费等。

3. 确认收入

银行为客户提供金融产品服务取得的收入，应当在以下两个条件均能满足时予以确认：第一，与交易相关的经济利益能够流入银行；第二，收入的金额能够可靠地计量。

13.1.2 核算收入的业务

收入主要包括利息收入、手续费及佣金收入、汇兑损益、其他业务收入、公允价值变动损益等。

1. 利息收入

（1）利息收入的内容

利息收入是指商业银行根据收入准则确认的收入，包括发放各类贷款（银团贷款、贸易融资、贴现和转贴现融出资金、协议透支、信用卡透支和垫款等),与其他金融机构(包括中央银行、同业等)之间发生资金往来业务,买入返售金融资产等所取得的利息收入等。利息收入应按照他人使用本企业货币资金的时间和实际利率计算确定。

(2)利息收入的核算

利息收入在商业银行营业收入中占有较大比重,应通过"利息收入"科目予以反映。本科目按照业务类别进行明细核算。资产负债表日,银行应按照合同约定的名义利率计算确定的应收未收利息,借记"应收利息"科目,按照收入准则或按照贷款等摊余成本和实际利率计算确定的利息收入,贷记"利息收入"科目,差额记入"贷款——利息调整"科目。期末应将"利息收入"科目余额转入"本年利润"科目,结转后"利息收入"科目无余额。其会计分录为:

借:应收利息
  贷:利息收入
    贷款——利息调整(或记借方)

银行利息收入的确认要遵循谨慎性原则,对于因借款单位经营状况不好或因其他原因而无法收取或收取可能性较低的利息收入不再予以确认。

2. 手续费及佣金收入

(1)手续费及佣金收入的内容

手续费及佣金收入,是指商业银行根据收入准则确认的手续费及佣金收入。包括:结算业务手续费收入、咨询业务收入、担保业务收入、委托贷款业务手续费收入、拆借资金手续费收入、信用卡签购手续费收入、代发债券的代理业务手续费收入、提供金融服务应收取的手续费收入等。

银行设置"手续费及佣金收入"进行核算。"手续费及佣金收入"是损益类账户,用以核算银行向客户提供各种服务而收取的手续费。银行收取各种手续费时,记入贷方;期末将手续费收入结转"本年利润"账户时,记入借方;期末一般无余额。"手续费及佣金收入"应按手续费及佣金收入的类别设置明细分类账户。

(2)手续费及佣金收入的核算

银行向企业收取手续费的时间根据具体情况而定,既可定期,也可逐笔向有关单位和个人收取。收取手续费的方式有现金和转账结算两种。

①确认手续费及佣金收入时,其会计分录为:

借:应收账款(或代理承销证券款等)
  贷:手续费及佣金收入

②实际收到手续费及佣金收入时,其会计分录为:

借:库存现金(或吸收存款、存放中央款项等)
  贷:应收账款等科目

③期末余额结转利润时,其会计分录为:

借:手续费及佣金收入
  贷:本年利润

3. 汇兑损益

(1) 汇兑损益的内容

汇兑损益是指银行进行外汇买卖和外币兑换等业务时，由于汇率和业务发生的时间不同而产生的损益。

银行设置"汇兑损益"账户进行核算。"汇兑损益"是损益类账户，用以核算银行进行外汇买卖和外币兑换等业务而产生的收益和损失。银行取得汇兑收益时记入贷方，发生损失时记入借方；期末将汇兑损益结转"本年利润"账户，期末一般无余额。"汇兑损益"账户应按外汇买卖币种设置明细分类账户。

银行的外汇买卖和外币兑换是通过"外汇买卖"账户核算的。

(2) 汇兑损益的核算

发生收益时，会计分录为：

借：货币兑换
　　贷：汇兑损益

发生损失时，会计分录为：

借：汇兑损益
　　贷：货币兑换

期末余额结转利润时，会计分录为：

借：汇兑损益
　　贷：本年利润

4. 其他业务收入

(1) 其他业务收入的内容

其他业务收入是指商业银行根据收入准则确认的除主营业务以外的其他经营活动实现的收入，包括：出租固定资产、出租无形资产、出租包装物和商品、销售材料、用材料进行非货币性交换(在非货币性资产交换具有商业实质且公允价值能够可靠计量的情况下)或债务重组等实现的收入。

银行设置"其他业务收入"账户进行核算。"其他业务收入"是损益类账户。银行取得各项其他业务收入时，记入贷方；期末将其他营业收入结转"本年利润"账户时，记入借方；期末一般无余额。"其他业务收入"账户应按其他收入的种类设置明细分类账户。

(2) 其他业务收入的核算

① 确认的其他业务收入，其会计分录为：

借：应收账款(或银行存款等科目)
　　贷：其他业务收入

② 期末余额结转利润时，其会计分录为：

借：其他业务收入
　　贷：本年利润

5. 公允价值变动损益

(1) 公允价值变动损益的内容

公允价值变动损益是指商业银行由于交易性金融资产、交易性金融负债，以及采用公允价值模式计量的衍生金融工具、套期保值业务而使公允价值变动形成的应计入当期损益的利得或损失。

银行核算该业务时设置"公允价值变动损益"科目。"公允价值变动损益"是损益类账户。该科目按照交易性金融资产、交易性金融负债等进行明细核算。期末,应将本科目余额转入"本年利润"科目,结转后本科目无余额。

(2)公允价值变动损益的核算

①交易性金融资产的公允价值变动

资产负债表日,若交易性金融资产的公允价值高于其账面余额时,其会计分录为:

借:交易性金融资产——公允价值变动
　　贷:公允价值变动损益

若公允价值低于其账面余额,则作相反的会计分录。

若出售交易性金融资产,以实际收到金额入账。其会计分录为:

借:存放中央银行款项
　　贷:交易性金融资产——成本(公允价值变动)
　　　　投资收益(或记借方)

同时,按照"交易性金融资产——公允价值变动"科目的余额,借记或贷记"公允价值变动损益"科目,贷记或借记"投资收益"科目。

②交易性金融负债的公允价值变动

资产负债表日,若交易性金融负债的公允价值高于其账面余额时,其会计分录为:

借:公允价值变动损益
　　贷:交易性金融负债

若公允价值低于其账面余额,则作相反的会计分录。

出售交易性金融负债,以实际的金额入账,其会计分录为:

借:交易性金融负债(账面余额)
　　贷:存放中央银行款项
　　　　投资收益(或记借方)

同时,按照"交易性金融负债——公允价值变动"科目的余额,借记或贷记"公允价值变动损益"科目,贷记或借记"投资收益"科目。

13.1.3　核算投资收益的业务

投资收益是指银行在规定的范围内向外进行投资,按照合同或协议的规定分得的股利、利润和利息,以及处置投资时所取得的收益。

银行设置"投资收益"账户核算该业务。"投资收益"是损益类账户,用以核算银行对外投资取得的收入或发生的损失。银行取得投资收益或将投资净损失结转"本年利润"账户时,记入贷方;发生投资损失或将投资净收益结转"本年利润"账户时,记入借方;期末一般无余额。

13.1.4　核算营业外收入的业务

营业外收入是指与商业银行的经营活动无直接关系的各项净收入,包括处置非流动资产的利得、非货币性资产交换利得、债务重组利得、罚没利得、政府补助利得,以及确实无法支付而按规定程序经批准后转作营业外收入的应付款项、捐赠利得、盘盈利得等。

银行设置"营业外收入"账户进行核算。"营业外收入"是损益类账户,用以核算银行发生的与经营业务无直接关系的各项收入。银行取得各项营业外收入时,记入贷方;期末将营业外收入结转"本年利润"账户时,记入借方;期末一般无余额。

借:相关科目
　　贷:营业外收入——××收入户

期末将营业外收入转入本年利润时,其会计分录为:

借:营业外收入——××收入户
　　贷:本年利润

期末结转后,营业外收入科目无余额。

思考题
1. 简述收入的概念和内容。
2. 试述收入的确认和计量。

任务13.2　核算费用

13.2.1　概述与确认费用

1. 费用的概念

费用是指企业为销售商品、提供劳务等日常活动所发生的经济利益的流出。

2. 费用的内容

费用按照经济用途可分为营业成本、营业费用、营业税金及附加和营业外支出。营业成本是指应计入某项业务成本的费用,它是银行费用的主要组成部分,包括利息支出、手续费及佣金支出和其他营业支出。营业费用是指不计入业务成本的费用。营业税金及附加是指银行缴纳的营业税、城市维护建设税和教育费附加等。营业外支出是指银行发生的与经营业务无直接关系的各项支出。

13.2.2　核算费用的业务

费用主要包括利息支出、手续费及佣金支出、营业税金及附加、业务及管理费、资产减值损失、所得税费用、营业外支出等。

1. 利息支出

(1) 利息支出的内容

利息支出是指银行以负债形式筹集的各种资金,按照国家规定的利率应向企业及个人支付的利息。银行对存款按照权责发生制原则分别按季结付和预提利息支出。利息支出在银行营业成本中占有极大的比重。

利息支出是指商业银行吸收的各种存款(单位存款、个人存款、信用卡存款、特种存款和转贷款资金等)与其他金融机构(中央银行、同业等)之间发生资金往来业务、卖出回购金融资产等产生的利息支出以及按期分摊的未确认融资费用等。对于利息支出,商业银行设置"利息支出"科目进行核算,并按照利息支出项目进行明细核算。期末,应将本科目余额转入"本年利润"科目,结转后本科目无余额。

(2)核算利息支出的业务

资产负债表日,银行将按照金融工具确认和计量准则计算确定的各项利息费用的金额记入"利息支出"科目,将按照合同约定的名义利率计算确定的应付利息的金额记入"应付利息"等科目,其差额记入"吸收存款——利息调整"等科目。其会计分录为:

借:利息支出
  贷:应付利息
    吸收存款——利息调整(或记借方)

2. 手续费及佣金支出

(1)手续费及佣金支出的内容

手续费及佣金支出是指商业银行委托其他单位办理存款、结算等业务所发生的手续费、佣金等支出。

银行设置"手续费及佣金支出"账户进行核算。"手续费及佣金支出"是损益类账户,用以核算银行委托其他单位办理业务而支付的各种手续费。银行支付各种手续费及佣金支出时,记入借方;期末结转"本年利润"账户时,记入贷方;期末一般无余额。"手续费及佣金支出"应按手续费及佣金支出的种类设置明细分类账户。

(2)核算手续费及佣金支出的业务

手续费支出按有关规定和付费标准如实列支,不得预提。其会计分录为:

借:手续费及佣金支出
  贷:库存现金(或相关科目)

3. 营业税金及附加

(1)营业税金及附加的内容

营业税金及附加主要核算企业经营活动发生的营业税、消费税、城市维护建设税、资源税、教育费附加等相关税费,与投资性房地产相关的房产税、土地使用税也在本科目核算。期末,应将本科目余额转入"本年利润"科目,结转后本科目无余额。

(2)核算营业税金及附加的业务

发生相关税费时,借记本科目,贷记"应交税费"等科目。其会计分录为:

借:营业税金及附加
  贷:应交税费

收到返还的消费税、营业税等原记入本科目的各种税金,按照实际收到的金额,借记"银行存款"等科目,贷记"营业外收入"科目。其会计分录为:

借:银行存款
  贷:营业外收入

营业税金及附加的计算公式为

$$营业税 = 计税营业收入额 \times 营业税率$$

$$城市维护建设税 = 计税营业收入额 \times 营业税率 \times 适用税率$$

教育费附加＝计税营业收入额×营业税率×费率

商业银行统一执行8%的营业税率(其中5%上缴国家税务部门,3%上缴地方税务部门)。从2001年起,每年下调一个百分点(下调的税率为上缴国税的5%部分),分3年将商业银行的营业税率从8%降低到5%。城市维护建设税按纳税人所在地的不同设置了三档差别比例税率。所在地为市区的,税率为7%;所在地为县城、建制镇的,税率为5%;所在地不在市区、县城、建制镇的,税率为1%。教育费附加费率为3%。

4.业务及管理费

(1)业务及管理费的内容

业务及管理费,是指银行在业务经营和管理过程中发生的各项费用,主要包括:折旧费、业务宣传费、业务招待费、电子设备运转费、钱币运送费、安全防范费、邮电费、劳动保护费、外事费、印刷费、低值易耗品摊销、职工工资、差旅费、水电费、职工教育经费、工会经费、税金、会议费、诉讼费、公证费、咨询费、无形资产摊销、长期待摊销费用摊销、取暖降温费、聘请中介机构费、技术转让费、绿化费、董事会费、财产保险费、劳动保险费、待业保险费、住房公积金、物业管理费、研究费用、提取保险保障基金等。

(2)核算业务及管理费的业务

对于业务及管理费,商业银行应设置"业务及管理费"科目,并按照费用项目进行明细核算。"业务及管理费"科目的期末余额应转入"本年利润"科目。

业务及管理费有关账户的支出,除财政部有规定可先提后用外,其他一律据实列支,不得预提。各行对于待摊和预提的费用,应根据权责发生制的原则,结合本行的具体情况确定。现根据重要性原则,对其中的重要项目简述如下:

①业务宣传费

发生的业务宣传费根据支付凭证入账,其会计分录为:

借:业务及管理费

    贷:库存现金(或相关科目)

②职工工资、福利费、工会经费、职工教育经费

职工工资,即应付给职工的劳动报酬,应设"应付职工薪酬"科目核算,属负债性质。分配时根据"工资分配表"填制贷方记账凭证办理转账。其会计分录为:

借:业务及管理费——职工工资

    贷:应付职工薪酬

职工福利费按照职工工资总额的14%提取,设置"应付福利费"科目核算。其会计分录为:

借:业务及管理费——职工福利费

    贷:其他应付款

工会经费按照职工工资总额的2%提取,拨交工会使用。其会计分录为:

借:业务及管理费——工会经费

    贷:其他应付款——工会经费

职工教育经费按照职工工资总额的1.5%提取。其会计分录为:

借:业务及管理费——职工教育经费

贷：其他应付款——职工教育经费

③税金

业务及管理费中的税金是指银行按照规定支付的允许在成本中列支的税金，包括房产税、土地使用税、车船税、印花税等，期末按规定计算应缴的税金。其会计分录为：

借：业务及管理费——税金
　　贷：应交税费——应交××税

印花税不通过"应交税金"科目核算，商业银行一次性交足印花税款。其会计分录为：

借：业务及管理费
　　贷：库存现金（或相关科目）

5. 资产减值损失

(1) 资产减值损失的内容

银行应根据资产减值等准则计提各项资产减值准备（包括坏账准备、存货跌价准备、长期股权投资减值准备、持有至到期投资减值准备、固定资产减值准备、在建工程——减值准备、工程物资——减值准备、无形资产减值准备、商誉——减值准备、贷款损失准备、抵债资产——跌价准备等）所形成的损失。对资产减值损失，银行设置"资产减值损失"科目，并按照资产减值损失的项目进行明细核算。期末，应将本科目余额转入"本年利润"科目，结转后本科目无余额。

(2) 核算资产减值损失的业务

确定资产发生减值时，其会计分录为：

借：资产减值损失
　　贷：贷款损失准备等科目

银行计提坏账准备、存货跌价准备、持有至到期投资减值准备、贷款损失准备等科目后，相关资产价值又得以恢复，应在原计提的减值准备金额内，按照恢复增加的金额冲回，其会计分录为：

借：贷款损失准备等科目
　　贷：资产减值损失

6. 所得税费用

(1) 所得税费用的内容

所得税费用是银行根据所得税准则确认的应从当期利润总额中扣除的所得税费用。在经济领域中，财务会计和税收会计是两个不同的分支。其区别在于财务会计是按照会计制度核算收益、费用、损失、资产、负债等，税收会计是按照税收法规确认收益、费用、损失、资产、负债等。因此，按照财务会计方法计算的税前利润与按照税法规定计算的应税所得之间的结果不一定相同。

按照新的企业会计准则，企业的所得税要以取得资产、负债时的金额确定其计税基础。资产、负债的账面价值与其计税基础是存在差异的，应当按照会计准则规定确认所产生的递延所得税资产和递延所得税负债。资产的计税基础是指企业收回资产账面价值过程中，按照税法规定，计算应纳税所得额时可以自应税经济利益中抵扣的金额；负债的计税基础是指负债的账面价值减去未来期间计算应纳税所得额时，按照税法规定可予抵扣的金额。根据新的企业会计准则的规定,现行所得税的会计处理采用纳税影响会计法中的资产负债表债务法进行核算。

(2)核算所得税费用的业务

对所得税费用,银行设置"所得税费用"科目核算,并设置"当期所得税费用"、"递延所得税费用"进行明细核算。期末,应将本科目余额转入"本年利润"科目,结转后本科目无余额。其主要账务处理如下:

资产负债表日,银行将按照税法计算确定的当期应交所得税金额,计入"所得税费用"科目,其会计分录为:

借:所得税费用——当期所得税费用
　　贷:应交税费——应交所得税

资产负债表日,根据所得税准则应予确认的递延所得税资产大于"递延所得税资产"科目余额的差额,贷记"递延所得税费用"明细科目和"资本公积"等科目。其会计分录为:

借:递延所得税资产
　　贷:所得税费用——递延所得税费用
　　　　资本公积

当应予确认的递延所得税资产小于"递延所得税资产"科目余额的差额时,作相反的会计分录。

银行应予确认的"递延所得税负债"的变动,比照上述原则调整"所得税费用"、"递延所得税负债"科目及有关科目。

7. 营业外支出

(1)营业外支出的内容

营业外支出是指与银行经营业务无直接关系的各项支出。它主要包括固定资产盘亏、处置固定资产净损失、债务重组损失、计提的固定资产减值准备、罚款支出、捐赠支出和非常损失等。

(2)核算营业外支出的业务

银行设置"营业外支出"账户进行核算。"营业外支出"是损益类账户,用以核算银行发生的与经营业务无直接关系的各项支出。银行发生各项营业外支出时,记入借方;期末将营业外支出结转"本年利润"账户时,记入贷方;期末一般无余额。"营业外支出"按营业外支出项目设置明细分类科目。

业务发生时,其会计分录为:

借:营业外支出
　　贷:库存现金(或相关科目)

期末时结转的会计分录为:

借:本年利润
　　贷:营业外支出

思考题

银行费用的构成有哪些?

任务13.3　核算利润及利润分配

13.3.1　利润的含义

利润是银行在一定会计期间业务经营活动的最终结果,集中反映银行经营活动各方面的效益,是银行最终的财务成果,也是衡量银行经营管理水平的重要综合指标。它包括营业利润、利润总额和净利润。利润表现为银行净资产的增加,亏损则为减少。但需要注意一点,银行净资产的增加,并非都是因为利润。在经营过程中,银行所有者追加投资也会导致净资产的余额增加。同样,所有者撤回部分投资或银行向所有者分配利润也会导致净资产的减少。

营业利润,是指营业收入减去营业成本和营业费用,加上投资净收益后的净额。

利润总额,是指营业利润减去营业税金及附加,加上营业外收入,减去营业外支出后的金额。

净利润,是指扣除资产损失后的利润总额减去所得税后的金额。

营业利润、利润总额及净利润的计算公式为

营业利润＝营业收入－营业成本－营业费用＋投资净收益

利润总额＝营业利润－营业税金及附加＋营业外收入－营业外支出

净利润＝扣除资产损失后的利润总额－所得税

13.3.2　利润结转及分配的核算

1. 利润结转

银行实现的利润净额或亏损额一律通过"本年利润"进行核算,期末将各损益收入科目余额转入"本年利润"科目的贷方,各损益支出科目余额转入"本年利润"科目的借方,结平各损益类收支科目的余额。其分录如下:

(1)各损益收入类科目结算:

借:利息收入

　　手续费及佣金收入

　　汇兑收益

　　其他营业收入

　　投资收益

　　营业外收入

　　公允价值变动损益

　贷:本年利润

(2)各损益支出类科目结算:

借:本年利润

　贷:利息支出

　　　　手续费及佣金支出
　　　　营业税金及附加
　　　　业务及管理费
　　　　其他营业支出
　　　　营业外支出
　　　　所得税费用等
　　结转利润后，如果"本年利润"账户余额在贷方，表示盈利；如果"本年利润"账户余额在借方，则表示亏损。年度终了，应将本年收入和支出相抵后结出的本年实现的净利润，转入"利润分配"账户的贷方，会计分录为：
　　　　借：本年利润
　　　　　贷：利润分配——未分配利润
　　或者，将本年收入和支出相抵后结出的本年实现的净亏损，转入"利润分配"账户的借方，会计分录为：
　　　　借：利润分配——未分配利润
　　　　　贷：本年利润

2. 利润分配

　　利润分配是指将银行实现的利润总额，按照有关法规和投资协议所确认的比例，在国家、银行、投资者之间进行分配。

　　银行当期实现的净利润，加上年初未分配利润(或减去年初未弥补亏损)和其他转入后的余额，为可供分配的利润。

　　银行设置"利润分配"账户进行核算。"利润分配"是所有者权益类账户，也是"本年利润"的抵减账户，用以核算银行利润的分配(或亏损的弥补)和历年分配(或弥补亏损)后的余额。发生利润分配时，记入借方；发生亏损弥补以及年终将"本年利润"账户余额转入时，记入贷方。若余额在贷方，表示未分配利润；若余额在借方，则表示未弥补亏损。该科目应设置"盈余公积补亏"、"提取法定盈余公积"、"提取任意盈余公积"、"应付现金股利或利润"、"未分配利润"、"提取一般风险准备"等明细科目。

　　(1) 以利润弥补亏损的核算

　　根据我国财务制度的规定，银行发生年度利润亏损后，可以用下一年度的税前利润弥补，若下一年度利润不足弥补的，可以在五年内延续弥补。若五年以内还没有以税前利润将亏损弥补足额，则从第六年开始，只能以税后利润弥补亏损。

　　由于以前年度的亏损反映为"利润分配"账户的借方余额，而本年度内实现的利润反映为"本年利润"账户的贷方余额，年终清算后，"本年利润"账户的余额转入"利润分配"账户贷方时，即对以前年度的亏损作了弥补。因此，无论以税前利润弥补亏损，还是以税后利润弥补亏损，均不必另行编制会计分录。

　　(2) 提取盈余公积金的核算

　　盈余公积金分为法定盈余公积金、任意盈余公积金和法定公益金。会计分录为：
　　　　借：利润分配——提取盈余公积

贷：盈余公积——法定盈余公积金
　　　盈余公积——任意盈余公积金
　　　盈余公积——法定公益金

(3) 以盈余公积补亏

会计分录为：

借：盈余公积
　　贷：利润分配——盈余公积补亏

(4) 提取一般风险准备

会计分录为：

借：利润分配——提取一般风险准备
　　贷：一般风险准备

银行用一般风险准备弥补亏损，其会计分录为：

借：一般风险准备
　　贷：利润分配——一般风险准备补亏

(5) 分配给投资者利润的核算

银行实现的净利润在提取盈余公积金后，可将剩余的利润作为投资者的收益，按投资的比例分配给投资者。

借：利润分配——应付优先股股利
　　　　　　——应付普通股股利
　　贷：应付股利

银行经股东大会或类似机构决议，向投资者分配股票股利，应办理增资手续，其会计分录为：

借：利润分配——转作股本的股利
　　贷：股本
　　　　资本公积——股本溢价（差额）

银行在分配给投资者现金股利或利润时，可以将历年结余的未分配利润并入本年度向投资者分配。

(6) 本年利润和利润分配账户的结转

"本年利润"账户归集了全年实现的净利润，而"利润分配"账户归集了全年已分配的利润以及历年积存的未分配利润。在年终利润分配完毕后，应将"本年利润"账户余额和"利润分配"账户下"提取盈余公积"和"应付股利"等明细分类账户的余额全部转入"利润分配"账户下的"未分配利润"明细分类账户。

将"本年利润"账户余额转入"利润分配——未分配利润"账户，会计分录为：

借：本年利润
　　贷：利润分配——未分配利润

将利润分配各有关明细分类账户余额转入"利润分配——未分配利润"明细分类账户，会计分录为：

借：利润分配——未分配利润

贷：利润分配——提取法定盈余公积
　　　　　　　——提取任意盈余公积
　　　　　　　——提取一般风险准备金
　　　　　　　——应付股利
　借：利润分配——其他转入户
　　贷：利润分配——未分配利润

进行结转后，利润分配科目除"未分配利润"账户外，其他账户应无余额。"未分配利润"账户如是贷方余额则为留存收益，作为下年初的未分配利润；如是借方余额则为下年初的未弥补亏损，在年终资产负债表上保留在该项目下，作为所有者权益的一部分。

思考题
1. 利润的含义及内容是什么？
2. 简述利润分配的内容。

项目结论

　　收入，是指企业在日常活动中形成的、会导致所有者权益增加的、与所有者投入资本无关的经济利益的总流入。银行业收入主要包括：利息净收入、手续费及佣金净收入、投资收益、公允价值变动收益、汇兑收益和其他业务收入。

　　费用是指企业为销售商品、提供劳务等日常活动所发生的经济利益的流出。

　　费用按照经济用途可分为营业成本、营业费用、营业税金及附加和营业外支出。

　　利润是银行在一定会计期间业务经营活动的最终结果，集中反映银行经营活动各方面的效益，是银行最终的财务成果，也是衡量银行经营管理水平的重要综合指标。它包括营业利润、利润总额和净利润。

项目训练

一、单项选择题

1.（　　）是指银行在规定的范围内向外进行投资，按照合同或协议的规定分得的股利、利润和利息，以及处置投资时所取得的收益。

A. 公允价值变动收益　　　　　　　　B. 投资收益
C. 汇兑收益　　　　　　　　　　　　D. 其他业务收入

2. 非货币性资产交换利得属于（　　）。

A. 投资收益　　　　　　　　　　　　B. 其他业务收入
C. 汇兑收益　　　　　　　　　　　　D. 营业外收入

二、多项选择题

1. 费用按照经济用途可分为（　　）。

A. 营业成本　　　　　　　　　　　　B. 营业费用

C. 营业税金及附加　　　　　　　　D. 营业外支出

2. 利润包括(　　)。

A. 营业利润　　B. 利润总额　　C. 净利润　　D. 汇兑净收益

三、判断题

1. 收入不包括为第三方或者客户代收的款项,如企业代垫的工本费、代邮电部门收取的邮电费等。(　　)

2. 利润是银行在一定会计期间业务经营活动的最终结果,集中反映银行经营活动各方面的效益,是银行财务状况的集中反映,也是衡量银行经营管理水平的重要综合指标。
(　　)

四、业务练习

12月20日,普惠银行通江支行发生下列业务:

1. 计算应收取中长期贷款利息900 000元。
2. 计算定期储蓄存款利息200 000元。
3. 收到中央银行准备金存款利息15 000元。
4. 计算单位活期存款利息150 000元。
5. 本月应交营业税金8 000元,应交城建税560元,教育费附加240元。

12月31日各损益类账户余额为:(单位:元)

利息收入	12 300 000
其他业务收入	240 000
营业外收入	36 000
利息支出	9 600 000
其他业务支出	86 000
营业外支出	13 500
营业税金及附加	415 000

要求:编制各项业务的会计分录;结转各损益类账户,确定本年利润。

项目延伸

《中华人民共和国会计法》、《企业会计准则》、《金融企业财务规则》等。

项目 14

核算所有者权益业务

● **知识结构图**

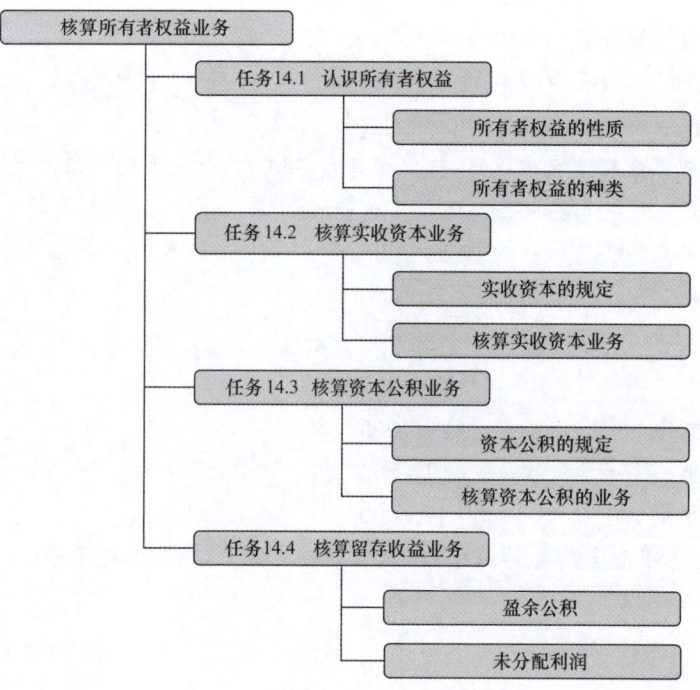

● **素质目标**

1. 培养学生对于组织的责任感和奉献精神，树立正确的价值观；
2. 培养学生仔细、认真、审慎的性格；
3. 培养学生管好、用好企业资本金的观念；
4. 培养学生的终身学习能力，拓展学生的专业学术思想知识面(如拓展金融企业的利润分配)。

● **知识目标**

1. 理解所有者权益的概念及构成；

2. 了解各项权益的来源及用途；
3. 掌握所有者权益的核算方法。

技能目标

会进行所有者权益的核算。

案例导入

1998年6月21日，中国人民银行发表公告，关闭刚刚诞生两年零十个月的海南发展银行。这是新中国金融史上第一次由于支付危机而关闭一家银行。海南发展银行成立于1995年8月，是海南省唯一一家具有独立法人地位的股份制商业银行，其总行设在海南省海口市，并在其他省市设有少量分支机构。该银行成立时总股本为16.77亿元，海南省政府出资3.2亿元，成为其最大股东。但在海南发展银行成立之初，就已经埋下了隐患。它是在合并原海南省5家存在问题的信托投资公司的基础上成立的，据统计，合并时这五家机构已因大量资金压在房地产投资上而出现了经营困难，其坏账损失总额已达26亿元。有关部门认为，可以靠公司合并后的规模经济和制度化管理使它们的经营好转、信誉度上升，从而摆脱困境。1997年年底，遵循同样的思路，有关部门又将海南省内28家有问题的信用社并入海南发展银行，从而进一步扩大了其不良资产的比例。

而且合并后成立的海南发展银行，并没有按照规范的商业银行机制进行运作，而是进行了大量违法违规的经营，其中最为严重的就是向股东发放大量无合法担保的贷款，股东贷款实际上成为股东抽逃资本金的重要手段。有关资料显示，在建行之初，甚至在筹建阶段，海南发展银行成立时的16.77亿股本就已经以股东贷款的名义流回股东手里。海南发展银行是在1994年12月8日经中国人民银行批准筹建，并于1995年8月18日正式开业的。但仅在1995年5月至9月间，就已发放贷款10.60亿元，其中股东贷款9.20亿元，占贷款总额的86.71%。许多股东的贷款发生在其资本金到账后1个月内，入股单位实际上是"刚拿来，又带走；拿来多少，带走多少"。这种不负责任的行为显然无法使海南发展银行走上健康发展的道路。

由于上述原因，海南发展银行从开业之日起就步履维艰，不良资产比例大，资本金不足，支付困难，信誉差。在有关部门将28家有问题的信用社并入海南发展银行之后，公众逐渐意识到问题的严重性，出现了挤兑行为。持续几个月的挤兑耗尽了海南发展银行的准备金，而其贷款又无法收回。为保护海南发展银行，国家曾紧急调拨了34亿元人民币抵御这场危机，但这只是杯水车薪。为控制局面、化解金融风险，国务院和中国人民银行当机立断，宣布于1998年6月21日关闭海南发展银行。

请思考：试论商业银行资本金的重要性及主要功能。

任务 14.1　认识所有者权益

所有者权益是指企业资产扣除负债后由所有者享有的剩余权益。所有者权益是商业银行会计核算的重要内容，它充分表明了银行的产权关系。

14.1.1 所有者权益的性质

所有者权益来源于所有者投入的资本、直接计入所有者权益的利得和损失、留存收益等。直接计入所有者权益的利得和损失，是指不应计入当期损益的、会导致所有者权益发生增减变动的、与所有者投入资本或者与所有者分配利润无关的利得或者损失。

14.1.2 所有者权益的种类

所有者权益包括实收资本（或者股本）、资本公积、盈余公积和未分配利润。其中，盈余公积和未分配利润又合称为留存收益。

思考题
1. 什么是所有者权益？它的性质是什么？
2. 所有者权益如何分类？

任务 14.2　核算实收资本业务

14.2.1 实收资本的规定

实收资本是指投资者按照企业章程或合同、协议的约定，实际投入商业银行的资本。它是商业银行最原始的资金来源，是商业银行设立和生存的前提。我国有关法律规定，投资者设立企业首先必须投入资本。商业银行根据法律法规的规定，可以采用吸收货币资金、实物、无形资产或发行股票的方式筹集资金。

14.2.2 核算实收资本业务

为了反映投资者实收资本的情况，除股份制商业银行以"股本"科目核算外，其他商业银行以"实收资本"科目核算。"实收资本"是所有者权益类账户，贷方登记实际收到投资者投入的资本、按法定程序结转的资本公积、盈余公积转增资本的增加数；借方登记商业银行按法定程序报经批准退出资本的减少数；余额在贷方，表示银行实有资本的数额。实收资本应按投资者进行明细分类核算。

1. 核算投资者以现金投入资本的业务

收到投入资本时，以实际收到的金额入账。其会计分录为：

借：库存现金（或银行存款、存放中央银行款项）
　　贷：实收资本（或股本）

2. 核算投资者以固定资产、无形资产等非现金资产投入资本的业务

收到投资者以固定资产、无形资产进行的投资时，可按投资各方确认的价值，借记"固定资产"、"无形资产"账户；按确认的投资价值在注册资本中所占的份额部分，贷记"实收资本"账户；以两者之间的差额贷记"资本公积"账户。其会计分录为：

借：固定资产（或无形资产等）
　　贷：实收资本（或股本）

资本公积——资本溢价

【例14-1】 普惠银行通江支行收到新投资者嘉禾公司投入房屋一幢,该房屋账面原价 15 000 000 元,已提折旧为 1 500 000 元,投资各方确认以 13 000 000 元入账,房屋已验收使用,其会计分录为:

借:固定资产　　　　　　　　　　　　　　　　　　　　　　　13 000 000
　　贷:实收资本　　　　　　　　　　　　　　　　　　　　　　　　13 000 000

3. 核算以资本公积、盈余公积转增实收资本的业务

经股东大会或类似机构决议,用资本公积转增资本时应冲减资本公积,同时按照转增前的实收资本(或股本)的结构或比例,将转增的金额记入"实收资本"(或"股本")科目,其会计分录为:

借:资本公积(或盈余公积)
　　贷:实收资本(或股本)

? 思考题

实收资本有哪些规定?

任务14.3　核算资本公积业务

14.3.1　资本公积的规定

资本公积是商业银行收到投资者的超出其在银行注册资本(或股本)中所占份额的投资,以及直接计入所有者权益的利得和损失,即资本公积包括资本溢价(或股本溢价)和直接计入所有者权益的利得和损失。

资本溢价(或股本溢价)是商业银行收到投资者的超出其在银行注册资本(或股本)中所占份额的投资。形成资本溢价(或股本溢价)的原因有溢价发行股票、投资者超额缴入资本等。

直接计入所有者权益的利得和损失是指不应计入当期损益、会导致所有者权益发生增减变动的、与所有者投入资本或者向所有者分配利润无关的利得或者损失。

14.3.2　核算资本公积业务

1. 核算资本溢价(或股本溢价)的业务

除股份制商业银行以外的其他类型商业银行在创立时,投资者认缴的出资额与注册资本一致,一般不会产生资本溢价;但在商业银行重组或有新的投资者加入时,常常会出现资本溢价。因为在商业银行进行正常经营后,其资本利润率通常要高于银行初创阶段。另外,商业银行有内部积累,新投资者加入银行后,对这些积累也要分享,所以新加入的投资者往往要付出大于原投资者的出资额,才能取得与原投资者相同的出资比例,投资者多缴的部分就形成了资本溢价,列入"资本公积"账户。

股份制商业银行是以发行股票的方式筹集股本的,股票可按面值发行,也可按溢价发行,我国目前不准折价发行。在按面值发行股票的情况下,银行发行股票取得的收入,应全部作为股本处理;在溢价发行股票的情况下,银行发行股票取得的收入,等于股票面值部分作为股本处理,超出股票面值的溢价收入应作为股本溢价处理,列入"资本公积"账户。发行股票相关的手续费、佣金等交易费用,如果是溢价发行股票的,应从溢价中抵扣,冲减资本公积(股本溢价);无溢价发行股票或溢价金额不足以抵扣的,应将不足抵扣的部分冲减盈余公积和未分配利润。

"资本公积"是所有者权益类账户,贷方登记商业银行收到的投资者超出其在银行注册资本(或股本)中所占份额的投资金额;借方登记银行按规定程序将资本公积转增资本的金额;余额在贷方,表示资本公积结存的数额。

【例 14-2】 普惠银行通江支行原有注册资本 540 000 000 元,留存收益 20 000 000 元。现东方公司准备参与投资,经双方协商,同意其投资 218 000 000 元,将注册资本增至 750 000 000 元,东方公司占 28%。今收到东方公司出资的转账支票 218 000 000 元,存入该行存款户,会计分录为:

借:存放中央银行款项 218 000 000
 贷:实收资本 210 000 000
  资本公积——资本溢价 8 000 000

2. 核算其他资本公积的业务

其他资本公积是指除资本溢价(或股本溢价)项目以外所形成的资本公积,其中主要是直接计入所有者权益的利得和损失。

商业银行对被投资单位的长期股权投资采用权益法核算的,在持股比例不变的情况下,对因被投资单位除净损益以外的所有者权益的其他变动,如果是利得,应按持股比例计算其应享有被投资企业所有者权益的增加数额;如果是损失,则作相反的分录。在处置长期股权投资时,应转销与该笔投资相关的其他资本公积。

思考题
资本公积有哪些规定?

任务 14.4 核算留存收益业务

留存收益包括盈余公积和未分配利润两个部分。

14.4.1 盈余公积

1. 盈余公积的规定

盈余公积是指商业银行按规定从净利润中提取的银行积累资金。它按照用途不同,分为法定盈余公积和任意盈余公积。法定盈余公积是指商业银行按照规定从税后净利润中提取的积累资金,按税后利润的 10% 提取;达到注册资本的 50% 时,可不再提取。任意盈余公积主要用于弥补亏损、经批准转增实收资本金或用于向投资者分配利润。

2. 盈余公积业务的核算

"盈余公积"是所有者权益类账户,贷方登记提取的盈余公积金额;借方登记弥补亏损、转增资本和分派现金股利、利润的金额;余额在贷方,表示盈余公积的结存数额。

(1)提取盈余公积

按照规定的比例,从税后利润中提取盈余公积时,其会计分录为:

借:利润分配——计提盈余公积
　　贷:盈余公积——法定盈余公积
　　　　　　　　——任意盈余公积

【例 14-3】 普惠银行通江支行全年净利润为 800 000 元,按 10% 的比例提取法定盈余公积,按 5% 的比例提取任意盈余公积,其会计分录为:

借:利润分配——计提盈余公积　　　　　　　　　　　　　120 000
　　贷:盈余公积——法定盈余公积　　　　　　　　　　　　80 000
　　　　　　　　——任意盈余公积　　　　　　　　　　　　40 000

(2)以盈余公积转增资本

以盈余公积转增资本金的会计分录为:

借:盈余公积
　　贷:实收资本(或股本)

(3)以盈余公积弥补亏损

以盈余公积弥补亏损的会计分录为:

借:盈余公积
　　贷:利润分配

(4)以盈余公积发放现金股利或利润

以盈余公积发放现金股利或利润,宣告分派股利时的会计分录为:

借:盈余公积
　　贷:应付股利

支付股利时的会计分录为:

借:应付股利
　　贷:银行存款

14.4.2　未分配利润

未分配利润是经过弥补亏损、提取法定盈余公积、提取任意盈余公积和向投资者分配利润等各项利润分配之后剩余的利润,它是商业银行留待以后年度进行分配的历年结存的利润。

商业银行未分配利润通过"利润分配——未分配利润"明细科目进行核算。年度终了,商业银行应将全年实现的净利润或发生的净亏损,自"本年利润"科目转入"利润分配——未分配利润"科目,并将"利润分配"科目所属其他明细科目的余额,转入"未分配利润"明细科目。结转后,"利润分配——未分配利润"科目如为贷方余额,表示累积未分配的利润数额;如为借方余额,则表示累积未弥补的亏损数额。

■ 思考题

留存收益包括哪些内容?

项目结论

所有者权益是指企业资产扣除负债后由所有者享有的剩余权益。所有者权益业务是商业银行会计核算的重要内容,它充分表明了银行的产权关系。银行的所有者权益包括实收资本、资本公积、盈余公积和未分配利润。商业银行应当设置"实收资本"、"资本公积"、"盈余公积"和"未分配利润"账户核算所有者权益。

项目训练

一、单项选择题

1. 下列各项中,不属于所有者权益的是(   )。
   A. 递延收益　　　B. 资本公积　　　C. 盈余公积　　　D. 未分配利润
2. 按现行会计制度规定,盈余公积可用于转增资本和(   )。
   A. 增加利润　　　B. 增加营业收入　C. 弥补亏损　　　D. 增加公益金
3. 投入资本是投资者对商业银行筹集(   )的出资额。
   A. 实收资本　　　B. 注册资本　　　C. 盈余公积　　　D. 利润
4. 下列各项中,不属于资本公积核算内容的是(   )。
   A. 商业银行收到投资者出资额超出其在注册资本或股本中所占份额的部分
   B. 直接计入所有者权益的利得
   C. 直接计入所有者权益的损失
   D. 商业银行收到投资者的出资额
5. 所有者权益是银行投资者对银行(   )的要求权。
   A. 全部资产　　　B. 全部负债　　　C. 净资产　　　　D. 净利润

二、多项选择题

1. 投资者投入资本的方式可以是(   )。
   A. 货币资产　　　B. 实物资产　　　C. 无形资产　　　D. 租赁资产
2. 商业银行的留存收益包括(   )。
   A. 资本公积　　　B. 实收资本　　　C. 盈余公积　　　D. 未分配利润
3. 下列各项中,能够引起商业银行留存收益总额发生变动的有(   )。
   A. 本年度实现的净利润　　　　　　B. 提取法定盈余公积
   C. 向投资者宣告分配现金股利　　　D. 用盈余公积转增资本
4. 当银行出现亏损时,可以用(   )弥补亏损。
   A. 资本公积　　　B. 盈余公积　　　C. 税前利润　　　D. 税后利润
5. 所有者权益与负债有显著区别,主要表现在(   )。
   A. 债权人对商业银行资产的要求权优先于投资人的要求权
   B. 投资者可以凭借对商业银行的所有权,参与该商业银行的经营管理,而债权人往往无权参与商业银行的经营管理

C. 对于所有者(亦即投资者)来说,在商业银行持续经营的情况下,除按法律程序减资外,一般不能提前撤回投资。而负债一般都有规定的偿还期限,必须于一定时期偿还

D. 投资者以股利或利润的形式参与商业银行的利润分配。而债权人通常不能参与商业银行的利润分配,只能按规定的条件得到本金偿付并获得利息收入

三、判断题

1. "利润分配——未分配利润"科目的年末贷方余额,反映商业银行累积未分配利润的数额。（ ）

2. 用资本公积转增资本后,不仅影响商业银行的所有者权益总额,也会使商业银行的净资产减少。（ ）

3. 在我国,股票只按面值发行,不允许按溢价、折价发行。（ ）

4. 商业银行接受投资者以非现金资产投资时,应按该资产的账面价值入账。（ ）

5. 商业银行用当年的利润补亏时应单独作出相应的会计处理。（ ）

四、业务练习

1. 20××年1月1日,天美银行接受投资者黄海银行投入的货币资金35 000 000元,存入本行存款户。

2. 20××年2月3日,天美银行接受投资者黄海银行投入房屋一幢,双方确认的价格为4 500 000元,已验收使用。

3. 20××年3月10日,天美银行接受投资者大通银行投入管理专有技术,双方确认的价格为500 000元。

4. 20××年12月31日,天美银行实现净利润7 900 000元,按10%的比例提取法定盈余公积,按5%的比例提取任意盈余公积。

5. 20××年12月31日,天美银行经上级批准,用法定盈余公积1 000 000元转增资本。

要求:编制天美银行的会计分录。

项目延伸

《企业会计准则》、《金融企业财务规则》、《中华人民共和国商业银行法》等。

项目 15

编制年度决算和财务报表

● 知识结构图

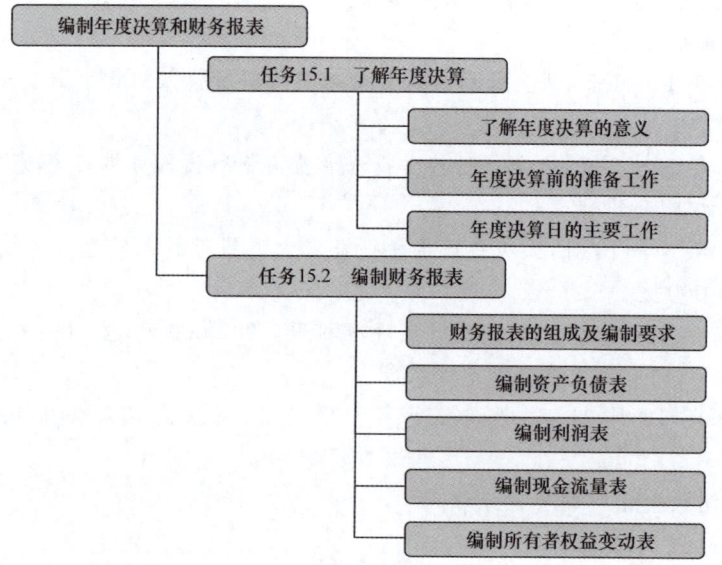

● 素质目标

1. 培养学生要如实编制财务报表,以遵纪守法为荣;
2. 培养学生信息披露需充分可信,言务清,言务尽;
3. 培养学生守底线,重诚信,养成良好的职业道德;
4. 启示学生企业要持续发展,按章办事,走正确的路。

● 知识目标

1. 了解商业银行会计决算的内容;
2. 掌握年度决算报表的组成和编报要求;
3. 掌握资产负债表、利润表、现金流量表的基本格式及编制方法。

● 技能目标

1. 熟悉年度决算的工作内容与工作程序;

2. 会编制商业银行的财务报表。

案例导入

2006年2月15日财政部颁布了与国际会计准则趋同的新会计准则,其中专门针对银行业的具体准则有四项,即《企业会计准则第22号——金融工具确认和计量》《企业会计准则第23号——金融资产转移》《企业会计准则第24号——套期保值》和《企业会计准则第37号——金融工具列报》。金融工具会计准则的制定,不但突破了传统理论对金融工具的束缚,而且弥补了我国在金融会计领域的空白,使我国商业银行财务会计准则取得了实质性的健全和完善,而且基本上实现了与国际会计准则的趋同,这有利于提高商业银行的会计信息,促进国际金融会计合作,提高我国商业银行的国际竞争力。

请思考:试论金融工具会计准则的实施对我国商业银行的财务影响。

任务 15.1　了解年度决算

认识年度决算业务

15.1.1　了解年度决算的意义

年度决算是指年度终了时,银行在对会计账务进行核实整理的基础上,运用会计核算资料,对会计年度内的业务活动和财务活动进行数字总结和文字说明的一项综合性工作,是会计工作的重要组成部分。会计年度自公历1月1日起至12月31日止,以12月31日为年度决算日。凡属独立会计核算单位,都必须办理年度决算,附属会计核算单位则通过并账或并表的方式,由管辖机构合并办理年度决算。

15.1.2　年度决算前的准备工作

银行的年度决算工作包括决算前的准备工作、决算日工作、编制决算报表和决算说明书三个阶段。

1. 清理资金

(1)清理存款资金。在各类存款账户中,由于各种原因长期不发生收付活动(一年以上没有收付往来)、经联系又查找不到存户的,视为"久悬户"。对这类存款户要逐户清理。

(2)清理贷款资金。对到期贷款,应争取如期收回;对非正常贷款,应弄清情况,积极进行清理收回,或按照规定范围、审批程序和审批权限用损失准备予以核销;收不回的抵押贷款,应根据合同对抵押品依法处置,以保证贷款的流动性和收益性。

(3)清理结算资金。对于各种结算资金,该划出的要及时划出,应收回的要积极催收。

(4)清理内部资金。该上缴的上缴,该收回的收回,该报损的报损。经过清理仍暂时无法解决的,要注明原因,以备日后查考和清理。

2. 盘点财产

对实物财产的清理主要包括现金及各种票证和实物清理,具体内容为:

(1)对现钞、铸币、金银、面额单证、重要空白凭证、收费凭证、代保管有价证券等,应根据有关账簿进行盘点,账面余额要与实际库存保持一致。若发现溢缺,应按规定程序进行调整,做到账实相符。

(2)对房屋、器具、设备等固定资产及低值易耗品,应配合有关部门根据相关账簿进行盘点,发现问题及时处理。通过盘点财产,做到账实相符。

3. 清理账务

年度决算前,要对所有的账、簿、卡、据进行一次全面检查和核对,切实做到账账、账款、账据、账实、账表、内外账务六相符。

4. 核实损益

年度决算前要对构成损益的各项收入、费用成本等账户进行全面复查,重点应复查利息收支的计算,包括复查利率使用、积数计算、利息计算是否正确等。同时注意审查费用开支范围标准的执行情况,如应审查应付利息、贷款损失准备是否按照规定提取和使用,营业外支出是否按国家有关部门规定列报,并按权责发生制核实全年的收入、支出及费用的划分、入账的时间是否与制度的要求一致。发现不符,应及时进行账务调整,以保证年度利润计算准确无误。

5. 编制试算平衡表

在资金、财产、账务、收支核实的基础上,为保证年度决算工作的顺利进行,各银行应于每年11月底根据总账各科目累计发生额和借贷方余额编制试算平衡表,进行试算平衡。如有差错要采取措施,加以解决,从而减轻决算日工作的压力,为正式编制报表打下可靠的基础。

15.1.3 年度决算日的主要工作

在决算日(12月31日),除了将当日发生的业务全部入账、轧平账务外,在年度决算准备的基础上,还应着重做好以下几项工作。

1. 全面处理和核对账务

在决算日应当延长工作时间,增加同城票据交换次数,使当日收到的联行往来凭证和同城行处代收、代付款项全部得以转账,不留到下年处理。决算日对外营业终了,要对各科目总账、分户账进行全面核对,以保证账务的正确。

2. 检查各项库存

年终查库一般在12月,抽一天傍晚营业终了后进行。

3. 计算外汇买卖损益

在决算日,应将各种外币买卖账户上的外币余额,一律按决算当日公布的外汇牌价折算成人民币,并与外币买卖账户上的人民币余额进行比较,其差额为本年度外汇买卖损益,计入相关损益类账户。

4. 核实应交税款

按规定的税率,核实各项税款缴纳情况。先计算本年应缴纳的各种税款总数,然后减去一至三季度已缴税款,即为第四季度应缴数,在决算日当日办理转账。

5. 结转本年损益

决算日营业终了,应将各损益类账户的最后余额,分别结转至"本年利润"账户,以计算本年损益。若"本年利润"科目的余额在贷方,则为全年净利润;若"本年利润"科目的余额在借方,则为全年净亏损。

6. 办理新旧账簿的结转

决算日在核实结转全部账务后,标志一个新会计年度的开始,应当及时办理新旧账簿结转。

思考题

1. 什么是商业银行的年度决算？我国商业银行的年度决算日是怎样规定的？
2. 年度决算前的准备工作主要包括哪些内容？

任务 15.2　编制财务报表

15.2.1　财务报表的组成

财务报表是对商业银行财务状况、经营成果和现金流量的结构性表述。财务报表至少应当包括资产负债表、利润表、现金流量表、所有者权益（或股东权益）变动表、附注。

15.2.2　编制资产负债表

资产负债表是反映商业银行在某一特定日期的财务状况的报表，是静态报表，是商业银行财务报表的核心报表之一。资产负债表主要反映资产、负债和所有者权益三方面的内容，并满足"资产＝负债＋所有者权益"平衡式。通过资产负债表，有关部门可以了解商业银行所掌握的经济资源及构成，进而了解其资产质量的总体情况；也可以了解商业银行的负债渠道及其构成，来揭示其内在风险；还可以了解商业银行所有者权益的构成、未来财务状况的变化趋势等。

1. 资产负债表的格式

我国银行的资产负债表采用账户式结构，表的左边列示资产项目，右边列示负债和所有者权益项目，直观体现了"资产＝负债＋所有者权益"这一平衡公式。左方资产项目大体按资产的流动性大小排列，右方负债及所有者权益项目一般按要求清偿时间的先后顺序排列。商业银行年度资产负债表的具体格式如表 15-1 所示。

表 15-1　　　　　　　　　　　资产负债表

会商银 01 表

编制单位：　　　　　　　　　　年　月　日　　　　　　　　　　单位：元

资产	行次	期末余额	年初余额	负债及所有者权益（或股东权益）	行次	期末余额	年初余额
资产：				负债：			
库存现金及存放同业款项				同业存放款项			
存放中央银行款项				向中央银行借款			
贵金属				拆入资金			
拆出资金				交易性金融负债			
交易性金融资产				衍生金融负债			
衍生金融资产				卖出回购金融资产款			
买入返售金融资产				吸收存款			
应收利息				应付职工薪酬			
贷款				应交税费			
贴现资产				应付利息			

(续表)

资　产	行次	期末余额	年初余额	负债及所有者权益(或股东权益)	行次	期末余额	年初余额
可供出售金融资产				预计负债			
持有至到期投资				应付债券			
长期股权投资				递延所得税负债			
投资性房地产				其他负债			
固定资产				负债合计			
无形资产				所有者权益(或股东权益):			
递延所得税资产				实收资本(或股本)			
其他资产				资本公积			
				减:库存股			
				盈余公积			
				一般风险准备			
				未分配利润			
				所有者权益(或股东权益)合计			
资产总计				负债和所有者权益(或股东权益)总计			

单位负责人：　　　　　　会计机构负责人：　　　　　　复核：　　　　　　制表：

2. 编制资产负债表的方法

资产负债表各项目均需填列"年初余额"和"期末余额"两栏。其中"年初余额"栏内各项数字，应根据上年末资产负债表的"期末余额"栏内所列数字填列。"期末余额"栏主要有以下几种填列方法：

(1)根据总账科目余额填列。如"存放中央银行款项"、"拆出资金"、"交易性金融资产"、"应付职工薪酬"等项目均可以直接按相应的账户余额填列。

(2)根据同类科目余额相加后填列。如"现金及存放同业款项"项目就是根据"现金"和"存放同业款项"科目的期末余额相加后填列。

(3)根据总账余额和分户账余额分析计算填列。如"长期借款"项目，需根据"长期借款"总账科目余额，将"长期借款"科目所属明细科目中会在一年内到期且企业不能自主地将清偿义务展期的长期借款扣除后的金额计算填列。

(4)根据有关科目余额减去其备抵科目余额后的净额填列。如资产负债表中的"长期股权投资"科目，应当根据"长期股权投资"科目的期末余额减去"长期股权投资减值准备"科目余额后的净额填列。"固定资产"项目，应当根据"固定资产"科目的期末余额减去"累计折旧"、"固定资产减值准备"备抵科目余额后的净额填列。

15.2.3　编制利润表

利润表是反映商业银行在一定会计期间的经营成果的报表，是动态报表。通过提供利润表，可以反映商业银行在一定会计期间收入、费用、利润(或亏损)的数额及构成情况，帮助财务报表使用者全面了解商业银行的经营成果，分析其获利能力及盈利增长趋势，从而为其作出经济决策提供依据。

1. 利润表的格式

利润表可以分为单步式利润表和多步式利润表。我国银行的利润表采用多步式格式,它能充分揭示收支项目之间的增减关系,为使用者提供科学的数据结构。多步式利润表采用上下分步式结构,根据构成利润的主要内容分为营业收入、营业支出、营业利润、利润总额、净利润、每股收益几个大项目,各项目之间通过分步式的加减关系计算得出净利润。利润表的具体内容与格式如表15-2所示。

表15-2　　　　　　　　　　　利润表

会商银02表

编制单位：　　　　　　　　　年　　月　　　　　　　　　　　单位：元

项目	行次	本期金额	上期金额
一、营业收入			
（一）利息净收入			
利息收入			
利息支出			
（二）手续费及佣金净收入			
手续费及佣金收入			
手续费及佣金支出			
（三）投资收益（损失以"－"号填列）			
其中：对联营企业和合营企业的投资收益			
（四）公允价值变动收益（损失以"－"号填列）			
（五）汇兑收益（损失以"－"填列）			
（六）其他业务收入			
二、营业支出			
（一）营业税金及附加			
（二）业务及管理费			
（三）资产减值损失			
（四）其他业务成本			
三、营业利润（损失以"－"号填列）			
加：营业外收入			
减：营业外支出			
四、利润总额（损失总额以"－"号填列）			
减：所得税费用			
五、净利润（净亏损以"－"号填列）			
六、每股收益			
（一）基本每股收益			
（二）稀释每股收益			

单位负责人：　　　　会计机构负责人：　　　　复核：　　　　制表：

2. 编制利润表的方法

"本期金额"栏反映各项目的本期实际发生数。报表中各项目主要根据各损益类科目的发生额分析填列。其具体填列方法如下：

(1)"营业收入"项目，反映"利息净收入"、"手续费及佣金净收入"、"投资收益"、"公允价值变动收益"、"汇兑收益"、"其他业务收入"等项目的合计金额。

(2)"利息净收入"项目，反映"利息收入"项目金额减去"利息支出"项目金额后的余额。"利息收入"、"利息支出"项目，反映企业经营存贷款业务等确认的利息收入和发生的利息支出。

(3)"手续费及佣金净收入"项目，反映"手续费及佣金收入"项目金额减去"手续费及佣金支出"项目金额后的余额。"手续费及佣金收入"、"手续费及佣金支出"项目，反映企业确认的包括办理结算业务等在内的手续费、佣金收入和发生的手续费、佣金支出。

(4)"汇兑收益"项目，反映外币货币性项目因汇率变动形成的净收益。

(5)"营业支出"项目，反映"营业税金及附加"、"业务及管理费"、"资产减值损失"、"其他业务支出"等项目的金额合计。"业务及管理费"项目，反映在业务经营和管理过程中发生的电子设备运转费、安全防范费、物业管理费等费用。

15.2.4 编制现金流量表

现金流量表，是反映商业银行在一定会计期间现金和现金等价物流入和流出的报表，是动态报表。它既反映了商业银行在一定的会计期间现金总流量的情况，又分别反映了商业银行经营活动、投资活动和筹资活动引起的现金流量的变化。编制现金流量表的目的是为会计报表使用者提供商业银行在一定会计期间内现金和现金等价物流入和流出的信息，以便于报表使用者了解和评价商业银行获取现金和现金等价物的能力，并据以预测商业银行未来获取现金的能力。

1. 概述现金流量表

现金流量，是指商业银行在一定时期现金和现金等价物的流入和流出。

现金是指商业银行库存现金以及可以随时用于支付的存款，包括库存现金、银行存款等。不能随时用于支付的存款不属于现金。

现金等价物，是指商业银行持有的期限短、流动性强、易于转换为已知金额现金、价值变动风险很小的投资。期限短，一般是指从购买日起三个月内到期。现金等价物通常包括三个月内到期的债券投资等。

现金流量一般分为经营活动现金流量、投资活动现金流量和筹资活动现金流量三大类。

(1)经营活动产生的现金流量。经营活动是指除商业银行投资活动和筹资活动以外的所有交易和事项。其所产生的现金流量包括：对外发放的贷款和收回的贷款、吸收的存款和支付的存款、同业存款和存放同业存款、向其他金融机构拆借的资金、利息收入和利息支出、收回的前期已核销的贷款及融资租赁所收到的现金。经营活动产生的现金流量是商业银行通过运用所拥有的资产自身创造的现金流量，主要是与银行的净利润有关的现金流量。在现金流量表中，经营活动的现金流量应当按照商业银行经营活动特点分项列示。

(2)投资活动产生的现金流量。投资活动是指商业银行长期资产的购建和不包括现金等价物范围内的投资及其处置活动,包括购建固定资产、处置子公司及其他营业单位等流入和流出的现金和现金等价物。在现金流量表中,投资活动的现金流量应当按照其投资活动的现金流入和现金流出的性质分项列示。

(3)筹资活动产生的现金流量。筹资活动是指商业银行资本及债务规模和构成发生变化的活动,包括吸收投资、发行股票、分配利润、发行债券、偿还债务等流入和流出的现金和现金等价物。在现金流量表中,筹资活动的现金流量应当按照其筹资活动的现金流入和现金流出的性质分项列示。

商业银行的现金流量项目的归类与其他行业相比,有其特殊性。在编制现金流量表时,应根据其行业特点和现金流量实际情况合理确定。

2. 现金流量表的格式

我国企业现金流量表采用报告式结构,分类反映经营活动产生的现金流量、投资活动产生的现金流量和筹资活动产生的现金流量,最后汇总反映商业银行某一期间现金及现金等价物的净增加额。商业银行现金流量表的格式如表15-3所示。

表15-3　　　　　　　　　　现金流量表(参考格式)

会商银03表

编制单位：　　　　　　　　　　年　　月　　　　　　　　　　单位:元

项　目	本期金额	上期金额
一、经营活动产生的现金流量		
客户存款和同业存放款项净增加额		
向中央银行借款净增加额		
向其他金融机构拆入资金净增加额		
收取利息、手续费及佣金的现金		
收到其他与经营活动有关的现金		
经营活动现金流入小计		
客户贷款及垫款净增加额		
存放中央银行和同业款项净增加额		
支付手续费及佣金的现金		
支付给职工及为职工支付的现金		
支付的各项税费		
支付其他与经营活动有关的现金		
经营活动现金流出小计		
经营活动产生的现金流量净额		
二、投资活动产生的现金流量：		
收回投资收到的现金		
取得投资收益收到的现金		

(续表)

项　目	本期金额	上期金额
收到其他与投资活动有关的现金		
投资活动现金流入小计		
投资支付的现金		
购建固定资产、无形资产和其他长期资产支付的现金		
支付其他与投资活动有关的现金		
投资活动现金流出小计		
投资活动产生的现金流量净额		
三、筹资活动产生的现金流量		
吸收投资收到的现金		
发行债券收到的现金		
收到其他与筹资活动有关的现金		
筹资活动现金流入小计		
偿还债务支付的现金		
分配股利、利润或偿付利息支付的现金		
支付其他与筹资活动有关的现金		
筹资活动现金流出小计		
筹资活动产生的现金流量净额		
四、汇率变动对现金的影响		
五、现金及现金等价物净增加额		
加：期初现金及现金等价物余额		
六、期末现金及现金等价物余额		

单位负责人：　　　　会计机构负责人：　　　　复核：　　　　制表：

3. 编制现金流量表的方法

在我国，企业应当采用直接法列示经营活动产生的现金流量。直接法是指通过现金收入和现金支出的主要类别列示经营活动的现金流量。现金流量一般应按现金流入和现金支出总额列报，但代客户收取或支付的现金以及周转快、金额大、期限短项目的现金流入和现金流出可以按照净额列报。采用直接法编制经营活动的现金流量时，一般以利润表中的营业收入为起点，调整与经营活动有关的项目的增减变动，然后计算出经营活动的现金流量。采用直接法具体编制现金流量表时，可以采用工作底稿法或 T 型账户法，也可以根据有关科目记录分析填列。

15.2.5　编制所有者权益变动表

所有者权益变动表是一张反映商业银行在一定期间内构成所有者权益的各组成部分的增减变动情况的报表，属于年度会计报表。它反映三个方面的内容：一是因资本业务而导致所有者权益总额发生变动的项目，即所有者投入资本和向所有者分配利润；二是所有者权益项目内部的变动，如提取盈余公积；三是综合收益导致的所有者权益的变动。综合收益又由两部分构成：(1)直接计入所有者权益的利得和损失；(2)净利润。

1. 所有者权益变动表的格式

所有者权益变动表的格式见表 15-4。

2. 编制所有者权益变动表的方法

本表各项目应当根据当期净利润、直接计入所有者权益的利得和损失项目、所有者投入资本和向所有者分配利润、提取盈余公积等情况分析填列。

在本表中,直接计入当期损益的利得和损失应包含在净利润中;直接计入所有者权益的利得和损失,如可供出售金融资产公允价值变动净额、现金流量套期工具公允价值变动净额等,应单列项目反映。

表 15-4　　　　　　　　　　　　**所有者权益变动表(参考格式)**

会商银 04 表

编制单位：　　　　　　　　　　年度　　　　　　　　单位：

项目	本年金额					
	实收资本	资本公积	减:库存股	盈余公积	未分配利润	所有者权益合计
一、上年年末余额						
加:会计政策变更						
前期差错更正						
二、本年年初余额						
三、本年增减变动金额(减少以"一"号填列)						
(一)净利润						
(二)直接计入所有者权益的利得和损失						
1.可供出售金融资产公允价值变动净额						
2.权益法下被投资单位其他所有者权益变动的影响						
3.与计入所有者权益相关的所得税影响						
4.其他						
上述(一)和(二)小计						
(三)所有者投入和减少资本						
1.所有者投入资本						
2.股份支付计入所有者权益的金额						
3.其他						
(四)利润分配						
1.提取盈余公积						
2.对所有者的分配						
3.其他						
(五)所有者权益内部结转						
1.资本公积转增资本						
2.盈余公积转增资本						
3.盈余公积弥补亏损						
4.其他						
四、本年年末余额						

思考题

商业银行的年度财务报表包括哪些内容?

项目结论

商业银行的年度决算是指年度终了时,银行在对会计账务进行核实整理的基础上,运用会计核算资料,对会计年度内的业务活动和财务活动进行数字总结和文字说明的一项综合性工作,是会计工作的重要组成部分。会计年度自公历1月1日起至12月31日止,以12月31日为年度决算日。凡属独立会计核算单位,都必须办理年度决算,附属会计核算单位则通过并账或并表的方式,由管辖机构合并办理年度决算。财务报告是年度决算的重要组成部分,要正确编制资产负债表、利润表、现金流量表等财务报表。

项目训练

一、单项选择题

1. 根据规定,我国银行的年度决算日为( )。
   A. 12月30日　　　B. 12月31日　　　C. 1月1日　　　D. 12月20日
2. 反映商业银行会计期末全部资产、负债和所有者权益情况的会计报表是( )。
   A. 资产负债表　　B. 利润表　　C. 财务状况变动表　　D. 利润分配表
3. 反映商业银行报告期利润(亏损)实现情况的报表是( )。
   A. 资产负债表　　B. 利润表　　C. 财务状况变动表　　D. 利润分配表
4. 反映商业银行在一定时期内现金流入、现金流出以及现金净流量的报表是( )。
   A. 资产负债表　　B. 利润表　　C. 财务状况变动表　　D. 现金流量表
5. 我国银行资产负债表,采用( )资产负债表的格式。
   A. 报告式　　　B. 账户式　　　C. 垂直式　　　D. 上下式

二、多项选择题

1. 下列属决算日工作内容的有( )。
   A. 处理当日账务　　　　　　　　B. 计算结转外汇买卖损益
   C. 结转全年损益　　　　　　　　D. 分配本年利润
2. 下列各项,可以通过资产负债表反映的有( )。
   A. 某一时点的财务状况
   B. 某一时点的偿债能力
   C. 某一期间的经营成果
   D. 某一期间的获利能力
3. 资产负债表的数据来源,可以通过( )。
   A. 直接从总账科目的余额获得
   B. 根据明细科目的余额分析获得
   C. 根据几个总账科目的余额合计获得
   D. 根据有关科目的余额减去其备抵科目余额后的净额获得

4. 利润表可以分为( )。
A. 单步式利润表 B. 多步式利润表
C. 报告式利润表 D. 平衡式利润表
5. 下列各项中,属于现金流量表中投资活动产生的现金流量的有( )。
A. 购建固定资产支付的现金 B. 收回投资收到的现金
C. 收取利息、手续费及佣金的现金 D. 收到分派的现金股利

三、判断题

1. 银行的非独立核算单位可以单独办理年度决算。 ( )
2. 年度决算日,银行专门办理年度决算,不对外营业。 ( )
3. 12月31日如为法定休假日,则年度决算可以顺延。 ( )
4. 资产负债表是根据年末总账余额直接填列的。 ( )
5. 我国会计准则规定利润表应采用多步式格式。 ( )

项目延伸

《企业会计准则》、《金融企业财务规则》、《中华人民共和国商业银行法》等。

第四部分

实训模块

项目 16

银行日间业务

● **素质目标**

1. 培养学生踏实、严谨的劳动精神；
2. 培养学生岗位分工的责任意识；
3. 培养学生严谨、规范的工作作风；
4. 培养学生团结协作精神，密切团队合作。

任务 16.1　建账

● **实验目的**

熟悉总账、分户账建账和登账。

● **实验要求**

1. 根据所给资料建立各总账。
2. 根据所给资料建立各分户账。

● **实验内容**

1. 会计主体：中国惠通银行北京顺至支行（行号：220651）。
2. 20××年8月1日各总账余额如表16-1所示。

表 16-1　　　　　　　　　　　　　　总账余额表　　　　　　　　　　　　　　单位：元

科目名称	借方余额	贷方余额
库存现金	200 000	
贷款——短期贷款	3 000 000	
贷款——抵押贷款	2 100 000	
贷款——逾期贷款	2 000 000	
吸收存款——活期存款		5 200 000
吸收存款——定期存款		150 000
吸收存款——活期储蓄存款		20 000
吸收存款——定期储蓄存款		30 000
应解汇款		1 000 000
汇出汇款		400 000
开出本票		

（续表）

科目名称	借方余额	贷方余额
应付利息		300 000
应交税费		200 000
清算资金往来——联行来账		
清算资金往来——联行往账		
清算资金往来——同城票据清算		
利息支出		
利息收入		
合计	7 300 000	7 300 000

3. 20××年8月1日各分户账余额（各账号在实验中涉及的凭证上填列清楚）如表16-2所示。

表16-2　　　　　　　　　　　　　　分户账余额　　　　　　　　　　　　　　单位：元

户　名	余　额	户　名	余　额
吸收存款——活期存款——滨江亚麻厂 （账号：05160104000001）	3 000 000	吸收存款——定期储蓄存款——钱程 （账号：05160111000128）	10 000
吸收存款——活期存款——滨江机械厂 （账号：05160104000008）	2 200 000	吸收存款——定期储蓄存款——赵红 （账号：05160111000178）	20 000
吸收存款——定期存款——滨江亚麻厂	50 000	贷款——短期贷款——亚麻厂	30 000 000
吸收存款——定期存款——滨江机械厂	100 000	清算资金往来——联行来账——中国惠通银行杭州金华支行（行号0420）	
吸收存款——活期储蓄存款——赵红 （账号：05160110000078）	10 000	清算资金往来——联行往账——中国惠通银行杭州金华支行（行号0420）	
吸收存款——活期储蓄存款——钱程 （账号：05160110000068）	10 000	清算资金往来——同城票据清算——中国工商银行北京滨江支行（行号0326）	

● **实验材料**

1. 总账。
2. 分户账。

● **注意事项**

1. 选择正确的账簿；
2. 保证数据转抄的正确性；
3. 运用正确的账簿登记方法。

任务16.2　存款业务操作

● **实验目的**

通过熟悉商业银行存取款业务的处理要求和方法，熟练掌握其会计传票使用的特点，审核、填制有关的凭证、登记账簿、进行会计核算；掌握各类存款业务的利息计算方法。

实验要求

1. 根据资料填制各类业务凭证。
2. 对存款业务进行处理,编写会计分录。
3. 根据传票登记相应账簿如现金收入日记簿,现金付出日记簿,分户账和明细账登记。

实验内容

中国惠通银行北京顺至支行20××年8月20日发生下列业务:

1. 滨江亚麻厂签发现金支票,提取备用金3 000元。
2. 滨江机械厂存入销货现金58 000元。
3. 为活期存款账户计息。各活期存款账户利息分别为:滨江亚麻厂1 980.87元;滨江机械厂3 600元。该利息于8月21日转入其活期存款账户。
4. 滨江亚麻厂存入一年期定期存款200 000元。
5. 滨江机械厂3个月期定期存款100 000元到期,年利率2.85%,来行办理转账。
6. 钱程续存活期储蓄存款1 000元。
7. 赵红从其活期储蓄账户支取款项2 000元。
8. 钱程的一年期定期储蓄存款10 000元到期,年利率3.25%,利息325元,以现金支付其本金利息。

实验材料

1. 现金付出日记簿、滨江亚麻厂分户账。
2. 现金收入日记簿、滨江机械厂分户账。
3. 利息支出分户账、滨江亚麻厂分户账、滨江机械厂分户账。
4. 定期存款开户证实书、定期存款开销户登记簿、滨江亚麻厂分户账。
5. 特种转账贷方传票、定期存款开销户登记簿、利息支出分户账及滨江机械厂分户账。
6. 现金收入日记簿、钱程活期储蓄存款分户账。
7. 现金付出日记簿、赵红活期储蓄存款分户账。
8. 应付利息分户账、定期储蓄存款开销户登记簿和现金付出日记簿。

注意事项

1. 凭证的审核内容不要遗漏。
2. 凭证各联次的作用。
3. 相关登记簿不要漏登记。
4. 凭证及登记簿的填制字迹清楚、工整,符合书写规范。
5. 实际工作中注意企业印鉴的核对工作,保证其真实性。

任务16.3 贷款业务操作

实验目的

通过本实务操作使学生熟悉商业银行贷款业务的处理要求和方法,熟练掌握贷款的发放和收回、贷款逾期的处理等会计核算和操作过程。基本达到能够独立完成凭证的填制及整个贷款业务的账务处理。

● 实验要求

1. 根据资料填制各类业务凭证。
2. 对贷款业务进行处理,编写会计分录。
3. 登记相关账簿、余额表。
4. 填制科目日结单、总账、日计表,平衡账务。

● 实验内容

中国惠通银行北京顺至支行8月发生下列经济业务:

1. 8月20日,收到信贷部门转来滨江机械厂借款凭证,准予信用贷款100 000元,期限半年,年利率6.06%,经审核无误后,予以转账。
2. 8月20日,发放给滨江亚麻厂的一笔信用贷款300 000元,到期由该厂主动还款,期限6个月,利率6.06%,利随本清。

● 实验材料

1. 滨江机械厂活期存款分户账、短期贷款分户账。
2. 滨江亚麻厂活期存款分户账、短期贷款分户账。

● 注意事项

注意贷款到期收回时利息的计算方式。

任务 16.4 支票业务操作

● 实验目的

通过学习商业银行支票结算方式的处理要求和处理方法,能够熟练进行正确的实务操作。

● 实验要求

1. 处理收到的会计凭证
2. 登记相应分户账

● 实验内容

顺至支行20××年8月20日发生下列业务:

1. 滨江机械厂提交在同行开户的滨江亚麻厂开出的金额为4 800元的转账支票及进账单。
2. 滨江亚麻厂提交在中国工商银行北京滨江支行开户的装饰公司开出的金额为30 000元转账支票及进账单。无退票作收款处理。
3. 交换提入滨江亚麻厂开给北京工商银行开户的装饰公司的金额为50 000元的转账支票。

实验材料

1. 滨江机械厂分户账、滨江亚麻厂分户账。
2. 滨江亚麻厂分户账、转账借方传票、清算资金往来——同城票据清算分户账。
3. 滨江亚麻厂分户账、转账贷方传票、清算资金往来——同城票据清算分户账。

注意事项

1. 银行收到票据时一定要认真审核。
2. 注意各传票联次的作用，实际工作中可通过传票的颜色区分各联次。

任务 16.5 银行本票业务操作

实验目的

通过学习商业银行本票结算方式的处理要求和处理方法，能够熟练正确地进行银行本票的实务操作。

实验要求

1. 处理收到的会计凭证。
2. 登记相应的分户账。
3. 签发银行本票。

实验内容

中国惠通银行北京顺至支行20××年8月20日发生下列业务：
1. 滨江亚麻厂提交本票委托书，申请签发金额为56 000元的银行本票。
2. 滨江机械厂提交同行开户的滨江亚麻厂开出的金额为4 800元的本票及进账单。
3. 滨江亚麻厂提交中国工商银行北京滨江支行开户的装饰公司开出的金额为30 000元银行本票及进账单。
4. 交换提入滨江亚麻厂开给中国工商银行北京滨江支行开户的装饰公司的金额为50 000元的银行本票。

注意事项

1. 代理付款行接到本行开立账户的持票人直接交来的本票和三联进账单时，应认真审核票据是否真实、是否超过提示付款期、与进账单上的内容是否一至等内容，无误后，第二联进账单作贷方入账凭证。
2. 出票行收到票据交换提入的本票时，应抽出专夹保管的本票卡片，经核对相符属于本行出票，以本票作借方凭证，本票卡片作附件进行转账。

任务 16.6　银行汇票业务操作

● 实验目的

　　了解银行汇票全部业务处理流程,熟悉银行汇票业务涉及的主要业务单式和凭证的各联次用途、传递过程,掌握签发行签发银行汇票初始受理、结清票款和汇款人要求退款的会计处理,掌握兑付行解付汇票的会计处理。

● 实验要求

　　1. 根据资料填制各类业务凭证。
　　2. 对银行汇票业务进行处理,编写会计分录。
　　3. 根据传票登记相应账簿。

● 实验内容

　　中国惠通银行北京顺至支行20××年8月20日发生如下经济业务:
　　1. 滨江亚麻厂提交汇票委托书申请签发收款人为在中国惠通银行杭州金华支行开户的杭州锦华贸易公司,金额为80 000元的银行汇票。
　　2. 滨江机械厂交来银行汇票二、三联及三联进账单,出票及结算金额均为60 000元,付款人为在中国惠通银行杭州金华支行开户的杭州锦华贸易公司。
　　3. 收到中国惠通银行杭州金华支行寄来的联行借方报单及解讫通知,出票及结算金额均为70 000元,结清滨江亚麻厂8月2日申请签发的收款人为杭州电机厂的银行汇票。

● 实验材料

　　1. 银行汇票一式四联、汇出汇款分户账和滨江亚麻厂分户账。
　　2. 邮划借方报单、转账借方传票、滨江机械厂分户账。
　　3. 转账贷方传票、滨江亚麻厂分户账、汇出汇款分户账和联行来账分户账。

● 注意事项

　　1. 对实验内容有所了解。
　　2. 实验材料齐全。
　　3. 认真、准确、完整地填制各种业务单式。
　　4. 按照教师指挥进行及时准确分发与传递,杜绝错发、漏发。
　　5. 妥善保管会计凭证,杜绝丢失与损毁。

任务 16.7　商业承兑汇票业务操作

● 实验目的

　　了解商业承兑汇票到期委托收款全部业务处理流程,熟悉商业承兑汇票业务涉及的主要业务单式和凭证的各联次用途、传递过程,掌握持票人开户行初始受理委托收款、收到划回票款的会计处理,掌握付款人开户行收到汇票办理划转票款的会计处理。

实验要求

1. 根据业务资料填制各类业务凭证。
2. 对每笔商业承兑汇票业务进行处理,编写会计分录。
3. 登记相关分户账、余额表。
4. 填制科目日结单、总账、日计表,平衡账务。

实验内容

1. 作为收款人开户行的处理

(1) 20××年8月17日,中国惠通银行北京顺至支行开户单位滨江亚麻厂持一张即将到期的商业承兑汇票,办理委托收款。该汇票显示:到期日为8月20日,出票金额2 000元,由杭州锦华贸易公司签发并承兑(杭州锦华贸易公司在中国惠通银行杭州金华支行开户),收款人为滨江亚麻厂,审核无误后银行予以受理。将托收凭证第一联签章后退交亚麻厂,第二联专夹保管,第三、四、五联随商业承兑汇票寄发中国惠通银行杭州金华支行。

(2) 20××年8月20日,收到系统内杭州金华支行寄来的邮划贷方报单一、二联,及托收凭证第四联,系滨江亚麻厂于8月16日委托本行收取的商业承兑汇票款项,金额为1 800元。取出专夹保管的托收凭证第二联作为贷方凭证,为滨江亚麻厂办理入账手续。并据以登记滨江亚麻厂活期存款分户账。

2. 作为承兑人开户行的处理

20××年8月20日,北京顺至支行收到系统内杭州金华支行发来的托收凭证及商业承兑汇票,承兑人为本行开户单位滨江机械厂,收款人为杭州金华支行开户单位杭州第一建筑工程公司,汇票金额为3 000元,审核无误后予以办理。

滨江机械厂确认付款,以托收凭证第三联作为借方凭证,办理划转票款手续。并据以登记滨江机械厂的活期存款分户账。

填发邮划贷方报单,报单三、四联留存,一、二联随托收凭证第四联寄发杭州金华支行。

实验材料

1. 发出托收凭证结算登记簿、邮划贷方报单一式四联。
2. 滨江亚麻厂分户账、转账借方传票。
3. 滨江机械厂分户账、转账贷方传票、邮划贷方报单。

注意事项

1. 对实验内容有所了解。
2. 实验材料齐全。
3. 认真、准确、完整地填制各种业务单式。
4. 按照教师指挥进行及时准确分发与传递,杜绝错发、漏发。
5. 妥善保管会计凭证,杜绝丢失与损毁。

任务 16.8　银行承兑汇票业务操作

● 实验目的

了解银行承兑汇票到期委托收款全部业务处理流程，熟悉银行承兑汇票业务涉及的主要业务单式和凭证的各联次用途、传递过程，掌握持票人开户行初始受理委托收款、收到划回票款的会计处理，掌握付款人开户行收到汇票办理划转票款的会计处理。

● 实验要求

1. 根据业务资料填制各类业务凭证；
2. 对每笔银行承兑汇票业务进行处理，编写会计分录；
3. 登记相关分户账、余额表；
4. 填制科目日结单、总账、日计表，平衡账务。

● 实验内容

1. 作为承兑行的处理

(1) 20××年8月20日，由中国惠通银行北京顺至支行承兑的银行承兑汇票一张已经到期，汇票金额3 500元，收款人为系统内杭州金华支行开户单位电机厂，银行抽出专夹保管的汇票卡片和承兑协议副本，审核无误后，填制两联特种转账借方传票，一联特种转账贷方传票，办理向承兑申请人滨江亚麻厂收取票款的处理手续，并根据一联特种转账借方传票登记滨江亚麻厂活期存款分户账。

(2) 20××年8月20日，收到中国惠通银行杭州金华支行寄来的该笔银行承兑汇票正本及托收凭证三、四、五联，办理划转汇票款手续。

2. 作为收款人开户行的处理

(1) 20××年8月20日，滨江机械厂持银行承兑汇票一张，到其开户银行北京顺至支行办理委托收款手续，汇票金额为2 500元，出票人为金华支行开户单位建材公司，银行予以办理。将托收凭证第一联签章后退交滨江机械厂，第二联专夹保管，第三、四、五联随银行承兑汇票寄发系统内杭州金华支行。

(2) 20××年8月20日，收到系统内杭州金华支行寄来的邮划贷方报单第一、二联，及托收凭证第四联，系滨江机械厂于8月16日委托本行收取的银行承兑汇票款项，该汇票出票人为金华支行开户单位永华木器厂，金额为3 200元。当即为收款人滨江机械厂办理收款转账。

● 实验材料

1. 滨江亚麻厂活期存款分户账、特种转账借方传票、特种转账贷方传票。
2. 应解汇款分户账、联行贷方报单、转账贷方传票。
3. 发出托收凭证结算登记簿。
4. 滨江机械厂活期存款分户账、转账借方传票。

注意事项

1. 对实验内容有所了解。
2. 实验材料齐全。
3. 认真、准确、完整地填制各种业务单式。
4. 按照教师指挥进行及时准确分发与传递,杜绝错发、漏发。
5. 妥善保管会计凭证,杜绝丢失与损毁。

任务 16.9　汇兑业务操作

实验目的

通过本实务操作,了解商业银行汇兑的结算方式,明确汇兑业务的处理要求和方法,熟练地掌握汇出行、汇入行的会计核算及账务处理过程。

实验要求

1. 根据资料填制各类业务凭证。
2. 对每笔汇兑业务进行处理,编写会计分录。
3. 登记相关分户账,余额表。
4. 填制科目日结单、总账、日计表,平衡账务。

实验内容

中国惠通银行北京顺至支行 20××年 8 月发生下列经济业务:

1. 20 日,收到在本行开户的滨江亚麻厂交来信汇凭证一份,要求将 36 000 元货款汇给在中国惠通银行杭州金华支行开户的捷利工厂。经审查无误后,汇款额从其存款户扣除。
2. 20 日,收到中国惠通银行杭州金华支行转来的邮划贷方报单及信汇凭证,金额 76 000 元,付款人为轴承厂,收款人为在本行开户的滨江亚麻厂。经审查无误后,予以入账。

实验材料

1. 滨江亚麻厂分户账、邮划贷方报单、转账贷方传票。
2. 滨江亚麻厂分户账、转账借方传票。

信汇凭证、电汇凭证、邮划贷方报单、电划贷方补充报单、转账借方传票、转账贷方传票、电划贷方报单。

注意事项

1. 注意和联行业务结合进行实验。
2. 注意妥善保管会计凭证,杜绝丢失与损毁。
3. 注意凭证各个联次的作用和处理。

项目 17

银行日终业务

素质目标

1. 培养学生认真、精益求精的做事态度；
2. 培养学生善始善终，高质量完成每天的工作；
3. 培养学生恪尽职守、爱岗敬业的精神；
4. 培养学生遵守职业道德，积极、诚信和客观公正的做好日终结算工作。

实验目的

通过熟悉商业银行日终业务的处理过程、要求和方法，熟练掌握余额表、科目日结单、总账的登记技能，最终轧平账务，编制日计表，进行每日账务核对，并整理与装订当日传票。

实验要求

根据银行日间发生的业务做好日终业务的处理工作：
1. 填列余额表。
2. 编制科目日结单。
3. 记载总账。
4. 填制日计表。
5. 账务核对。

实验内容

中国惠通银行北京顺至支行20××年8月20日发生下列业务：

1. 滨江亚麻厂签发现金支票，提取备用金3 000元。
2. 滨江机械厂存入销货现金58 000元。
3. 为活期存款账户计息。各活期存款账户利息分别为：滨江亚麻厂1 980.87元；滨江机械厂3 600元。存款8月21日入息。
4. 滨江亚麻厂存入一年期定期存款200 000元。
5. 滨江机械厂3个月期定期存款100 000元到期，年利率2.85%，来行办理转账。
6. 钱某续存活期储蓄存款1 000元。
7. 赵某从其活期储蓄账户支取款项2 000元。
8. 钱某的一年期定期储蓄存款10 000元到期，年利率3.25%，利息325元，以现金支付其本金和利息。

9. 收到信贷部门转来滨江机械厂借款凭证，准予信用贷款100 000元，期限半年，年利率5.6％，经审核无误后，予以转账。

10. 银行发放给滨江亚麻厂的一笔信用贷款300 000元到期由银行主动收回，期限6个月，利率5.6％，利随本清。

11. 滨江机械厂提交同行开户的滨江亚麻厂开出的4 800元的转账支票进账单。

12. 滨江亚麻厂提交中国工商银行北京滨江支行开户的装饰公司开出的金额为30 000元转账支票及进账单。无退票作收款处理。

13. 交换提入滨江亚麻厂开给中国工商银行北京滨江支行开户的装饰公司的金额为50 000元的转账支票。

14. 滨江亚麻厂提交本票委托书，申请签发金额为56 000元的本票。

15. 滨江机械厂提交同行开户的滨江亚麻厂开出的金额为4 800元的本票及进账单。

16. 滨江亚麻厂提交中国工商银行北京滨江支行开户的装饰公司开出的金额为30 000元银行本票及进账单。

17. 交换提入滨江亚麻厂开给中国工商银行北京滨江支行开户的装饰公司的金额为50 000元的银行本票。

18. 滨江亚麻厂提交汇票委托书申请签发收款人为在中国惠通银行杭州金华支行开户的杭州锦华贸易公司，金额为80 000元的银行汇票。

19. 滨江机械厂交来银行汇票第二联、第三联及三联进账单，出票及结算金额均为60 000元，付款人为在中国惠通银行杭州金华支行开户的杭州锦华贸易公司。

20. 收到中国惠通银行杭州金华支行寄来的联行借方报单及解讫通知，出票及结算金额均为70 000元，结清滨江亚麻厂8月2日申请签发的收款人为杭州电机厂的银行汇票。

21. 收到系统内杭州金华支行寄来的邮划贷方报单一、二联，及托收凭证第四联，系滨江亚麻厂于8月16日委托本行收取的商业承兑汇票款项，承兑人为杭州锦华贸易公司，金额为1 800元。

22. 北京顺至支行收到系统内杭州金华支行发来的托收凭证及商业承兑汇票，承兑人为本行开户单位滨江机械厂，收款人为杭州金华支行开户单位杭州第一建筑工程公司，汇票金额为3 000元，审核无误后予以办理。

23. 由中国惠通银行北京顺至支行承兑的银行承兑汇票一张已经到期，汇票金额3 500元，收款人为系统内杭州金华支行开户单位电机厂，银行办理向承兑申请人滨江亚麻厂收取票款的处理手续。

24. 承上，收到中国惠通银行杭州金华支行寄来的该笔银行承兑汇票正本及第三联、第四联、第五联托收凭证，办理划转汇票款手续。

25. 收到系统内杭州金华支行寄来的邮划贷方报单第一联、第二联及托收凭证第四联，系滨江机械厂于8月16日委托本行收取的银行承兑汇票款项，该汇票出票人为杭州金华支行开户单位永华木器厂，金额为3 200元。为收款人滨江机械厂办理收款转账。

26. 收到在本行开户的滨江亚麻厂交来信汇凭证一份，要求将36 000元货款汇给在中国惠通银行杭州金华支行开户的捷利工厂。经审查无误后,汇款额从其存款户扣除。

27. 收到在本行开户的滨江机械厂交来电汇凭证一份,要求将 22 000 元货款汇给在中国惠通银行杭州金华支行开户的天通公司。经审查无误后,汇款额从其存款户扣除。

28. 收到中国惠通银行杭州金华支行转来的邮划贷方报单及信汇凭证,金额 76 000 元,付款人为轴承厂,收款人为在本行开户的滨江亚麻厂。审查无误后予以入账。

29. 收到中国惠通银行杭州金华支行发来的电报,金额为 90 000 元,付款人为天河工厂,收款人为在本行开户的滨江机械厂。审查无误后予以入账。

● 实验材料

1. 计息余额表。
2. 一般余额表。
3. 科目日结单若干。
4. 总账若干。
5. 日计表。

● 注意事项

1. 转抄数据保证其正确性。
2. 计算数据保证其准确性。
3. 凭证清分保证其准确性。
4. 按照日终处理的各项要求严格操作。

参考文献

一、法律法规及管理条例

1.《中华人民共和国会计法》

2. 中华人民共和国财政部:《企业会计准则—基本准则》

3. 中华人民共和国财政部:企业会计准则 38 项具体准则及会计准则应用指南

4.《金融企业财务规则》

5.《支付结算办法》

6. 中国人民银行会计司.《支付结算制度汇编》,新华出版社

7. 中国人民银行结算司.《新版票据与结算凭证使用手册》,中国金融出版社

8.《中华人民共和国外汇管理条例》

9.《中国现代化支付系统运行管理办法(试行)》

10.《全国支票影像交换系统业务处理办法(试行)》

11.《人民币银行结算账户管理办法》

12.《储蓄管理条例》

13.《中国银行储蓄存款挂失业务管理办法(试行)》

14.《中国人民银行关于人民币存贷款计结息问题的通知》

15.《银行会计档案管理办法》

16.《贷款通则》(最新)

17.《中国人民银行法》

18.《中华人民共和国商业银行法》

19.《中华人民共和国银行业监督管理法》

二、教材书籍

1. 中华人民共和国财政部.企业会计准则(2021年版).立信会计出版社,2021年

2. 赵贵峰.商业银行会计学.清华大学出版社,2017年

3. 程婵娟.银行会计学.科学出版社,2021年

4. 刘东辉,赵兴梅,崔澜.银行会计学.高等教育出版社,2020年

5. 王允平,关新红等.金融企业会计学.经济科学出版社,2017年

6. 贺瑛,钱红华.银行会计.上海复旦大学出版社,2015年

7. 于春红等.银行会计学.对外经济贸易大学出版社,2017年

8. 王保平,金鑫,柳元首.商业银行会计实务.中国财政经济出版社,2020年
9. 温红梅,庄岩,吴静.银行会计.东北财经大学出版社有限责任公司,2021年
10. 漆英,吴炎太,艾叶.简明银行会计——程序员视角.电子工业出版社,2018年